A EQUAÇÃO DE DEIXAR PARA DEPOIS

PIERS STEEL

A EQUAÇÃO DE DEIXAR PARA DEPOIS

Livre-se das tentações e faça o que tem que ser feito. Agora.

Tradução
Gabriel Zide Neto

2ª edição

RIO DE JANEIRO | 2024

CIP-BRASIL. CATALOGAÇÃO NA FONTE
SINDICATO NACIONAL DOS EDITORES DE LIVROS, RJ

Steel, Piers

S826e A equação de deixar para depois / Piers Steel; tradução:
2ª ed. Gabriel Zide Neto. – 2ª ed. – Rio de Janeiro: Best*Seller*, 2024.

Tradução de: The procrastination equation
ISBN 978-85-7684-118-0

1. Procrastinação. I. Título.

12-0589 CDD: 155.232
CDU: 159.947

Texto revisado segundo o novo Acordo Ortográfico da Língua Portuguesa.

Título original norte-americano
THE PROCRASTINATION EQUATION
Copyright © 2010 by Piers Steel
Copyright da tradução © 2012 by Editora Best Seller Ltda.

Publicado simultaneamente no Canadá em 2010 pela Random House Canada, uma divisão da
Random House of Canada Limited, Toronto.

Capa: Sergio Carvalho I Periscópio
Editoração eletrônica: Abreu's System

Todos os direitos reservados. Proibida a reprodução,
no todo ou em parte, sem autorização prévia por escrito da editora,
sejam quais forem os meios empregados.

Direitos exclusivos de publicação em língua portuguesa para o Brasil
adquiridos pela
EDITORA BEST SELLER LTDA.
Rua Argentina, 171, parte, São Cristóvão
Rio de Janeiro, RJ – 20921-380
que se reserva a propriedade literária desta tradução

Impresso no Brasil

ISBN 978-85-7684-118-0

Seja um leitor preferencial Record.
Cadastre-se e receba informações sobre nossos lançamentos e nossas promoções.

Atendimento e venda direta ao leitor:
sac@record.com.br

Sumário

Nota do Autor 7

1 **Retrato de um protelador** 11

2 **A equação de deixar para depois:** o resultado de 800 estudos + 1 25

3 **Nascidos para protelar:** adiar é parte da natureza humana 49

4 **ProcrastiNações:** como a vida moderna assegura as distrações 67

5 **O preço pessoal dos adiamentos:**
do que sentimos falta, o que perdemos e o que sofremos 84

6 **O custo econômico dos adiamentos:** como as empresas e os países
perdem 103

7 **Otimizando o otimismo:** equilibrando o excesso e a falta
de confiança 117

8 **Ame-o ou deixe-o:** encontrando relevância no trabalho 138

9 **Tudo a seu tempo:** administrando os impulsos de curto prazo com os
objetivos de longo prazo 157

10 **Fazendo tudo dar certo:** juntando as peças e praticando 186

Posfácio: a falência dos adiamentos.. 205

Agradecimentos.. 211

Notas... 213

Nota do Autor

Os adiamentos foram o trabalho de toda a minha vida – tanto como pesquisador, como também como praticante. Com a pesquisa científica sendo tantas vezes uma busca pessoal, isso não chega a ser um acaso. Cientistas, normalmente, conhecem intimamente os assuntos sobre os quais estudam – são problemas que eles mesmos enfrentam. É verdade que eu simpatizo com as tormentas do protelador porque eu mesmo fui assim por muitos anos.* Agora, a minha obra já recebeu reconhecimento internacional, eu já treinei campeões universitários nacionais em competições de faculdades de administração, e minha parede exibe prêmios que recebi como professor e como pesquisador. Mas, na maior parte da minha vida, eu sentia o potencial latente dentro de mim, junto com uma grande frustração, porque eu não conseguia manter nenhuma das muitas tentativas que fazia para melhorar. Encontrar pessoas que eram naturalmente mais capazes do que eu só me fazia lembrar das minhas próprias dificuldades, e isso paralisava o meu espírito e aumenta-

---

* E todo mundo sabia. Aqui vai um trecho da carta que o meu falecido irmão mandou ao meu tio: "Você teve alguma notícia do Piers e da pesquisa que ele está fazendo? Ele se transformou num especialista em adiamentos, publicando inúmeros artigos sobre esse tema e sendo entrevistado por emissoras de rádio nacionais e pela imprensa. Isso me diverte, porque o Piers sempre foi o sujeito que mais adiou as coisas em todo o ensino médio e na faculdade."

va o meu ressentimento, despejado sobre as pessoas erradas. Felizmente, fui atraído para uma profissão cujo objetivo em si era identificar os principais motores das mudanças, que eu, então, passei a aplicar na minha vida sistematicamente, um por um.

Meu Ph.D. é em psicologia industrial e organizacional, o estudo científico de nossas mentes e ações no local de trabalho. A psicologia aplicada ao trabalho se concentra em como melhorar o desempenho das pessoas, seu bem-estar e, muito apropriadamente, sua motivação ou desmotivação. Infelizmente, muitas das técnicas dessa disciplina não são bem conhecidas, entranhadas nas profundezas de publicações especializadas desconhecidas ou escritas numa linguagem acadêmica incompreensível para os não iniciados. Quanto aos adiamentos, o problema é ainda mais grave. Essa questão já atraiu a atenção de todas as ciências sociais e inspirou pesquisas no mundo inteiro. Com mais de 800 artigos científicos sobre esse assunto, abrangendo desde questões econômicas até a neurociência em línguas que vão do alemão ao chinês, o desafio é encontrar e dar sentido a todos eles.[1] E é aí que eu entro. Eu encontrei duas maneiras de estudar os adiamentos. A primeira foi fazendo a minha própria pesquisa, que vocês vão ler em breve. Isso me deu a base para uma teoria de como e por que nós adiamos as coisas. Mas aí eu tive de lidar com um emaranhado de disciplinas que estudaram os adiamentos e com todos os resultados publicados em muitos livros e periódicos diferentes. Eu tive sorte suficiente para encontrar a meta-análise, uma técnica científica recentemente desenvolvida, e adaptá-la à minha pesquisa.

A meta-análise destila matematicamente os resultados de milhares de estudos a um consenso central. Basicamente, a meta-análise é o que faz a ciência progredir. Ao possibilitar uma síntese do conhecimento, ela revela as verdades subjacentes que nós buscamos. É muito poderosa, tem aplicações em todos os campos, e fornece cada vez mais a informação de que precisamos para atuar no mundo. O tratamento médico que você recebe, por exemplo, se baseia, provavelmente, nos resultados de meta-análises, que vão da asma até o mal de Alzheimer.[2] Essa é uma disciplina que eu aprendi a dominar: criei algumas das suas técnicas básicas, ensino-as aos outros e até desenvolvi um software para ela. Agrada-me pensar que entendo desse assunto.[3] Nada mais natural, portanto, que eu meta-analisasse todo o corpo de pesquisa sobre adiamentos, uma vez que não havia outra maneira de reunir todas as descobertas. Sou obrigado a dizer que o campo dos adiamentos revelou ser intimidador, já que quase todo tipo de técnica e metodologia científica foi usado para estudá-lo. Pesquisadores fizeram experiências em laboratório, leram diários pessoais, mexeram com neurotransmissores e dissecaram o DNA. Monitoraram todo tipo de ambiente, de aeroportos a shopping centers; escanearam salas de aula inteiras para rastrear cada piscadela ou tremor dos alunos e estudaram proteladores de todos os gêneros, incluindo animais como pombos, a ralé da humanidade, e os membros do Congresso americano. Dar uma coerência a tudo isso parecia a tarefa de um maestro de uma orquestra de loucos. As cordas, os instrumentos de sopro, os metais e a percussão estão todos tocando a mesma música, mas não estão na mesma sala, no mesmo ritmo, nem no mesmo tom. Transformar esse barulho numa música verdadeira é o objetivo deste livro.

O que eu descobri vai surpreender e desafiar o *status quo*. Parte do meu trabalho já foi lançada, como o meu artigo "The nature of procrastination" [A natureza do adiamento], que foi publicado no *Psychological Bulletin*, a publicação mais respeitada na área de ciências sociais. Uma parte já foi matéria de reportagens em centenas de veículos de mídia no mundo inteiro, da Índia à Irlanda, da *Scientific American* à *Good Housekeeping* e até no *Wall Street Journal*. Mas a maioria das coisas que eu descobri está sendo publicada aqui pela primeira vez. No decorrer destas páginas você vai descobrir que nós temos diagnosticado o adiamento equivocadamente ao longo de décadas, atribuindo-o a uma característica associada a uma menor quantidade de adiamentos, e não a mais. As verdadeiras razões para os adiamentos, em parte, são genéticas, e podem ser percebidas na estrutura fundamental dos nossos cérebros, e é por isso que os adiamentos são vistos em todas as culturas e em toda a história. O ambiente, contudo, não está isento de culpa: ele pode não ser responsável pela existência dos adiamentos, mas, sim, pela sua intensidade – a vida moderna elevou os adiamentos a uma verdadeira pandemia. E quer saber o que é mais interessante? Todas essas descobertas decorreram da aplicação de uma fórmula matemática simples que eu inventei: a equação de deixar para depois.

Como consegui pinçar os fundamentos da dinâmica que nos faz adiar as coisas, eu também fui capaz de divisar estratégias que nós podemos usar por toda a nossa vida – escolar, pessoal e profissional – para combater aquela tendência inata que todos temos para adiar as coisas. Foi um trabalho difícil? Com certeza. Foi por isso que demorei tantos anos para escrever este livro. Espero que as horas que você gaste lendo estas páginas o recompensem com uma nova maneira de pensar e de como usar – sem desperdiçar – seu tempo.

1

Retrato de um protelador

Nunca deixe para amanhã o que você pode fazer depois de amanhã.

– Mark Twain

Este livro é sobre todas as promessas que você fez a si mesmo e não cumpriu. É sobre todas as metas que você estabeleceu, mas deixou escapar, sem nunca ter encontrado a motivação. É sobre dietas adiadas, noites inteiras acordadas tentando encerrar um projeto e aqueles olhares decepcionados das pessoas que dependem de você – ou da própria figura que você olha no espelho. É sobre ser o preguiçoso da família e o "perdido" no seu grupo de amigos. É sobre aquela nuvem ameaçadora de tarefas incompletas, desde contas atrasadas até a bagunça que impera em sua casa. É sobre aquela consulta médica que você vem adiando e suas finanças que continuam em desordem. É sobre reclamações, atrasos, oportunidades perdidas e mais. Muito mais. Este livro fala também sobre o *outro* lado, aqueles momentos de ação em que os adiamentos dão lugar a uma clareza e uma atenção cristalinas, em que o trabalho é devorado sem hesitação e você nem sonha em desistir. É sobre a sua transformação pessoal, sobre desejos sem obstáculos, livres da competição interna, e sobre o prazer sem culpa que você pode desfrutar quando suas tarefas diárias tenham sido completadas. Este livro é sobre potencial, perdido e realizado; sobre sonhos que desaparecem sem deixar vestígios e sonhos que nós podemos realizar. O melhor de tudo: este livro versa sobre mudar o resto da sua vida ao parar de adiar e passar a realizar.

O ponto-chave que nos impede de realizar o que queremos ou precisamos fazer são os adiamentos. Não é uma questão de preguiça, embora uma coisa seja facilmente confundida com a outra. Ao contrário dos verdadeiramente indolentes, os proteladores querem fazer o que precisam fazer – e geralmente até conseguem, mas não antes de ter de lutar muito. Eu vou mostrar como essa batalha é, em parte, hereditária, e que adiar está imbricado no nosso DNA. Nossa tendência para adiar as coisas demorou 100 milhões de anos para se formar e hoje está praticamente entranhada em nossos corpos. Mas pesquisas mostram que, apesar dessa natureza arraigada, nós podemos modificar nossos hábitos e mudar esse comportamento. Os proteladores que compreendem os processos por trás da sua falta de ação podem dominá-los e ficar menos estressados com seus prazos e mais capazes de cumpri-los.

Este livro conta a história dos adiamentos. Estende-se desde a cidade de Memphis, no antigo Egito, até a Nova York atual. Da ala de um hospital para pacientes com câncer até o chão da Bolsa de Valores. Eu espero poder esclarecer os motivos de postergarmos as coisas, quais são os resultados desses adiamentos e que estratégias podemos utilizar para fazer alguma coisa nesse sentido. Vamos começar devagar, esclarecendo desde logo o que são adiamentos, e ajudando você a perceber se é um protelador e, caso seja, como são os seus surtos de adiamento. Se você for um procrastinador – e há uma grande chance de ser –, você na verdade faz parte de um grupo bem grande. Portanto, está na hora de nos conhecermos um pouco mais.

O que é e o que não é um adiamento

Existe tanta confusão no que diz respeito a adiamentos que é melhor colocar nosso assunto na mesa de dissecação e começar a separar imediatamente o joio do trigo. Ao adiar, você não está apenas atrasando as coisas, embora esse atraso seja parte integrante do que está fazendo. Procrastinar vem da palavra latina *pro*, que significa "para a frente, adiante ou em favor de", e *crastinus*, significa "de amanhã". Mas procrastinar significa muito mais do que esse significado literal. Prudência, paciência e o estabelecimento de prioridades envolvem algum grau de demora, mas nada disso tem o mesmo significado de procrastinar. Desde a primeira vez em que apareceu na língua inglesa, no século XVI, a procrastinação identifica não um atraso qualquer, mas um atraso *irracional* – ou seja, quando nós voluntariamente adiamos a realização de tarefas, apesar de sabermos que nossa situação só vai piorar. Quando adiamos, sabemos que estamos atuando contra nossos melhores interesses.

Mesmo assim você vai continuar encontrando pessoas que consideram equivocadamente que atrasos inteligentes sejam procrastinações. Ao ver um colega de trabalho todo esparramado na cadeira do escritório, de braços cruzados atrás da cabeça, relaxado, você pergunta o que ele está fazendo e recebe a jovial resposta:

– Eu? Eu estou adiando!

Contudo, ele não está. Ele está alegremente jogando para a frente a entrega de um relatório, porque sabe que há uma boa chance de o projeto ser cancelado no decorrer da semana – e, se não for, ele ainda pode muito bem escrever tudo na última hora. Isso é ser inteligente. Num cenário como esse, a pessoa que compulsivamente tenta terminar tudo o mais rápido possível é que está sendo irracional, se atirando sobre um trabalho que está destinado a se tornar irrelevante. O obsessivo que completa todas as tarefas na primeira oportunidade pode ser tão pouco funcional quanto o protelador que deixa tudo para a última hora. Nenhum deles está alocando seu tempo de maneira sensata.

Consequentemente, não se pode chamar de adiamento se você deixa de chegar a uma festa muito antes dos outros convidados, ou se não chega ao aeroporto para pegar seu voo com três horas de antecedência. Ao se atrasar um pouco, você poupa seu anfitrião de uma situação meio embaraçosa, já que ele, provavelmente, estará dando os últimos retoques na casa, e, no caso do aeroporto, você vai se poupar de passar algumas horas sem conforto no portão de embarque, esperando o avião decolar. Assim como não é adiamento você responder a uma emergência largando (e postergando) todos os seus outros afazeres. Insistir em terminar de cortar a grama do jardim quando a sua casa está pegando fogo não é muito inteligente. É claro que você deixou de aparar a grama, mas a perda total da sua casa era um preço alto demais a ser pago. Da mesma forma, ser flexível com a sua agenda para responder às necessidades urgentes de uma esposa ou de um filho, provavelmente, vai evitar que sua família seja destruída. Nem tudo pode acontecer ao mesmo tempo; é na hora de optar entre o que fazer agora e o que deixar para mais tarde que acontece o adiamento, e não no simples ato de deixar para depois.

Você, protelador

Agora que já sabemos o que é adiar ou procrastinar, você costuma fazer isso? Qual é o seu lugar no ranking de adiamentos? Você é daqueles que ficam cuidando lentamente dos detalhes do jardim ou é do tipo grosseirão, com a palavra "amanhã" tatuada em toda a extensão das suas costas? Existem métodos bem divertidos que podem indicar sua propensão a adiar as coisas. Para começar, examine sua caligrafia. Se ela for muito arrastada e desconjuntada, pode ser sinal de que você também seja assim. Ou então, olhe para as estrelas... ou melhor, para os planetas. Os astrólogos afirmam que quando Mercúrio está retrógrado ou em oposição a Júpiter, os adiamentos tendem a ser uma característica marcante no mapa.[1] Ou então tente ler as cartas de tarô. O Dois de Espadas, frequentemente, indica que você está dividido por um dilema e adiando uma decisão. Pessoalmente, eu prefiro uma abordagem mais científica.

Você pode visitar o meu site, www.procastinus.com, para um teste bem extenso que eu já propus a dezenas de milhares de voluntários, e comparar o seu nível de demoras irracionais com o de pessoas do mundo inteiro. No entanto, se você estiver meio sem tempo e quiser agir logo, pode experimentar o teste mais rápido apresentado a seguir. Complete essa miniversão, observando que as afirmativas 2, 5 e 8 têm uma pontuação contrária às demais.

Quase nunca ou raramente	Às vezes	Frequentemente	Muitas vezes ou não é o meu caso	Sempre é o meu caso
1. Eu adio minhas tarefas além do que é razoável.				
1	2	3	4	5 _____
2. Eu faço o que acredito que precisa ser feito.				
5	4	3	2	1 _____
3. Eu geralmente me arrependo de não começar minhas tarefas mais cedo.				
1	2	3	4	5 _____

4. Existem coisas na minha vida que eu adio, embora saiba que não devia.				
1	2	3	4	5 _____

5. Se tem uma coisa que devo fazer, eu a faço antes de cuidar das tarefas menos importantes.				
5	4	3	2	1 _____

6. Eu adio as coisas por tanto tempo que o meu bem-estar ou a minha eficiência sofrem desnecessariamente.				
1	2	3	4	5 _____

7. No fim do dia eu sei que podia ter utilizado melhor o meu tempo.				
1	2	3	4	5 _____

8. Eu utilizo sabiamente o meu tempo.				
5	4	3	2	1 _____

9. Quando eu devia estar fazendo uma coisa, estou fazendo outra.				
1	2	3	4	5 _____

Resultado Total _____

Resultado	Comparado com as outras pessoas	
19 ou menos	Você está entre os 10% que menos adiam. Seu mantra é "o mais importante vem em primeiro lugar".	
20-23	Você está entre os 10% a 25% que menos adiam.	
24-31	Você está na média: 50%.	Protelador médio
32-36	Você está entre os 10% a 25% que mais adiam.	
37 ou mais	Você está entre os 10% que mais adiam. Seu sobrenome é "amanhã".	

Onde você foi parar? Você é lendário por deixar as coisas para o último minuto ou só adia a academia e o pagamento de impostos, como quase todo mundo?

A polca dos adiamentos

Quanto mais alto o seu resultado no teste de adiamento, maior a chance de você estar adiando alguma coisa neste exato instante. Outras tarefas deviam estar ocupando sua atenção – o que infelizmente significa que você tem mais o que fazer do que ler este livro. Essas tarefas são, provavelmente, desagradáveis, muitas vezes chatas e administrativas, e talvez difíceis de se imaginar que possam ser realizadas com êxito. Deixe-me eu tentar adivinhar o que está no seu quadro de tarefas:

- O seu cesto de roupas está transbordando?
- Tem louça suja na pia?
- Os seus detectores de fumaça precisam de pilhas novas?
- E a bateria do seu carro? Qual a calibragem dos pneus e há quanto tempo você não troca o óleo?
- Não tem nenhuma passagem para marcar, nenhum hotel para reservar, nenhum passaporte para ser renovado?
- Você informou ao seu chefe que pretende tirar férias?
- Já comprou um presente para o aniversário de alguém que já está quase chegando?
- Já preencheu seu relatório de horas, de desempenho e de despesas?
- Já teve aquela conversa difícil com o funcionário que não está rendendo o que devia?
- Já marcou aquela reunião que você tanto teme?
- E aquele projeto grande que o seu chefe lhe passou? Está avançando?
- Você foi à academia esta semana?
- Ligou para sua mãe?

E então? Que tal a lista? Você pode acrescentar as suas próprias perguntas, é claro. Mesmo que eu não tenha acertado na mosca, provavelmente você tem adiado alguma coisa, empurrado uma tarefa para o futuro. Sozinha, cada uma dessas ações adiadas não tem grande repercussão. Mas, juntas, eles podem deixar você infeliz e com a sensação de que sua vida está sendo desperdiçada. O grande projeto, aquele que tem um prazo rígido, é a mãe de todas as preocupações. Ele pode fazer você trabalhar até tarde e dificultar a realização de todas as demais tarefas da sua lista. Numa ocasião ou outra, *todos nós* nos sentimos naufragando emocionalmente e incapazes de terminar aquele relatório, aquela pesquisa, aquele texto, a apresentação que tínhamos de preparar ou a prova em que tínhamos de passar.

Todos os adiamentos possuem um padrão comum, que se passa mais ou menos assim. No início de um grande projeto, tempo é o que não falta. Você abraça essa elasticidade e se esbalda. Você faz algumas tentativas de começar, mas nada leva você a se comprometer de todo o coração. Se o trabalho puder ser esquecido, ele será. Então chega o dia em que você realmente pretende trabalhar, mas, de repente, é simplesmente algo que não sente vontade de fazer. Você não consegue ligar os motores. Toda vez que tenta se concentrar no trabalho, algo o distrai, jogando por terra suas tentativas de progresso. Dessa forma, você adia o seu trabalho para um dia em que tenha mais tempo, só para descobrir que o dia de amanhã parece sempre ter as mesmas 24 horas. Ao final de cada um desses dias, você se confronta com o mistério palpitante do que aconteceu com todas as horas. E as coisas prosseguem nessa base, por algum tempo.

Finalmente, a natureza limitada do tempo se revela. As horas, que antes você desperdiçava sem a menor preocupação, passam a ser cada vez mais limitadas e preciosas. Essa mesma pressão impede você de começar a fazer as coisas. Você quer seguir com o grande projeto, mas, em vez disso, fica tratando de assuntos secundários. Você limpa seu escritório ou sua caixa de e-mail; faz um pouco de ginástica; vai às compras; cozinha... Uma parte de você sabe que não é isso o que devia estar fazendo e, por isso, diz a si mesmo: "Eu estou fazendo isso, pelo menos eu estou me preparando ao fazer alguma coisa." Finalmente, já está tarde para começar a fazer seriamente qualquer coisa nesse dia, por isso você pode perfeitamente dormir. E o ciclo de evitar o trabalho começa outra vez, na manhã seguinte.

Às vezes, para conter sua ansiedade, você se entrega à mais absoluta distração. Você tira alguns minutos para conferir seus e-mails ou o resultado do campeonato. Daí, por que não responder a algumas mensagens ou ver um pouco de televisão? Algumas dessas tentações seduziram você. O trabalho continua pulando na periferia do seu campo de visão, mas você não quer encará-lo de frente – ele vai ter você na mão, se você o encarar –, por isso você se afunda em mais distrações. Escreve comentários veementes nos fóruns de discussão da internet, navega em busca de notícias rápidas, ou muda de canal de TV no primeiro momento em que o seu interesse diminui um pouco. O prazer se transforma em impotência quando você percebe que não consegue sair dessa armadilha.

À medida que o prazo se aproxima, você faz as distrações ficarem ainda mais intensas, de modo que elas realmente possam distraí-lo. Banindo da sua frente qualquer coisa que lembre a tal da maldita tarefa, você esconde relógios e calendários. Numa distorção voluntária da realidade, muda os planos do que você pensava que realmente era capaz de fazer para o mínimo possível. Na hora em que devia estar dando mais duro do que nunca, você começa a dormir, sonhando acordado com mundos diferentes, pensa em ganhar na loteria, em estar em qualquer lugar menos aqui. E quando a ansiedade aumenta, você precisa de um alívio imediato, uma fuga, uma recompensa – qualquer coisa que lhe dê a ilusão de um porto seguro. Se os parentes, amigos ou colegas de trabalho tentam afastá-lo das distrações, você responde com um enviesado "É só um instante! Vou começar ASSIM QUE TERMINAR ISSO AQUI!". Infelizmente, "isso aqui" nunca termina. Secretamente, você está com a consciência muito pesada, duvida de si mesmo e inveja quem consegue simplesmente realizar as coisas.

A energia vai crescendo até que finalmente você atravessa um certo nível e, então, algo acontece. Você começa a trabalhar. Uma mente interior destrinchou a tarefa até a essência, já que não há mais tempo a perder. Você mergulha no trabalho, tomando decisões implacáveis e fazendo um progresso impressionante. Em vez daquela névoa ameaçadora, uma claridade reluzente se apodera de você. Existe uma pureza no seu trabalho, abastecida por uma urgência real de que "é agora ou nunca". Para uns poucos sortudos, esse sentimento de urgência vai permitir que eles consigam realizar o projeto. Para os outros, esse jorro inicial desaparece antes que a porcaria do trabalho chegue ao fim. Depois de muitas horas de se concentrar sem dormir, o cérebro começa a pifar. Açúcar e cafeína ainda dão algum alento, mas não é suficiente. Tique-taque, tique-taque... tempo esgotado. Você passa pela linha de chegada cambaleando por não estar bem preparado, depois de ter dado ao mundo muito menos do que podia.

Isso é tão comum que não chega a chamar a atenção – com exceção da pessoa que passou por essa experiência e sabe que seu desempenho deixou a desejar. O alívio de finalizar a tarefa nem sempre compensa um trabalho medíocre. Mesmo que você tenha conseguido um desempenho brilhante, a realização fica marcada com uma mancha de como as coisas poderiam ter sido. E esse tipo de adiamento, provavelmente, lançou uma sombra sobre uma festa, uma saída à noite ou umas férias que você não pôde curtir adequadamente, porque metade da sua mente estava em outro lugar, obcecada com aquilo que estava querendo evitar. Você toma a decisão de que isso nunca mais vai acontecer. O preço do adiamento é simplesmente grande demais.

O problema desse tipo de resolução é esse hábito tender a continuar existindo. Em vez de lidar com os nossos atrasos, nós inventamos desculpas por causa deles – o autoengano e o adiamento andam lado a lado.[2] Ao elaborar sobre a linha tênue que separa o *não consegui* do *não me esforcei*, nós exageramos as dificuldades com as quais deparamos e inventamos desculpas: um resfriado forte, uma reação alérgica que deu sono, a crise pessoal de um amigo que chamou nossa atenção. Ou, então, nós nos livramos completamente da responsabilidade dizendo "mas, pombas, como é que eu poderia adivinhar?". Se você não tinha como prever uma situação, então não dá para se culpar. Por exemplo, como você responderia a estas perguntas, sobre o seu último ataque de adiamento?

- Você sabia que o trabalho iria demorar tanto?
- Você sabia que as consequências de um atraso seriam tão devastadoras?
- Dava para imaginar aquela emergência que apareceu na última hora?

As respostas honestas para essas perguntas são: sim, sabia e com certeza, mas é muito difícil responder honestamente nesse caso, não é? E o problema é exatamente esse.

Alguns proteladores vão até paramentar sua destrutiva falta de ação como uma escolha bem pensada. Por exemplo, será que está errado colocar a sua carreira em segundo plano para passar mais tempo com a família? Depende de quem você for. Algumas pessoas adoram o modelo de sucesso fundamentado no trabalho e acham que o tempo que não estão trabalhando é tempo perdido e, assim, podem faltar aos jantares de família e às peças de teatro da escola. Outros se dedicam à casa e à comunidade, desfrutando das relações que desenvolvem deixando de lado as tarefas do trabalho. Para um observador casual, não é fácil determinar o que é um adiamento e o que é uma decisão objetiva. Só o protelador mesmo é quem sabe.

Lá no seu íntimo, muitos proteladores gostariam de não ter de recorrer a desculpas. Eles apostam na tal Boa Sorte. Às vezes, até que dá certo. Frank Lloyd Wright desenhou sua obra de arte da arquitetura, a Casa da Cascata, três horas antes de seu cliente Edgar Kaufmann chegar para ver os esboços. Tom Wolfe varou a madrugada escrevendo, num surto de pânico, 49 páginas de um texto para a revista *Esquire*, que praticamente não precisou de revisão, sobre a cultura californiana de carros envenenados e feitos sob medida. O editor Byron Dobell simplesmente retirou o cabeçalho "Prezado Byron" de cima do texto de Wolfe e publicou tudo com o título "There Goes (Varoom! Varoom!) That Kandy-Kolored Tangerine-Flake Streamline Baby" [Lá vai (Varum! Varum!) Aquela belezinha das pistas com cara de balinha de tangerina], e um novo estilo de jornalismo estava nascendo. Mas eu não preciso nem dizer o quanto esses resultados são raros. Pelos seus próprios padrões, se você achasse que adiar fosse uma boa ideia, não estaria adiando.

O perfil do protelador

Se isso faz você se sentir melhor, os adiamentos nos deixam em boa companhia. Eles são tão comuns quanto um café pela manhã. Tabulando inúmeras pesquisas, cerca de 95% das pessoas admitem adiar as coisas, com cerca de 25% delas indicando que essa é uma característica crônica, definidora de sua personalidade.[3] "Deixar de procrastinar" sempre foi uma das maiores metas relatadas por pessoas de todo o mundo.[4] Os adiamentos são tão comuns que têm até um tipo próprio de humor. Provavelmente, a melhor desculpa por ter perdido um prazo tenha vindo da escritora Dorothy Parker. Interpelada por Harold Ross, editor do *The New Yorker*, por que um texto seu estava atrasado, ela explicou tristemente, tirando o máximo de proveito de seus olhos escuros e tristes: "Já tinha alguém usando o lápis." E, é claro, existe a piada mais abjeta sobre adiamentos. Não conhece? Eu conto depois.

Nenhuma categoria profissional é imune aos adiamentos, mas, aparentemente, os escritores são os mais propensos a isso. Agatha Christie era ré confessa e Margaret Atwood admite que passa "a manhã inteira protelando e se angustiando e então mergulha no original freneticamente por volta das 15 horas". Jornalistas também padecem desse mal. Observe o que diz Ted Koppel:

– Meus pais e meus professores costumavam se irritar com o fato de eu deixar tudo para a última hora, e agora as pessoas ficam fascinadas com isso.[5]

Existem proteladores em todo o abecedário de profissões, de astronautas a padres episcopais, de técnicos de raios X a zoólogos.[6] Infelizmente, qualquer que seja o emprego, os proteladores têm mais chances de estar desempregados ou trabalhar apenas meio expediente do que seus colegas que não ficam adiando as coisas. Proteladores podem ser de ambos os sexos, embora o cromossomo Y tenha certa preponderância. Um grupo de 100 proteladores de carteirinha provavelmente seria composto de 54 homens e 46 mulheres, deixando oito homens sozinhos, lutando pelas atenções femininas. Como você pode ver, proteladores tendem a estar disponíveis... de certa maneira. É mais provável que estejam solteiros do que casados, ou que estejam apenas separados, e não divorciados. Eles adiam tanto o começo como o fim dos compromissos. A idade também interfere na procrastinação.[7] Quanto mais nós nos afastamos do ensino fundamental e caminhamos em direção a um asilo, e quanto mais nos aproximamos do prazo final da vida, menos nós adiamos. Aqueles que amadureceram fisicamente são mais crescidos em matéria de personalidade, o que não chega a surpreender.

Essa exposição demográfica, apesar de interessante, não é tão útil quanto identificar os proteladores por seus perfis psicológicos. Existe, aliás, uma característica central que explica por que nós adiamos as coisas, mas talvez não seja bem o que você já tenha ouvido falar. É muito comum se acreditar que nós adiamos porque somos perfeccionistas, ansiosos em corresponder a padrões excessivamente elevados.[8] Essa teoria do perfeccionismo dos proteladores é muito divulgada e até faz você se sentir bem. O perfeccionismo pode ser uma característica elogiável, como demonstra a resposta padrão para aquela pergunta que sempre aparece numa entrevista: "Qual é o seu maior defeito?" Quando essa pergunta foi feita a Bill Rancic, antes de ele ganhar a primeira temporada de O *Aprendiz* americano, com Donald Trump, o rapaz respondeu:

– Sou perfeccionista demais. É um defeito.

O que levou o entrevistador a exclamar:

– Mas ser perfeccionista é bom. Significa que você está sempre lutando.

Só que essa teoria do protelador perfeccionista não dá certo. Com base em dezenas de milhares de participantes – a propósito, esse é o assunto mais pesquisado em todo o campo dos adiamentos –, o perfeccionismo só produz uma quantidade ínfima de adiamento. Quando o psicólogo e terapeuta Robert Slaney criou a Escala Quase Perfeita para medir o perfeccionismo, descobriu que "os perfeccionistas tinham *menos* probabilidade de adiar do que os não perfeccionistas, um resultado que se contrapunha aos textos sem base científica".[9] E a minha pesquisa o apoia: perfeccionistas ordeiros, arrumados e eficientes não costumam deixar as coisas para depois.[10]

Então, como foi que nós começamos a acreditar que o perfeccionismo é a causa dos adiamentos? Os perfeccionistas que adiam as coisas têm mais probabilidade de procurar a ajuda de um terapeuta, e, assim, é claro que eles vão aparecer mais vezes nas pesquisas clínicas sobre adiamentos. Proteladores não perfeccionistas (e, já que o assunto é esse, perfeccionistas que não adiam) são menos propensos a procurar ajuda profissional. Os perfeccionistas têm uma motivação maior para tomar uma atitude com relação aos seus erros porque costumam se sentir pior sobre o que eles estiverem adiando. Consequentemente, o problema não é o perfeccionismo, mas a *discrepância* entre os padrões do perfeccionista e seu real desempenho.[11] Se você for perfeccionista e estiver sofrendo com padrões altos demais que chegam a ser inalcançáveis, pode até querer tomar uma atitude quanto a isso, só que vai precisar ler outro livro: este aqui é sobre adiamentos.

Qual é, verdadeiramente, a principal fonte dos adiamentos? Trinta anos de estudos e centenas de pesquisas isolaram várias características de personalidade que servem para prever protelações, mas uma delas se destaca do resto. O calcanhar de aquiles dos adiamentos vem a ser a *impulsividade*, isto é, viver impacientemente o momento e querer tudo de imediato.[12] Demonstrar autocontrole ou adiar uma recompensa é difícil para as pessoas impulsivas. Nós simplesmente não somos muito hábeis para aguentar as dores de curto prazo, em troca de um ganho de longo prazo.[13] A impulsividade também determina como respondemos à ansiedade de realizar uma tarefa. Para aqueles que são menos impulsivos, a ansiedade geralmente é um impulso interior que nos faz querer começar logo um projeto, mas para aqueles que são mais impulsivos, a história é bem diferente: a ansiedade em relação a um prazo vai levar direto à procrastrinação.[14] Os impulsivos tentam evitar temporariamente uma tarefa que gera ansiedade ou tirá-la da consciência, uma tática que é absolutamente perfeita, se você pensar no curto prazo. Além disso, a impulsividade faz com que os proteladores sejam desorganizados e distraídos, ou, como coloca meu colega Henri Schouwenburg, os faz sofrer de "pouco controle sobre os impulsos, falta de persistência, falta de disciplina no trabalho, incapacidade de gerenciar bem o tempo e incapacidade de trabalhar metodicamente".[15] Em outras palavras, pessoas impulsivas acham difícil planejar seu trabalho antes da hora e, mesmo depois que começam, se distraem facilmente. E com isso os adiamentos são inevitáveis.

Olhando para a frente

E, portanto, aí está. Os adiamentos são endêmicos. São quase tão comuns como a lei da gravidade, e também puxam você para baixo. Eles estão na nossa vida junto à lata de lixo transbordando na cozinha de manhã, até a pasta de dente vazia, ao cair da noite. No próximo capítulo vou revelar a pesquisa que me ajudou a entender por que nós adiamos as coisas irracionalmente e por que o hábito de adiar é tão disseminado pela sociedade. Vou apresentar e demonstrar a equação de deixar para depois, uma fórmula que mostra a dinâmica desse tipo de comportamento e vou falar sobre a incrível oportunidade que tive de estudar esse fenômeno no mundo real. Os capítulos seguintes vão descrever os diferentes elementos que estão em jogo nos nossos corações e em nossas mentes, e então vamos conferir o preço do adiamento em nossas vidas e na sociedade como um todo. Sempre existe um lado bom no tipo de pesquisa que eu apresento – dentro das causas, podemos encontrar as curas. Por isso, a parte final do livro vai oferecer muitas maneiras pelas quais indivíduos, chefes, professores e pais podem aumentar sua motivação e também motivar os outros, na esperança de que os adiamentos se tornem um mal menor. O capítulo final vai incitar você a utilizar essas técnicas comprovadas em sua vida. Os conselhos dados aqui se baseiam em provas testadas cientificamente da mesma forma que um remédio que você compra na farmácia; é aquilo que nunca foi mostrado, portanto, aprecie com moderação.

2

A equação de deixar para depois: o resultado de 800 estudos + 1

O meu próprio comportamento me atormenta. Porque me encontro fazendo o que eu realmente odeio e não aquilo que realmente gostaria de fazer!

— São Paulo, apóstolo

A rejeição está acabando com Eddie em seu primeiro emprego como vendedor. Ele participou atentamente de todos os seminários de vendas, leu todos os livros que lhe foram recomendados e repete obedientemente todas aquelas afirmações positivas como "Eu posso! Eu sou um vencedor!" todo dia de manhã, em frente ao espelho. Mas mesmo assim, depois de mais um dia sem vender nada, ele olha para o telefone com raiva. Na hora de tirá-lo do gancho para ligar para mais um cliente em potencial, a única resposta que ele prevê é "Estou em reunião" ou um simples clique de desligar no meio da apresentação. E o fato é que ele já não está nem aí.

— Para que tudo isso? — ele se pergunta.

Desmoralizado, ele arruma a mesa, preenche toda a papelada para atualizar seu pacote de benefícios e navega pela internet para ver se tem algum insight com os produtos da concorrência. Ele adia as ligações telefônicas até mais tarde — até o final do dia, quando a maioria de seus clientes em potencial já está indo para casa. Seu chefe vem ver como as coisas estão andando e reconhece os sinais. A decisão de Eddie de adiar as coisas é o começo do fim de sua carreira como vendedor.

O rosto de Valerie é tão inexpressivo quanto a tela do computador. Ela fica olhando para o monitor, sabendo que devia estar cheia de palavras escritas por ela, mas não há nada. Nem uma única letra.

– Por quê? Por quê? – ela se pergunta.

Não é que ela já não tenha escrito outros artigos antes, mas, por alguma razão, esse trabalho sobre política municipal para amanhã é de encher a paciência. "Escreve", ela pensa. "Vai apertando as teclas." E, em resposta, "asdfkh" aparece no monitor. Melhor que nada. Convencendo-se de que precisa de um descanso desse aborrecimento sem-fim, Valerie começa a mandar e-mails para as amigas, que a aconselham a entrar num site moderninho com sátiras de grupos de rock populares. Depois de olhar alguns clipes, ela encontra a sátira de um programa de televisão e faz a recomendação às amigas, também por e-mail. E logo o grupo virtual de Val está tentando superar uma à outra, em busca do clipe mais inteligente ou engraçado. Passam-se as horas e então ela percebe que o dia já está quase terminando e ela se sente ainda menos inspirada do quando optou por fazer o seu "pequeno intervalo". Ela mergulha no trabalho, mas o resultado final reflete o tempo e o esforço dedicados a ele. Uma porcaria.

⌒

Os planos de férias estão prontos! Pela primeira vez Tom está na frente da curva e reservou com bastante antecedência o voo para a República Dominicana. Graças a esse cuidado ele pôde até pagar o voo com suas milhas acumuladas. O único detalhe que falta é a reserva do hotel, mas isso pode ser feito a qualquer tempo. Mas o que pode ser feito a qualquer tempo acaba não sendo feito em tempo algum. À medida que os meses vão passando, Tom vai empurrando a tarefa sempre para a semana seguinte, ou simplesmente se esquece dela. Tem sempre alguma coisa mais urgente para fazer, como ver seu programa de televisão favorito. Finalmente, quando está pensando em fazer as malas, ele percebe que não há mais semanas disponíveis para adiar essa tarefa e que ele deixou passar tempo demais. Ele entra na internet e, encontrando poucas opções disponíveis, faz uma reserva apressada e improvisada. Quando, mais tarde, seu avião aterrissa na República Dominicana, ele espera que o hotel seja tão bonito quanto a ilha. Mas não é. Ele fica longe da praia, o quarto é decorado com mosquitos mortos e fica perto de um banheiro nojento, e a comida do restaurante do hotel o deixa passando mal.

Eddie, Valerie e Tom são todos proteladores, mas não são iguais. Assim como um carro pode parar de se mover por causa de um tanque de gasolina vazio, um pneu furado ou por falta de bateria, também há uma série de causas para os adiamentos – mesmo se o comportamento exterior for igual. Tanto Eddie, como Valerie e Tom adiaram seus afazeres, mas as razões subjacentes não são as mesmas – e cada um representa uma faceta da equação de deixar para depois, a fórmula matemática que eu inventei para quantificar os atrasos irracionais. Entender por que Eddie, Valerie e Tom adiam suas respectivas tarefas forma a essência deste livro. Com esse objetivo, vamos analisá-los um pouco mais. No capítulo passado nós determinamos até que ponto você adia as tarefas. Neste vamos ver por que você as adia. Será que você é um Eddie, uma Valerie, um Tom, ou alguma mistura dos três? Faça o próximo teste e descubra.

Quase nunca ou raramente	Às vezes	Frequentemente	Muitas vezes ou não é o meu caso	Sempre é o meu caso
1. Quando eu realmente organizo bem o meu tempo, consigo bons resultados.				
1	2	3	4	5_____
2. Trabalhos desinteressantes me derrotam.				
1	2	3	4	5_____
3. Eu me atrapalho todo porque me deixo levar por uma atividade temporária mais agradável.				
1	2	3	4	5_____
4. Quando eu me dedico, vejo os resultados.				
1	2	3	4	5_____
5. Eu gostaria muito que o meu trabalho fosse mais agradável.				

1	2	3	4	5_____

6. Eu assumo trabalhos que no começo parecem divertidos, sem pensar muito nas repercussões disso.

1	2	3	4	5_____

7. Se eu realmente me esforçar, vou ser bem-sucedido.

1	2	3	4	5_____

8. Minhas atividades profissionais parecem sem sentido.

1	2	3	4	5_____

9. Quando a tentação está bem à minha frente, o desejo pode ser intenso.

1	2	3	4	5_____

10. Estou convicto de que os meus esforços vão ser recompensados.

1	2	3	4	5_____

11. O trabalho me aborrece.

1	2	3	4	5_____

12. Minhas ações e minhas palavras satisfazem mais os meus prazeres de curto prazo do que as minhas metas de longo prazo.

1	2	3	4	5_____

13. Sou persistente e engenhoso.

1	2	3	4	5_____

14. Não tenho entusiasmo suficiente para manter minhas responsabilidades.

1	2	3	4	5_____

15. Quando aparece uma distração atraente, me desvio facilmente.

1	2	3	4	5_____

16. Sempre que um problema aparece em meu caminho, eu acabo me sobrepondo a ele.

1	2	3	4	5_____

17. Quando uma tarefa é entediante, eu me pego frequentemente sonhando acordado, em vez de me concentrar.

1	2	3	4	5_____

18. Para mim é muito difícil adiar oportunidades prazerosas quando elas aparecem.

1	2	3	4	5____

19. Posso superar as dificuldades com o esforço necessário.

1	2	3	4	5____

20. Não acho que o meu trabalho seja divertido.

1	2	3	4	5____

21. Escolho prazeres menores e mais imediatos do que prazeres maiores, porém mais demorados.

1	2	3	4	5____

22. Ganhar está sob o meu controle.

1	2	3	4	5____

23. Se uma atividade é aborrecida, minha mente acaba se desviando para outras distrações.

1	2	3	4	5____

24. Para mim é muito difícil adiar um prazer.

1	2	3	4	5____

Para saber o resultado, adicione os pontos marcados para cada uma das seguintes questões:

Escala do Eddie = 1 + 4 + 7 + 10 + 13 + 16 + 19 + 22 _____

Escala da Valerie = 2 + 5 + 8 + 11 + 14 + 17 + 20 + 23 _____

Escala do Tom = 3 + 6 + 9 + 12 + 15 + 18 + 21 + 24 _____

Se marcou 24 pontos *ou menos* na *Escala do Eddie*, você tem algumas semelhanças com a situação dele. Por outro lado, se marcou 24 *ou mais* na *Escala da Valerie* ou na *Escala do Tom*, você realmente devia ligar para eles, porque vocês têm muito em comum. Como se vê, Eddie, Valerie e Tom representam, respectivamente, os três elementos básicos da motivação: Expectativa, Valor e Tempo. Quando você entender a situação deles, vai compreender os componentes da equação de deixar para depois. Depois, vamos ver como cada uma dessas peças se junta com as outras para dar origem à formula inteira. Sim, vamos encarar um pouco de matemática, mas não se assuste. Uma versão desse princípio foi publicada com ilustrações em duas páginas coloridas de *Yes! The Science Magazine for Kids* [Sim! A revista de ciência para crianças]. Se meninos de 12 anos conseguiram, então você também vai entender.

Eddie e suas baixas expectativas

A história de Eddie, lamentavelmente, é muito comum para quem trabalha com vendas. A rejeição é parte significativa do trabalho, e a maioria dos profissionais de venda recebe uma quantidade insuportável de "nãos" antes de conseguir um "sim", especialmente no início da carreira. Muitos aspirantes a vendedores, como Eddie, se deixam levar por esse fluxo constante de rejeições e se veem sem motivação para trabalhar; é preciso que uma pessoa seja particularmente resiliente para se sobrepor a uma negatividade sem trégua. O que está minando a motivação de Eddie e causando seus adiamentos? É a *Expectativa* dele – o que ele *espera* que vai acontecer. Depois de uma série de tentativas que sempre deram erradas, ele começa a esperar o fracasso antes mesmo de começar. As grandes expectativas formam o núcleo da autoconfiança e do otimismo; mas se você começar a acreditar que as suas metas não são alcançáveis, você para de correr atrás delas efetivamente. Em consequência disso, se durante a sua autoavaliação você *discordar* de afirmações tipo "Estou convicto de que os meus esforços vão ser recompensados" ou "Ganhar está sob meu controle", você é igual a Eddie e suas baixas expectativas.

Os resultados de 39 estudos sobre o adiamento do qual participaram quase 7 mil pessoas indicam que, embora parte dos adiamentos decorra do excesso de confiança, o contrário é bem mais comum. Os proteladores geralmente são menos confiantes, especialmente no que se refere às tarefas que eles vivem adiando. Se você está adiando os seus deveres de casa, provavelmente é porque os considera uma tarefa difícil. Se você está adiando levar uma vida mais saudável e começar um programa de exercícios, por exemplo, ou se alimentar melhor, existe grande chance de você estar questionando sua capacidade de se manter no programa. E se estiver desempregado, você provavelmente está adiando sua busca de emprego porque não vê muita chance de ser contratado.

O histórico trabalho de Martin Seligman, um dos líderes do movimento da psicologia positiva, demonstra a conexão entre a falta de autoconfiança ou otimismo e a procrastinação.[1] Se você ama os cachorros, como eu, por favor tente desculpar o Dr. Seligman. Ele fez algumas experiências dando choques elétricos em cães.* O que ele fez, em resumo, foi separar dois grupos diferentes de cachorros e lhes dar choques em intervalos aleatórios. Os dois grupos receberam os mesmos choques, com a mesma duração, mas o primeiro podia pressionar uma alavanca que parava os choques em todos os cachorros, enquanto o segundo não tinha controle algum e dependia inteiramente dos outros para terminar sua agonia. Seligman então mudou a experiência. Ele testou os dois tipos de cachorros, mas dessa vez numa caixa dividida por uma pequena barreira. Um lado da caixa passou a ser eletrocutado e *todos* os cachorros podiam fugir dessa situação simplesmente pulando a barreira. O primeiro grupo de animais, aqueles que pressionaram a alavanca, aprenderam a pular a barreira. O segundo grupo também aprendeu algo da experiência anterior. Quando a caixa foi eletrificada, eles simplesmente se deitaram e se permitiram levar os choques. Como Eddie e suas baixas expectativas, esses cachorros aprenderam que suas ações não faziam diferença. Eles aprenderam a não ter esperança.[2]

A falta de esperança aprendida está ligada a desistir rapidamente das coisas, seja numa aceitação complacente de uma doença prolongada ou de um desempenho medíocre na escola. A desesperança aprendida também ajuda a explicar porque adiar as decisões mais do que o normal é um dos sintomas da depressão.[3] A causa subjacente é uma autoconfiança reduzida, que dificulta investir em qualquer trabalho muito exigente.[4] Equilibrando as duas coisas, algum grau de desesperança é comum. Muitos de nós estivemos em situações em que o nosso mundo aparentemente não fora programado para o nosso sucesso. Para o Eddie das baixas expectativas, era o seu trabalho de vendedor; para outra pessoa, pode ter sido uma educação muito ríspida, em que a família ou os companheiros de turma lhe impunham papéis muito rígidos. Cren-

---

* Uma escolha ética com a qual o Dr. Seligman se confrontou, como ele conta no livro *Learned Optimism*. Ele parou de usar esse método experimental assim que obteve os dados de que precisava.

ças limitadoras podem ser internalizadas e carregadas pela vida por muito tempo depois de termos saído da casa ou da escola, onde elas começaram. A percepção que aprendemos sobre nós mesmos passa a ser uma profecia que se autorrealiza – ao esperar fracassar, nós fazemos com que o fracasso seja uma realidade. Nós nunca nos esforçamos, ou tentamos realmente, e o resultado são mais adiamentos.

Valerie sem valor

Como você se sente sobre as questões que está adiando neste momento? Quando pensar nesse assunto, estará encarnando a Valerie. Como ela, em suas tentativas pífias de escrever sobre política municipal, todos nós tentamos adiar o que não gostamos. Consequentemente, essa tarefa que você está adiando é, provavelmente, alguma coisa que você não gosta de fazer. O termo técnico para a medida desse gostar é *Valor*, e quanto menos valor um trabalho tiver para você, mais difícil vai ser começar. Nós não temos nenhum problema em começar longas conversas com amigos com algumas bebidas na mesa e uma sobremesa decadente, mas a maioria de nós adia fazer nossa declaração de renda ou limpar o porão. Da mesma forma, a razão principal que os alunos dão para adiar a redação de suas teses é que eles "realmente odeiam escrever".* Embora o fato de que todos nós tenhamos menos chance de fazer prontamente uma tarefa desagradável possa parecer óbvio, o campo científico não teve esse mesmo insight. Os cientistas tiveram de fazer mais de uma dúzia de estudos com mais de 2 mil entrevistados para chegar à mesma conclusão.

Considerando-se que certas obrigações são julgadas enfadonhas no mundo inteiro, eles revelam algumas das razões para os adiamentos.[5] Como todo mundo quer adiar o que eles detestam, não é surpresa alguma que frequentemente evitemos limpar ou organizar a casa, ou, então, ir ao médico ou ao dentista.[6] Como muita gente acha que fazer exercícios é uma imposição, 70% das pessoas raramente fazem uso da academia de ginástica, mesmo quando inscritas em planos de longa duração.[7] Da mesma forma, muitas pessoas consi-

---

* Isso foi estabelecido por meio de quatro pesquisas diferentes da Escala da Razão para Adiamentos – Alunos, que estipula 26 possíveis razões para o adiamento.

deram estressante fazer compras de Natal, e com isso contribuem para que a sua véspera seja o dia mais cheio para compras.[8] Por outro lado, na medida em que as pessoas consideram certas tarefas particularmente desagradáveis, as atividades exatas que elas adiam vai variar de pessoa para pessoa. Dependendo da natureza de seus relapsos proprietários, algumas casas têm as pias da cozinha cheias de pratos, enquanto outras têm armários de remédios entupidos de medicamentos que já venceram há muito tempo. Algumas têm frigideiras que precisam ser preenchidas com comida, enquanto outras têm salas de jantar que precisam ser preenchidas com amigos.

Dada a conexão entre o que é agradável e imediatamente buscado, faz todo sentido, então, que os proteladores crônicos tendam a detestar sua parcela de responsabilidades na vida. Seu trabalho, suas tarefas, suas obrigações são todos cansativos, e eles evitam essas coisas o máximo possível. Se você concordou com afirmações do tipo "O trabalho me aborrece" ou "Eu não tenho entusiasmo para levar as minhas responsabilidades até o fim", a ausência de um valor que desperte o seu prazer provavelmente é a fonte dos seus adiamentos. Lavar roupa deixa você deprimido, cozinhar o deixa irritado e lavar pratos e pagar as contas representam um sofrimento, em vez de meros incidentes sem importância. Você tem uma dificuldade imensa em manter a sua atenção em coisas mundanas. Para você, um aborrecimento é sinal de irrelevância, e sua mente logo se desvia para algo diferente.[9] Para mim, essa sua característica representou um desafio e tanto ao escrever este livro. Eu conheço muito bem sua natureza volúvel e sei que a sua capacidade de atenção não perdoa – o que vale dizer que devo manter um ritmo rápido, o tempo todo. Ou melhor, daqui pra frente.

Tom e sua perspectiva do tempo

Enquanto as Expectativas de Eddie e os Valores de Valerie são fatores que contribuem para os adiamentos, as razões de Tom formam o núcleo da procrastinação. Tom tinha de reservar um quarto de hotel, mas não conseguiu encontrar motivação para agir até pouco antes do prazo final, permitindo se distrair toda vez que pensava em agir. Quando finalmente fez alguma coisa, ele sabia que devia ter agido mais cedo, e sofreu por ter se atrasado. Com muita probabilidade, se você adia as coisas, deve se sentir um pouco parente de Tom e admitir que "se confunde um pouco" porque foi "enfeitiçado por alguma atividade temporariamente prazerosa", ou que você "escolhe prazeres menores e mais imediatos, em vez de prazeres maiores, mas mais distantes". O maior fator em determinar o que você busca não são as recompensas associadas ou a certeza de recebê-las, mas a questão do timing. Você dá mais valor a recompensas que podem ser obtidas brevemente, muito mais do que recompensas que exigem que você espere. Você é, simplesmente, impulsivo.

Como já mencionei no capítulo anterior, existe uma conexão inequívoca e cientificamente comprovada entre a impulsividade e os adiamentos. Inúmeros estudos fundamentados em milhares de pessoas estabeleceram que a impulsividade e as características de personalidade a ela relacionadas, como falta de escrúpulos, baixo autocontrole e alta capacidade de distração, estão no âmago dos adiamentos. Eu mesmo obtive os perfis de personalidade de mais de 20 mil pessoas para conferir mais de perto. E recebi a confirmação de que, de todas essas características, a impulsividade é a que tem a relação mais forte com o fato de adiar as coisas. Isso não (é de surpreender) se você olhar para alguns aspectos específicos da impulsividade: desejos intensos, falta de prudência ou reserva e uma incapacidade de levar as coisas até o fim.[10] Embora todas elas desempenhem um papel nos motivos de por que nós adiamos as coisas, a última é quase sinônimo de adiamento: não levar as coisas até o fim significa concordar com afirmações do tipo "Eu não sou bom em estabelecer um ritmo para terminar as coisas no prazo". Pessoas que agem sem pensar, que são incapazes de manter seus sentimentos sob controle, que agem por impulso também são pessoas que adiam.

A própria influência do tempo também contribui para a ligação entre impulsividade e adiamentos. Nós tendemos a ver as metas e as preocupações de amanhã como uma abstração, isto é, em termos amplos e indistintos, mas ver as metas e preocupações imediatas de uma forma concreta, ou seja, com muitos detalhes em matéria de quem, o quê, onde e quando. Metas e ações formatadas em termos abstratos, como "se dedicar ao autodesenvolvimento", têm menos chances de serem perseguidas do que metas formatadas em termos mais concretos, como "ler este livro".[11] Da mesma forma, a meta ampla de "malhar" é menos instigante do que "correr por uma hora", e "conseguir aquela promoção" é mais difícil de levar à ação do que a meta mais imediata de "escrever esse relatório". Uma vez que nós, frequentemente, formulamos as metas de longo prazo de maneira abstrata, o resultado é que temos mais chances de adiá-las, pelo menos até se tornarem metas de curto prazo e nós começarmos a pensar nelas concretamente. Os psicólogos Nira Liberman e Yaacov Trope se especializaram recentemente no estudo científico desse fenômeno, mas as bases não são tão novas assim. David Hume escreveu exatamente isso há mais de 250 anos, no livro *Tratado da natureza humana*.[12]

Agora mesmo, se quiser, você pode experimentar a influência do tempo e verificar se vê os fatos concreta ou abstratamente. Vamos planejar uma visita ao shopping num futuro distante, digamos, daqui a um ano. Reserve um momento para se imaginar daqui a 12 meses. O que você compraria? Você tem uma visão clara ou a sua visão é nebulosa e turva? Agora imagine o dinheiro esquentando no seu bolso. Se você tivesse de gastá-lo hoje, neste instante, para onde exatamente ele iria? Provavelmente, o que você pretende comprar daqui a um ano parece muito genérico, tão sem graça quanto "um sapato bonito" ou "um bom equipamento esportivo". Metas como essas são fantasmas, etéreas e sem uma alça para se segurar. Os planos de compras para hoje, no entanto, são bem concretos e apetitosos, como algo em que você pode enfiar os dentes. Em vez de "sapato", é o "Sizzle" de Manolo Blahnik, a sandália de pele de cobra que é a inveja de toda fetichista de sapatos. Em vez de "equipamento esportivo", você está obcecado por um TaylorMade Quad r7 425 TP Driver, aquele com uma carga extra de titânio, usado pelo circuito da Associação dos Profissionais de Golfe. Quando você faz o contraste entre essas opções concretas e as mais abstratas, a diferença entre elas para conseguir animar você deve ser palpável. Esse é o coração negro dos adiamentos. É principalmente por nós vermos o presente em termos concretos e o futuro de maneira abstrata que nós adiamos.

Juntando todas as peças

As questões que afligem Eddie, Valerie e Tom – ou seja, Expectativa, Valor e Tempo – são os componentes básicos dos adiamentos. Diminua a certeza ou o tamanho da recompensa de uma tarefa – a expectativa ou o valor – e é improvável que você siga com vigor até o fim. Aumente a demora pela recompensa da tarefa ou a nossa suscetibilidade a essa demora – impulsividade –, e a motivação também cai. Entender os adiamentos no âmbito de seus componentes não é nada mau, mas nós podemos fazer ainda mais do que isso.*

O primeiro passo é saber como a Expectativa casa com o Valor. Com esse propósito, nós podemos fazer uso de todo um manancial de fórmulas da chamada Teoria das Expectativas, sendo que a mais famosa delas é a *Teoria da Utilidade Esperada*. Você pode não ter ouvido falar dela com esse nome, mas a conhece mais do que pensa. A Teoria da Utilidade Esperada forma a base da economia geral; e todo jogador de sucesso segue essa regra. Ela propõe que as pessoas tomam suas decisões multiplicando a expectativa pelo valor. Por isso:

Expectativa x Valor

Funciona assim: imagine que haja duas pilhas de dinheiro à sua frente. A que está à direita, eu vou lhe dar com certeza – é muita gentileza minha –, mas a que está à esquerda, provavelmente, não vou dar. Se você tiver de escolher só uma pilha, qual seria? A minha aposta é que você ficaria com a pilha certa, revelando como a *expectativa* afeta suas decisões. A expectativa, como é de se esperar, se refere a probabilidade ou chance. Nós preferimos recompensas *mais* prováveis do que *menos* prováveis. No entanto, e se eu dissesse que a pilha certa da direita tem muito menos dinheiro do que a mais arriscada, a da esquerda? Essa é uma situação bastante comum, como escolher se você quer aplicar seu dinheiro em títulos do governo americano, sem risco, mas de pouco rendimento, ou se quer especular no mercado de ações. Para dar sentido às suas opções, agora você tem de incorporar o *valor* ao seu processo de decisão – para julgar o quanto a pilha tem de ser maior para levá-lo a correr mais ris-

---

* De fato, eu escrevi um artigo chamado "Integrating theories of motivation" [Integrando as teorias da motivação], dedicado a fazer tudo de uma forma melhor. Leitura regularmente recomendada a estudantes universitários do mundo inteiro, o artigo mostra que temos mais de 100 anos de ciência motivacional para nos guiar, realizada por um exército de pesquisadores.

cos. À medida que eu vario o tamanho da pilha e a possibilidade de você recebê-la, as suas preferências começam a mudar da direita para a esquerda e vice-versa. A fórmula "Expectativa x Valor" faz um trabalho bastante bom em prever que pilha você vai acabar escolhendo. Multiplicando os dois fatores, você acaba ficando com a pilha que tiver o maior resultado. Os economistas tentam entender todo o comportamento humano simplesmente adotando essa equação. Do ponto de vista deles, toda escolha que você faz – de colocar leite no cereal, até enxugar o nariz do seu filho – se baseia em quanto prazer você vai sentir e no grau de certeza de que terá esse prazer. Infelizmente, eles estão errados.

Não se pode confiar apenas na "Expectativa x Valor" para descrever a natureza humana. Para começar, essa teoria é considerada a expressão de uma tomada de decisão racional, o que significa que ela não dá espaço para qualquer forma de comportamento irracional. Independentemente do que você faça, de comer uma casquinha de sorvete até se viciar em heroína, tudo é decidido sensatamente do ponto de vista de um economista. Consequentemente, a teoria deles também exclui a possibilidade de uma procrastinação – adiamentos irracionais – e, uma vez que eu estou escrevendo um livro sobre o assunto e você o está lendo, vamos considerar que isso seja uma fraqueza.[13] O modelo econômico da natureza humana não é exatamente incorreto – é, principalmente, incompleto. Nós respondemos consistentemente a incentivos (ou seja, valor), a ponto de acreditar (isto é, esperar) que eles sejam alcançáveis, mas esse ainda não é o quadro total. Ainda há um terceiro fator, tempo.

Os economistas precisam se atualizar sempre sobre como o modelo que eles fazem da natureza humana lida com o tempo, e eu não sou o único que diz isso. Em 1991, numa palestra devidamente intitulada de "Adiamento e obediência", George Akerlof, Prêmio Nobel de Economia, falou para a American Economic Association sobre como a sua profissão ficaria muito melhor se ela levasse em conta a maneira irracional de como nós acreditamos que os custos presentes sejam mais visíveis que os custos futuros. Um ano depois, George Loewenstein, professor de economia em Yale, foi coautor do livro *Choice over time*, que mostra a melhor maneira de a economia incluir o tempo. Desde então, a economia do comportamento (*behavioral economics*), uma subespecialização da economia que também incorpora o tempo, se expandiu, com pesquisadores como Ted O'Donoghue e Matthew Rabin estudando especificamente os adiamentos. Esses economistas do comportamento estão simplesmente usando as observações do mundo para refinar o modelo, que é o mesmo que usar o feedback de seus olhos para manter o carro na estrada. Tudo isso soa muito... sabe como é que é... racional.

A teoria do tempo que mais atrai esses economistas do comportamento vem do campo da psicologia do behaviorismo. Os behavioristas desenvolveram uma pequena equação chamada de *Lei da Igualação*, que se revelou bastante boa para prever o comportamento médio de ratos e homens. Ela é descrita aqui em uma de suas formas mais simples:

$$\frac{\text{Expectativa x Valor}}{\text{Demora}}$$

Como o produto da Expectativa x Valor é dividido pela Demora, quanto maior a demora, menor a motivação.

Quão importante é incluir o tempo? Deixe-me inventar o meu próprio game chamado *Topa Agora ou Topa Depois*. Você é um participante e ganhou mil dólares. Esse dinheiro é posto em suas mãos em dez notas de 100 dólares estalando de novas, um pequeno maço que você guarda no bolso. No entanto, eu também tenho um cheque visado – dinheiro garantido – pré-datado para daqui a um ano. O dilema é o seguinte: qual a quantia mínima que tenho de escrever nesse cheque para que você enfie a mão no bolso, me devolva aquelas notas de 100, troque tudo pelo cheque e espere um ano até depositar? Eu já fiz essa experiência com centenas de pessoas nas minhas aulas e a maioria diz que esperaria um ano para receber entre 2 mil e 3 mil, especialmente se eu pedir uma decisão instintiva, no calor da hora. A não ser que você conheça o conceito de uma taxa de retorno razoável e tiver tempo para calculá-la mentalmente, e com isso não se permita reagir emocionalmente, é provável que essas respostas não estejam muito longe da que você daria. Quanto mais dinheiro você pedir para fazer a troca, mais sensível você é à demora; ou seja, mais impulsivo você é. Infelizmente, essa sensibilidade à demora continua faltando na fórmula.

A impulsividade proporciona a última peça que falta ao quebra-cabeça, atualizando a Lei da Igualação básica. A impulsividade propicia uma compreensão mais sofisticada do tempo, ao permitir que os efeitos da demora cresçam ou desapareçam. Quanto mais impulsivo você for, mais sensível vai ser à demora e maior o desconto que vai fazer em relação ao valor futuro – e, no caso do jogo do *Topa Agora ou Topa Depois*, mais dinheiro vai pedir para ter de esperar. Sem a impulsividade não haveria aquilo que se chama de "protelação crônica". Jogando isso na equação, temos:*

$$\frac{\text{Expectativa x Valor}}{\text{Impulsividade x Demora}}$$

E aí está: a equação de deixar para depois – inspirada pelos elementos comuns que determinam quando nós adiamos, e formatada a partir dos elementos pesquisados mais profundamente, das teorias motivacionais mais fortes das ciências sociais. A equação de deixar para depois engloba todas as descobertas importantes em relação aos adiamentos. À medida que o prazo de qualquer tarefa é mais adiado para o futuro, a Demora aumenta e nossa motivação para encarar a tarefa diminui. A impulsividade multiplica os efeitos da Demora, e, assim, as pessoas impulsivas sentem esses efeitos de maneira muito menos aguda, pelo menos no início. As consequências têm de estar batendo na porta para que elas comecem a prestar atenção – a não ser que sejam particularmente grandes. E o que faz as consequências serem grandes? Expectativa e Valor. Quanto maior a recompensa e maior a possibilidade de conquistá-la, mais cedo ela vai capturar nossa atenção. A equação de deixar para depois também explica um dos aspectos mais perniciosos dos adiamentos: a defasagem entre a intenção e a ação.

Estudos mostram que os proteladores, geralmente, fazem os mesmos planos de trabalho que seus parceiros mais dedicados. A diferença está na maneira de eles agirem com relação aos seus planos. Infelizmente, o que era uma ideia bem-intencionada para trabalhar na próxima semana ou no próximo fim de semana parece ficar muito menos importante à medida que se aproxima a

---

* A equação efetiva também inclui a adição de uma pequena constante no denominador, geralmente o número 1, formando "Impulsividade x Demora + 1". O principal objetivo dessa constante é impedir que a equação chegue ao infinito, se a impulsividade ou a demora chegar a zero.

hora da verdade. Em vez de se atirarem ao trabalho, as intenções do protelador é que são atiradas pela janela. Não é de surpreender, portanto, que uma das queixas mais comuns dos proteladores seja:

– Por mais que eu tente, não consigo deixar de adiar as coisas!

Essa reclamação ilustra a defasagem entre intenção e ação: você não quer realmente prejudicar seu amanhã, mas se vê constantemente sendo relapso quando o amanhã chega. Isso é exatamente o que a equação de deixar para depois prevê, e o motivo é o seguinte.

Vamos criar uma intenção. Daqui a duas semanas você vai poder escolher entre ficar acordado até tarde e preparar uma proposta de orçamento para o seu trabalho, ou sair com os amigos e beber umas e outras num bar. No presente momento, você dá muito mais valor a dar um acabamento à sua proposta a sair com os amigos, já que a primeira opção pode levar a um belo aumento de salário, enquanto a segunda não passa de uma diversão. Sabiamente, você pensa em trabalhar na proposta esta noite, mas será que vai honrar esse compromisso? Vamos viajar duas semanas no tempo e chegar à noite propriamente dita em que a tal escolha tem de ser implementada, e a vida de repente muda do abstrato para o concreto. Não é uma questão só dos amigos – há também o Eddie, a Valerie e o Tom. Os caras são os seus melhores amigos. Estão lhe mandando uma mensagem do bar. O Eddie é tão engraçado, o Tom está lhe devendo uma bebida e você deve uma a Valerie. E talvez você possa até trocar umas ideias com eles. Além disso, você merece um descanso, já que tem trabalhado tão duro. E, assim, você acaba aceitando, e uma vez que já está na companhia deles, se esquece de voltar ao trabalho. Em vez disso, jura que vai acordar mais cedo amanhã de manhã, porque "sua cabeça vai estar mais fresca". O culpado da defasagem entre intenção e ação é o tempo. Quando você foi para o bar, provavelmente só levou 15 minutos para chegar lá, uma demora pequena, se comparada ao prazo para o trabalho de amanhã, que está num futuro com uma ordem de grandeza muitas vezes maior – mais precisamente 96 vezes (24 horas divididas por 15 minutos). Segundo a equação de deixar para depois, essa diferença causa um aumento de quase 100 vezes nos efeitos relativos da demora. A propósito, não existe nenhum tempo como o momento presente e não é de surpreender que as suas intenções degringolaram.

A equação de deixar para depois em ação

Para ver todas as peças da equação de deixar para depois em ação ao mesmo tempo é tentador colocar na fórmula os seus próprios escores de impulsividade, expectativa e valor e conferir o resultado. Infelizmente, não é assim tão simples. Para aplicar eficientemente a equação a um indivíduo específico, nós precisaríamos de uma experiência controlada, em laboratório. Nesse laboratório, nós podemos pôr tudo numa métrica exata e mensurável ao simplificar artificialmente as escolhas, fazendo com que você empurre uma barra ou corra num labirinto atrás de um pouco de comida, por exemplo.

Para demonstrar como a equação de deixar para depois opera num cenário realista, uma forma melhor é aplicá-la a um protelador típico. E ninguém – mas ninguém mesmo – adia tanto seus afazeres quanto os estudantes universitários, que passam, em média, um terço de seus dias simplesmente procrastinando as tarefas. Os adiamentos são, de longe, o maior problema dos estudantes, com mais de 70% relatando que esse é um hábito frequente e menos de 4% reportando que isso raramente é um problema.[14] Parte da razão das faculdades serem cheias de proteladores é que seus frequentadores são mais jovens e, portanto, mais impulsivos. Entretanto, o ambiente do *campus* precisa levar a maior parte da culpa. As universidades criaram uma tempestade perfeita de atrasos ao juntar dois sistemas distintos que contribuem para os adiamentos, cada um mais destrutivo que o outro.

O primeiro sistema é o de redações. Quanto mais desagradável for uma tarefa – quanto menor seu valor –, menos provável que as pessoas se apressem a cumpri-la. Infelizmente, escrever é angustiante e até sufocante para quase todo mundo. Seja bem-vindo ao clube. Escrever é dureza. George Orwell, autor de clássicos como *1984* e *A revolução dos bichos,* dizia o seguinte: "Escrever um livro é uma luta árdua e exaustiva, como um ataque forte de uma doença dolorosa. Nunca alguém deveria empreender uma tarefa dessas, se não for movido por um demônio interno que não se consiga entender ou resistir." Gene Fowler, que escreveu cerca de 20 livros e roteiros, também fez um comentário desalentador: "Escrever é fácil. Tudo o que você tem a fazer é olhar para uma folha de papel em branco até as gotas de sangue começarem a pingar da sua testa." Para escrever a presente obra eu me apoiei no livro *On writing well: the classic guide to writing nonfiction* [Escrever bem: o guia clássico para escrever não ficção], de William Zinsser. E, como não podia deixar de ser, na página 87, Zinsser confessa: "Eu não gosto de escrever."

Acrescentando-se à crueldade do ofício de escrever está o capricho na hora da nota – baixa expectativa. Um artigo que é revisado por outro professor pode mudar incrivelmente de nota – um 8,5 pode virar um 10, se você tiver sorte, ou 6,5, se não tiver.[15] E isso não acontece porque o professor original tenha sido relapso. É porque avaliar uma performance é intrinsecamente difícil. Basta olhar a disparidade das notas dos juízes nos torneios olímpicos ou entre os críticos de cinema. Da perspectiva de um estudante, discrepâncias como essa significam que não há garantia de que o seu trabalho duro vá ser reconhecido. E, provavelmente, não vai ser mesmo.

O último aspecto do sistema de redação que contribui para os adiamentos são as datas distantes. Geralmente, não há etapas intermediárias – você entrega o trabalho quando termina. No começo, o prazo fatal parece estar a meses de distância, mas esse é apenas o início de uma ladeira escorregadia. Você pisca o olho e agora são semanas e semanas, depois, dias e dias, e, finalmente horas e horas, até que de repente você já está pensando num Plano B. Aproximadamente 70% de todas as razões dadas para se descumprir um prazo ou tirar nota baixa numa prova são desculpas, porque a verdadeira razão – o adiamento – é inaceitável.* Como os próprios estudantes confessam, sua estratégia principal é ler as instruções com uma lupa de advogado à procura de qualquer detalhe que admita dupla interpretação e depois alegar que "Eu não entendi direito as instruções".[16]

E aí está. Os trabalhos universitários apertam todas as teclas da equação. São chatos (baixo valor), os resultados são muito incertos (baixa expectativa) e têm um prazo único e muito distante (muita demora). E se escrever os artigos por si só já é difícil, existem poucos lugares mais difíceis de se redigi-los que um alojamento de universidade. Isso nos leva ao segundo sistema da tempestade perfeita: o local em que o artigo deve ser escrito.

---

* A desculpa mais esfarrapada é dizer que o avô ou a avó morreu. A mortalidade dos avós aumenta quase 100 vezes nas provas finais, uma estatística que, se fosse levada a sério, sugeriria que ver os netinhos sendo testados é extremamente estressante para os idosos.

Os dormitórios de uma universidade são verdadeiros infernos de adiamento porque os atrativos – as alternativas ao estudo – chegam a arder de tão quentes. Superiores em todos os sentidos à redação de uma dissertação, esses prazeres são confiáveis, imediatos e intensos. Basta considerar os clubes que existem num *campus*. Na universidade onde cursei meu Ph.D., existiam uns mil desse tipo, se dirigindo a todo tipo de necessidade recreativa, política, atlética ou espiritual. Eles iam desde o clube Tricotar pela Paz até o Grupo de Interesse em Doenças Infecciosas. Esses clubes vão lhe dar um novo grupo de amigos, com os quais você quer se enturmar – muito provavelmente, numa das dezenas de cafeterias e bares a uma pequena distância de qualquer parte do *campus*. Eles também vão incentivá-lo a ir a uma dúzia de eventos realizados semanalmente, desde declamações de poesia até festas em que se entra como penetra. Com todas as amizades, álcool e sexo – a maior de todas as tentações –, e liberdade para curtir todas elas, a universidade pode nos seduzir com um estado de êxtase desregulamentado, no qual as liberdades da vida adulta se combinam com quase nenhuma responsabilidade. A partir do momento em que os estudantes entram na sala de aula, conflitos inevitáveis entram em ação. Até Tenzin Gyatso, conhecido como o 14º Dalai Lama, falou dessa forma sobre seus tempos de estudante: "Era só diante de um desafio difícil ou de um prazo urgente que eu estudaria e trabalharia sem vadiar."

Nós podemos esboçar esse dilema num gráfico usando Eddie, Valerie e Tom na época em que eles ainda estavam na faculdade. Eles podem andar juntos e têm muito em comum, e todos preferem passar mais tempo fazendo uma atividade social a estarem trabalhando. Mesmo assim, há diferenças entre eles. Valerie sabe que não é especialmente brilhante, mas pelo menos tem duas virtudes cardeais – é responsável e tem a cabeça no lugar. Embora não seja competitiva, ela vê o futuro com muita clareza e pode imaginar que um dia vai se formar na faculdade e conseguir o emprego dos sonhos. Tom é mais ambicioso e mais confiante em suas habilidades do que seus colegas, mas é também o mais impulsivo. Sua arrogância e espontaneidade despertam sentimentos ambíguos de inveja e ódio em muita gente que o conhece. Eddie, por outro lado, não tem desejo nem autoconfiança. Ele foi pressionado pela família a cursar a faculdade e não tem certeza se vai sobreviver, muito menos se pode se dar bem no ambiente acadêmico. A verdade é que ele não se importa muito. Pelo menos, se sente à vontade no papel de relapso.

Numa manhã em meados de setembro, Eddie, Valerie e Tom entram na minha aula de introdução à motivação, onde descobrem que precisam preparar uma dissertação para dali a três meses, dia 15 de dezembro. O gráfico a seguir mostra seus prováveis níveis de motivação e quando cada um dos três vai começar a trabalhar. A motivação comum que eles têm de se relacionar com os outros, representada pela linha pontilhada, começa bem forte no início do semestre e vai diminuindo em direção ao fim, em parte em resposta a uma falta de oportunidade e a um sentimento de culpa cada vez maior. Valerie, sendo a menos impulsiva, é a primeira a começar a trabalhar, no dia 29 de novembro (a linha reta e sem figuras). Ainda vai demorar uma semana até os outros dois começarem a se mover – um intervalo significativo.

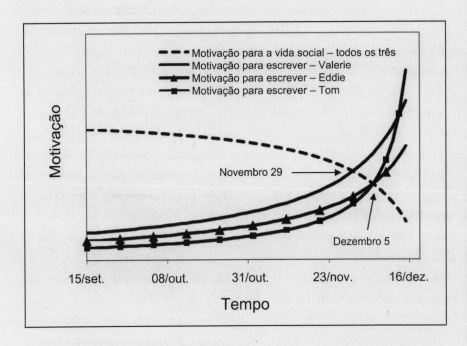

Em termos da equação de deixar para depois, embora Tom seja mais confiante (expectativa alta) e competitivo (valor alto) do que Eddie, sua impulsividade significa que a maior parte da sua motivação é reservada para o fim (a linha com quadradinhos). A motivação de Valerie flui de maneira mais linear, como a água de uma torneira, enquanto Tom dispara como uma mangueira de incêndio quando ligada. Embora Tom comece a trabalhar no mesmo dia que o relapso Eddie (a linha com triângulos), a motivação de Tom nos momentos finais deve fazer com que ele ultrapasse os melhores esforços dos outros dois.

Minha pesquisa particular

Embora Eddie, Valerie e Tom sejam fictícios, eles são personagens estereotipados com base em milhares de estudantes que foram meus alunos. Como já ressaltei, não existe local mais adequado para se encontrar proteladores do que as universidades. O truque é explorar toda essa falta de motivação cientificamente. Foi uma sorte muito grande eu ter trabalhado, como aluno de pós-graduação, com o Dr. Thomas Brothen. Thomas ministrava um curso de introdução à psicologia na Faculdade Geral da Universidade de Minnesota, uma instituição que se destinava cientificamente a aumentar a diversidade da universidade. Significativamente, o curso era dado por meio de um Sistema Personalizado de Instrução Computadorizado, um formato bem sofisticado que permite que os estudantes façam o curso no seu próprio ritmo, mas que é bem conhecido por gerar alto índice de adiamento. Aliás, o adiamento é um problema tão grande que os alunos são advertidos repetidas vezes durante o curso sobre os perigos da demora. E aqui vem a beleza de tudo. O fato de ele ser computadorizado significa que cada mínimo trabalho que os estudantes completam para o curso recebe uma marcação com dia e hora, com precisão de segundo. Não se pode encontrar um lugar mais adequado para estudar o adiamento.

Antes de a Faculdade Geral ser fechada, Thomas e eu conseguimos acompanhar e aferir algumas centenas de alunos nessa sala de aula toda monitorada. Chegamos até mesmo a publicar alguns resultados. Aqui está a base daquilo que nós descobrimos. Os adiamentos observados e os adiamentos confessados eram bem interligados, confirmando que estávamos utilizando o lugar certo. Além disso, os proteladores tendiam a ser os alunos de pior desempenho do curso e tinham maior possibilidade de trancar matrícula, confirmando o fato de ficarem em pior situação depois de tanto adiar. Esses problemas não existiam porque os proteladores eram intrinsecamente preguiçosos. Eles manifestavam as mesmas intenções de trabalhar que os outros. Eles só não conseguiam dar seguimento às intenções que tinham no começo do curso. Ao se aproximar do final, a história passava a ser bem diferente. Os proteladores começavam a dedicar mais horas do que pretendiam, com um dos alunos completando 75% do curso na última semana. Eles não estavam procrastinando por causa da ansiedade. As verdadeiras razões eram: impulsividade, horror ao trabalho, proximidade das tentações e falta de planejamento. E o mais significativo é que cada uma dessas descobertas decorre diretamente da equação de deixar para depois.

A capacidade de a Equação de deixar para depois gerar esses e outros resultados constitui a espinha dorsal deste livro. Já falei prolongadamente sobre a ligação que há entre a defasagem da intenção e da ação com a impulsividade. Da mesma forma, adiar um trabalho simplesmente porque ele é desagradável ilustra o efeito do valor no adiamento. A proximidade das tentações sublinha o efeito do tempo. Os alunos que diziam que, se eles não estudassem, "poderiam estar se dedicando imediatamente a atividades mais divertidas" ou que, no local de estudo, havia "muitas oportunidades de ter uma vida social, jogar ou assistir à televisão" adiaram mais do que os outros – muito mais. Lembre-se de que Eddie, Valerie e Tom precisaram que sua motivação para escrever fosse maior que a motivação para se relacionar antes que eles pudessem trabalhar. Mas, à medida que as tentações estejam mais imediatamente disponíveis, mais fortes elas se tornam e mais vão dominar as escolhas, necessariamente levando aos adiamentos. As descobertas do nosso estudo sobre o curso do Dr. Thomas, como a falha dos proteladores em fazer um planejamento adequado ou de criar cronogramas de estudo eficientes, também indicaram maneiras de se combater os adiamentos. Um planejamento adequado permite que você transforme prazos distantes em prazos diários, permitindo que sua impulsividade trabalhe a seu favor em vez de trabalhar contra você. Nós vamos falar mais sobre como planejar adequadamente e sobre as outras questões aqui aventadas no decorrer deste livro. Mas deixe-me falar uma última coisa sobre esse estudo.

Há uma revelação, que eu quero dividir com você, que aconteceu quando eu plotava o ritmo de trabalho da turma. Será que o trabalho dos alunos iria reproduzir a curva que a Equação de deixar para depois previu, começando devagar e, então, apontando para cima perto do fim do prazo, como uma barbatana de tubarão? Será que ela seguiria o padrão que a experiência de Eddie, Valerie e Tom sugeriu? Eu não poderia esperar um casamento perfeito, já que a equação não podia levar em consideração fins de semana ou um decréscimo no intervalo do meio de período, mas eu esperava por algo perto disso. As minhas descobertas estão abaixo. A linha pontilhada é um ritmo de trabalho hipotético e regular. A linha preta representa aquilo que nós observamos e a linha cinza é o que a equação de deixar para depois prevê. Vejam como elas casam quase que perfeitamente.[17]

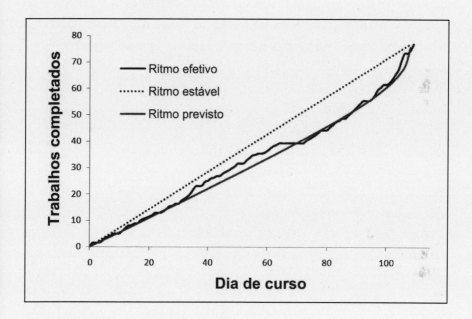

Olhando para a frente

Para alguns, um modelo matemático do adiamento é ameaçador. Ele reduz a humanidade a uma fórmula robótica. Eu simpatizo com essa posição. Todos nós somos mais complicados e cheios de nuances do que qualquer equação é capaz de capturar, e os detalhes mais sutis dos motivos que qualquer pessoa tem para adiar são pessoais. Exatamente quando sua autoconfiança chega ao auge, o que você considera mortalmente chato e onde estão os nossos vícios, todos se juntam para determinar o seu perfil individual como protelador. A equação de deixar para depois não está procurando fazer uma descrição detalhada de quem você é, mas criar um instantâneo rápido que possa explicar muitas coisas a partir de muito pouco.

A equação de deixar para depois procura descrever economicamente a neurobiologia subjacente que gera os adiamentos. E eu já vou avisando: a biologia e a matemática nem sempre vão bater. O mapa de uma cidade, por exemplo, por mais novo ou detalhado que seja, não pode representar todas as esquinas ou recônditos da realidade. Ele desconsidera os detalhes, como estilos arquitetônicos ou a localização dos hidrantes. Concentrar-se judiciosamente nas ruas e avenidas permite que o mapa enfatize a navegação. Se esse quadro geral não o satisfizer e você quiser todos os detalhes, não desista. O próximo capítulo vai lhe dar exatamente o que você está procurando.

3

Nascidos para protelar: adiar é parte da natureza humana

Pense em todos os anos que se passaram quando você disse para si mesmo "Vou fazer isso amanhã" e como os deuses lhe deram, inúmeras vezes, períodos de carência que você não utilizou. Está na hora de perceber que você é um membro do universo, nasceu da própria natureza e saber que um limite foi dado ao seu tempo.

– Marco Aurélio

Todos os dias nós passamos pela experiência de ter uma alma dividida.[1] Quem nunca lutou entre uma intenção razoável de um lado e um impulso prazeroso do outro? Quando o carrinho de sobremesa se aproxima, nossos compromissos começam a desmoronar numa batalha entre "Eu quero um pedaço daquele bolo" e "Eu *não quero* comer bolo". Você já deixou de ir à ginástica sabendo que depois ia se arrepender disso? Já coçou uma espinha, sabendo que só ia deixá-la pior? Pois você não está sozinho: essa é uma parte permanente da condição humana. Há milhares de anos Platão descreveu essa luta interna como uma carruagem sendo puxada por dois cavalos, um da razão, bem-alimentado e comportado, e outro da mais bruta paixão, mal alimentado e desastrado. De vez em quando, os cavalos andam juntos e, de vez em quando, andam em ritmos diferentes. Milhares de anos depois, Sigmund Freud deu continuidade à analogia equestre de Platão ao nos comparar com um cavalo e seu condutor. O cavalo é a personificação do desejo e do impulso. O condutor representa a razão e o bom senso. Essa dicotomia foi redescoberta por dezenas de outros pesquisadores, cada um a partir de um ângulo, uma ênfase e uma terminologia própria para a mesma divisão do self: emoção x razão, impulso x reflexão, intuição x raciocínio ou visceral x cognitivo.[2] Entender como a arquitetura do cérebro permite essa divisão é o segredo para se compreender a base biológica dos adiamentos.

O cérebro é considerado a última fronteira da ciência humana, porque suas engrenagens são muito difíceis de se investigar. Emerson Pugh, professor de física da Universidade Carnegie Mellon, concluiu que, "Se a mente humana fosse suficientemente simples de se entender, nós seríamos simplórios demais para compreendê-la". Ele está certo. E a equação de deixar para depois é apenas um modelo de como você é capaz de se comportar. Embora eu goste de pensar nela como um supermodelo, ela é, de fato, apenas uma aproximação de como a motivação funciona. Nossos cérebros não estão efetivamente fazendo esses cálculos, assim como uma pedra que cai não está calculando sua massa vezes a aceleração para determinar com que força ela vai atingir o solo.[3] Em vez disso, a equação resume um processo subjacente mais complexo, o jogo de forças que ocorre entre o sistema límbico e o córtex pré-frontal. É para ele que nós temos de nos virar para uma compreensão mais fundamental da natureza dos adiamentos.

Avanços recentes na ciência do cérebro nos permitiram afastar a cortina e ver nossas próprias mentes em ação. A metodologia básica não é tão difícil assim de descrever. Você deixa os participantes escolhidos num scanner do cérebro, provavelmente uma imagem funcional por ressonância magnética (IFRM), que detecta mudanças sutis nos sinais magnéticos associados ao fluxo sanguíneo e ao processamento neural (os pensamentos). Uma vez que o participante esteja imobilizado, você passa a fazer perguntas cuidadosamente desenhadas para ativar aspectos da tomada de decisão e observar que partes do cérebro se iluminam. Por exemplo, se tivéssemos um voluntário como o Dudu, o amigo do Popeye, nós poderíamos perguntar a ele:

– Se eu desse a você um hambúrguer, hoje, quanto você me pagaria na terça-feira?

Com certeza, o que então aparece nos monitores eletrônicos não é uma, mas duas mensagens internas, que a ciência simplesmente passou a chamar de Sistema 1 e Sistema 2.[4]

Perguntar a uma pessoa com sede algo como que tipo de bebida ela gostaria de tomar *agora* ativa o Sistema 1, o sistema límbico. Essa é a fera do cérebro ("o cavalo"), a origem do prazer e do medo, da recompensa e da excitação. Perguntas sobre benefícios futuros, no entanto, ativam o Sistema 2, o córtex pré-frontal ("o condutor"). Embora as pesquisas ainda estejam apurando exatamente que subseção do córtex pré-frontal é envolvida, o consenso é de que esse seja o reino do livre-arbítrio. O córtex pré-frontal é geralmente descrito como a função *executiva*, que muito adequadamente evoca a imagem de um CEO fazendo o planejamento estratégico de uma empresa. Sem ele, planos ou considerações de longo prazo se tornam quase impossíveis, já que é ele que, literalmente, mantém as nossas metas na mente.[5] Esse córtex pré-frontal é o lugar onde surge todo o planejamento. Quanto mais ativo ele for, mais pacientes nós podemos ser. Ele permite que nós imaginemos diversos resultados, e com o auxílio do sistema límbico, mais rápido e mais determinado, nos ajuda a escolher o que fazer. Esse jogo de forças entre instinto e razão permitiu que a raça humana criasse o mundo em que vivemos. Mas também criou os adiamentos.[6]

Veja bem: essa maneira de se tomar decisões não é a mais elegante. Ela é geralmente descrita como um *kluge*,* o resultado meio desastrado de um processo evolucionário.[7] Como o sistema límbico evoluiu primeiro, ele é muito parecido em todas as espécies. Ele toma decisões sem esforço, passando à ação por meio do instinto. Sua visão está no aqui e agora, no que é concreto e imediato. O córtex pré-frontal evoluiu mais recentemente e é mais flexível nas tomadas de decisão, mas também é mais lento e exige mais esforço. Ele é melhor na hora de imaginar o quadro geral, conceitos abstratos e metas distantes. Quando o sistema límbico é ativado por sensações imediatas de visão, cheiro, sabor, som ou tato, o resultado é um aumento dos comportamentos impulsivos e o "agora" predomina. Objetivos futuros, apoiados pelo córtex pré-frontal, são deixados de lado, e nós nos vemos seduzidos por distrações – apesar de sabermos o que deveríamos estar fazendo, nós simplesmente não queremos fazer. Além do mais, como o sistema límbico funciona automaticamente numa velocidade incrivelmente rápida e, portanto, é menos acessível à consciência, os desejos podem, às vezes, nos dominar inexplicável e inesperadamente.[8] As pessoas se sentem impotentes para frear desejos intensos e depois demonstram pouco discernimento sobre os rumos que tomaram, que não seja "Eu simplesmente tive vontade".

---

* Gíria usada pelos profissionais de informática para indicar uma configuração de software ou hardware que, mesmo sendo tosca e pouco sofisticada, consegue resolver um problema. (*N. do T.*)

Essencialmente, os adiamentos acontecem quando o sistema límbico veta os planos de longo prazo do córtex pré-frontal em favor daquilo que é mais realizável imediatamente; e o sistema límbico, além de ser o mais rápido dos dois e o encarregado do nosso primeiro impulso, é geralmente o mais forte. Quando coisas que estão próximas de nós recebem essa descarga de valor do sistema límbico, a importância delas aumenta e nossa atenção se desvia para os seus aspectos mais imediatos e consumíveis, que são extremamente valorizados (o que nós podemos ver, cheirar, ouvir, tocar e provar). Prazos são frequentemente adiados até que eles estejam próximos ou sejam concretos o suficiente para conseguir capturar uma parcela dessa energia do sistema límbico, com a qual as duas partes do cérebro finalmente concordam em gritar "Vá trabalhar! O tempo está se esgotando!".

Sobre bebês e feras

Os adiamentos aumentam sempre que o nosso córtex pré-frontal, formado mais recentemente, é comprometido.[9] Quanto menos potente for o córtex pré-frontal, menos pacientes nós somos.[10] Os que tiveram uma lesão cerebral fornecem exemplos particularmente claros disso, sendo que o caso de Phineas Gage é o mais famoso de todos.[11] Gage era um ferroviário inteligente, responsável, trabalhador e metódico que, num acidente de trabalho em 1848, viu uma barra de ferro de cerca de 1 metro atravessar o alto do seu crânio e a frente do seu cérebro. Incrivelmente, ele conseguiu sobreviver, mas passou a ser um homem que vivia apenas o presente: impaciente, hesitante, profano, sem consideração com os outros, sem inibições e incontrolável. A barra de ferro havia rompido a conexão entre o sistema límbico e o córtex pré-frontal de Gage. A parte planejadora do cérebro precisa das informações rápidas e exatas do sistema límbico para entender o mundo, e foi isso o que Gage perdeu. Um exemplo mais moderno é Mary J., que se transformou completamente no decorrer de um ano devido a um tumor que degenerou seu córtex pré-frontal.[12] Antes do tumor, ela era uma batista carola, figurava na lista do reitor de uma universidade de elite e estava noiva, pronta para se casar. Até o tumor ser retirado numa cirurgia, ela se tornou irascível e promíscua, passou a matar aula, a beber muito e a usar drogas. Sua função executiva foi desligada e ela passou a ser totalmente impulsiva, guiada por qualquer tentação que estivesse à sua frente.

Existe uma forma de as pessoas poderem vivenciar os transtornos de Phineas ou de Mary, e felizmente não é preciso que nada invada o cérebro. Nós podemos causar uma lesão temporária no córtex pré-frontal com uma estimulação magnética transcraniana, que utiliza uma indução eletromagnética para rapidamente desligar seções específicas do cérebro.[13] Ou, então, beber álcool, tomar anfetaminas ou usar cocaína. Isso sobrecarrega o sistema límbico ou diminui o desempenho do córtex pré-frontal, gerando ações que "pareciam ser uma boa ideia na hora", mas das quais depois nos arrependemos.[14] Ou o córtex pré-frontal pode simplesmente ficar exausto por causa de estresse, falta de sono, ou de tanto resistir a outras tentações; ao lutar muito contra um atrativo, nós geralmente ficamos suscetíveis a outro.[15] E finalmente, se você for adolescente, talvez nem precise chegar a qualquer desses extremos, já que os seus lobos pré-frontais ainda estão recebendo os retoques finais.[16] Juntando-se os efeitos da juventude, do estresse e do álcool, o lugar mais impulsivo e desinibido deste planeta é um grupo de adolescentes comemorando o fim de uma temporada de estudos que refrearam seus desejos com uma rave que se arraste por uma semana. Diga-se de passagem que Phineas Gage se divertiria muito numas férias de primavera em Cancún, com concursos de camisa molhada, apostas de quem bebe mais e gente paquerando e ficando com todo mundo. Se você não diminuir o funcionamento do córtex pré-frontal, não dá para ver *Girls Gone Wild*.

Se você não quiser dar uma escapada nas férias de primavera para ver o sistema límbico em ação, existem outras boas alternativas mais perto da sua casa. Aliás, provavelmente, elas já estão na sua casa. Você tem um cachorrinho ou uma criança? Ambos têm um sistema límbico bem estimulado, o que faz com que ser dono de um cachorro seja equivalente, neurobiologicamente falando, a criar um filho.[17] Nós somos os córtices pré-frontais deles. Somos nós que temos de ensiná-lo a ter paciência e fazer nosso melhor para extraí-la de quem não tem muito, ou de quem ainda está se desenvolvendo.

O agora dos bebês

Existe uma regra heurística que diz que "a ontogenia recapitula a filogenia". Significa que a maneira como nós nos desenvolvemos em nossas vidas reproduz, de certo modo, o curso que a evolução humana tomou ao longo de milhões de anos. No útero, nós nos metamorfoseamos, de certa maneira, de peixe para réptil antes de nascermos como mamíferos. Mas o processo ainda não terminou. Nosso último aspecto a evoluir é o córtex pré-frontal, que continua a se desenvolver depois do nascimento.[18] Para aqueles que têm filhos – e, enquanto escrevo estas páginas, sou pai de dois que ainda usam fraldas –, não é preciso um diploma em biologia para saber que uma criança não nasce com a capacidade de planejar de antemão e colocar suas necessidades imediatas de lado, em prol de uma meta futura. Basta tentar pedir paciência a um bebê faminto ou a um bebê que esteja com as fraldas sujas e você vai entender o que estou dizendo. Eles são implacáveis em suas necessidades.

À medida que as crianças se desenvolvem, os lobos pré-frontais também crescem e, com o tempo, elas obtêm a capacidade de adiar um pouquinho as coisas. Você não pode pedir a um bebê para aguardar a sua comida, mas com o tempo pode fazer com que a criança peça pelo menos "Por favor" antes de ganhar um agrado. É preciso que o córtex pré-frontal se desenvolva para esse nível de controle aparecer – o que acontece muito lentamente para o meu gosto. Crianças de 1 ano, praticamente, não têm controle executivo, derrubando na mesma hora os bloquinhos de construção ou pegando os seus óculos, mas, um ano depois, alguns poucos momentos de paciência se tornam possíveis, digamos por uns 20 segundos. Aos 3 anos, as crianças já conseguem esperar normalmente um minuto inteiro e, aos 4, elas empilham seus bloquinhos de construção até as alturas, adiando a derrubada até que possam curtir a barulheira de ver as grandes torres desmoronando.

Aos 4 anos, uma criança já pode brincar de O Mestre Mandou. Esse é um avanço significativo, porque o jogo inteiro gira em torno do autocontrole, sobre inibir o impulso imediato do sistema límbico para que o córtex pré-frontal possa pensar se o Mestre realmente disse "O mestre mandou" antes de responder. O quanto dessa capacidade apreendida se transfere para o jardim de infância já é outra questão, porque o jardim de infância diz que é para você se sentar quando quer correr, ouvir quando quer gritar e revezar com os outros quando você quer tudo para si. Felizmente, entre as idades de 4 e 7 anos há um surto de desenvolvimento na função executiva de uma criança. Aos poucos elas vão conseguindo ter mais capacidade de fazer planos para o amanhã, a prestar atenção a mais coisas do que à televisão e a se desligar de distrações diferentes de seus pais a chamando para jantar.

A maturação normal do córtex pré-frontal é auxiliada por infinitas horas de ensinamentos pacientes da parte de pais que tentam fazer com que seus pequeninos adiem as necessidades por alguns instantes sem que as lágrimas escorram pelo rosto e sem bater com os pés no chão. Insistir incansavelmente que os presentes só podem ser abertos no Natal, e só os da própria criança; que a sobremesa vem depois do jantar ou que os brinquedos precisam ser divididos com os outros estimula um pouco mais o córtex pré-frontal e um pouco menos o sistema límbico. Infelizmente para os pais, o papel que eles exercem de córtex pré-frontal dos filhos é bem prolongado. Pode durar até os 19 ou 20 anos, quando a base biológica do autocontrole está totalmente formada. Até lá, os pais só podem tentar desviar seus filhos adolescentes de todos os vícios que a impulsividade da juventude faz parecer particularmente tentadores: sexo arriscado, álcool em excesso, pequenos crimes, perigo ao volante e, é claro, adiamentos.[19] Quanto mais jovem você for, mais vai procurar as recompensas imediatas, desde ficar na balada até tarde – e então ficar com sono na hora da prova –, até se atrasar tanto ao ponto de fazer as malas com pressa para não perder o avião. Apesar de os jovens agirem como se fossem viver para sempre, na verdade eles só estão vivendo para o dia de hoje.

A romancista Elizabeth Stone escreveu que ter um filho "é decidir para sempre que o seu coração vai andar fora do seu corpo", mas nosso papel de lobos pré-frontais ambulantes termina nessa época. Como adultos, nossos filhos não precisam mais da nossa orientação e qualquer desigualdade mental que exista entre nós fica em suspenso, talvez interrompida rapidamente pela chegada de um neto, se assim eles quiserem. Podemos, então, esperar desculpas dos nossos filhos, quando eles tentam criar seus próprios rebentos e aprendem em primeira mão a vigilância que um pai precisa exercer. E então, muito tempo depois (e talvez nem seja preciso chegar a isso), os papéis se invertem totalmente. À medida que envelhecemos, o cérebro envelhece também, perdendo o ímpeto que tinha nos primeiros anos, especialmente o córtex pré-frontal – seguindo a regra do último a entrar, primeiro a sair.[20] Embora alguns consigam evitar esse destino e continuem com a mente aguda nos anos finais, outros têm pior sorte, ajudados pela senilidade da demência frontotemporal, que afetou minha avó Eileen.[21] Eu estou bem consciente de que posso muito bem viver uma segunda infância e voltar a ser tão vulnerável quanto os meus dois filhos são hoje. Aliás, é melhor criarmos bem nossas crianças agora, já que o amor delas é a única coisa que está entre nós e um mundo que nos vê como uma presa fácil, graças à idade avançada e a uma mente que já não está mais em seus melhores dias.

Cérebros de passarinho

Os animais também podem adiar as coisas. Afinal, nós compartilhamos muitas outras características de personalidade "humana" com dezenas de outras espécies, de macacos rhesus até polvos. Os chapins-reais, por exemplo, exibem vários graus de agressividade e assunção de riscos, características que possibilitam maior exploração do ambiente.* Os pássaros mais agressivos não só se expõem a maiores perigos, mas também obtêm os benefícios de ter os melhores lugares para construir seus ninhos, melhores fontes de alimentos e escolha de parceiras.[22] Se quiser outro exemplo, pergunte a qualquer dono de gato ou cachorro se seus animais têm uma personalidade única; os donos vão insistir que seus amiguinhos peludos são diferentes em matéria de atenção, ansiedade, agressividade e curiosidade.[23] É significativo que essa linha de características compartilhadas inclua a impulsividade, que é a pedra de toque dos adiamentos.[24] Mas isso não se traduz, necessariamente, em procrastinação.

Independentemente de eles miarem, latirem ou piarem, o sistema límbico dos animais claramente exerce um peso maior nas decisões que eles tomam. Mas essa é só a metade da história. Você precisa de um córtex pré-frontal ou o equivalente para poder protelar, porque sem ele você não consegue fazer planos que depois vai irracionalmente adiar. Será que os animais têm essa capacidade mental? Aparentemente, alguns têm demonstrando uma capacidade de antever e planejar o futuro, especialmente em matéria de comi-

---

* O nome em latim para chapim-real é *Parus Major*. Apesar do nome sugestivo [*Great Tits*, em inglês, ou grandes mamas], que praticamente pede para ser ridicularizado, esse é o pássaro mais estudado do mundo.

da.[25] Os passarinhos *Aphelocomas Californicas* podem antever que não terão café da manhã no chá seguinte e então estocar comida para comer depois. Os ratos parecem ter alguma noção de tempo, sendo capazes de se lembrar onde e quando vão poder se alimentar.[26] Chimpanzés conseguem esperar até oito minutos para trocar um biscoito pequeno por um grande, revelando ter um pouquinho mais de paciência do que uma criança humana.[27] Chimpanzés machos vão investir em oportunidades futuras de se acasalar com uma fêmea dividindo um pouco de carne com ela, na esperança de ser favorecido quando ela entrar no cio.[28] E pense também em Santino, um chimpanzé que pensa especialmente a longo prazo, no zoológico de Furuvik, na Suécia. Ele passa as manhãs juntando pedras que depois vai atirar nos visitantes chatos que aparecem na parte da tarde.[29] Em conjunto com a impulsividade, todas as peças para o adiamento estão aí: animais podem fazer planos para o futuro e, mais do que isso, podem impulsivamente adiá-los, apesar de esperarem que sua situação não vai melhorar.

James Mazur, um psicólogo treinado em Harvard, demonstrou diretamente que animais também adiam. Ele treinou pombos para dois horários de trabalho diferentes e lhes deu uma possibilidade de escolher. Os dois horários lhes proporcionavam um belo alimento na mesma hora, mas o primeiro começava com uma quantidade de trabalho pequeno, seguido por um longo período de descanso, enquanto o segundo começava com o longo descanso e terminava com *muito mais* trabalho, cerca de quatro vezes mais. Em essência, os pombos tinham de escolher entre fazer um pouquinho de trabalho agora (seguido de descanso e recreação) ou descansar logo (seguido de muito trabalho duro). Os pombos revelaram ser proteladores, adiando o trabalho, embora tivessem de batalhar muito mais para conseguir a mesma recompensa no final.[30] Como numa variante da música do Cole Porter,* os pássaros adiam as coisas, e os chimpanzés do zoológico, também. Já que a maioria dos animais, inclusive os pombos, têm a capacidade de postergar, os adiamentos se confirmam, assim, como parte fundamental do nosso firmamento motivacional.[31] A última

---

* Cole Alber Porter, músico também autor de comédias musicais, notório pelas letras sofisticadas. A música em questão é "Birus do It, Bees do It", escrita em 1928. (*N. do E.*)

vez que todos nós fomos à mesma reunião de família foi há 286 milhões de anos, no período carbonífero, antes da época dos dinossauros.

Inevitavelmente, nesse caso, ter um animal de estimação é, em larga medida, um exercício de como lidar com decisões fortemente alicerçadas no sistema límbico. Os cachorros, por exemplo, agem naturalmente durante o momento e agarram uma comida que não é deles, correm atrás de animais vadios por ruas movimentadas e latem ou choram incessantemente atrás da porta, esperando você abrir. No curto prazo, seria mais interessante deixar o cachorro ser assim mesmo, mas ter paciência e pensar a longo prazo. De sua parte, isso pode fazer toda a diferença numa vida acompanhada por um amigo quadrúpede. Esse ponto é ressaltado pelos especialistas em adestramento de cães, como Cesar Millan, o encantador de cachorros, ou Andrea Arden, autor de *Dog-Friendly Dog Training*: a responsabilidade principal de um dono "é convencer o cachorro de que esperar por alguma coisa – o que normalmente não é o instinto natural de um animal – é a melhor opção".[32] O grande truque é convencer os donos a fazer isso desde cedo. Ensinar o controle do impulso utiliza bastante nosso córtex pré-frontal, um recurso que nós mesmos não temos em grande quantidade, para início de conversa.

Protelação evolucionista

A partir de todas as evidências, das provas relatadas pela ciência do cérebro até os estudos com animais, nossa capacidade de adiar está arraigada em nós até mesmo no nosso código genético: vários estudos indicam que a falta de disciplina de cerca de metade das pessoas é de origem genética.[33] Isso faz sentido, já que o DNA permite que mutações genéticas adaptativas sejam passadas adiante, através das gerações seguintes, em um processo conhecido como "descendência com modificação". Sem um componente genético, a capacidade de adiar não seria tão fácil de ser passada à frente.

Nós evoluímos para sermos proteladores, mas por quê? O adiamento é uma demora irracional, pela qual nós voluntariamente adiamos tarefas para depois, apesar de saber que nossa situação só irá piorar. Por definição, os adiamentos são prejudiciais e deveriam ter sido banidos há muito tempo do nosso conjunto de genes, em vez de entupi-los até a boca. Será que nós somos o fim de uma piada do universo? Talvez. Mas existe outra razão a se considerar. Algumas características são subprodutos de processos mais adaptativos. Por exemplo, os umbigos são um subproduto do nascimento e, embora eles possam até ser charmosos, em si mesmos eles não cumprem objetivo algum. Uma vez que os proteladores são, acima de tudo, impulsivos, a explicação evolucionista pra a impulsividade é a que deve ser focalizada. Os adiamentos são só um subproduto.[34]

Essencialmente, ser impulsivo é viver somente o momento. Desejos de longo prazo e os prazos de amanhã são ignorados até se tornarem iminentes – até o futuro virar agora. Embora hoje a impulsividade não seja uma característica muito útil, a evolução age olhando pelo retrovisor – ou seja, ela nos adapta ao ambiente em que nós *estivermos*, sem antever ou prever as coisas. Isso é chamado de *racionalidade ecológica*, no sentido de que o que é racional depende do ambiente em que você atua. É como fazer um terno sob medida para o dia do seu casamento. Você fica ótimo nele, mas experimente usá-lo outra vez 20 anos depois e ele vai apertar e incomodar em diversos lugares errados. Da mesma forma, os adiamentos podem ter entrado na nossa existência porque ter uma mentalidade impulsiva fazia muito sentido quando éramos caçadores e coletores. Quando nossos antepassados precisavam fazer o ALFA básico da sobrevivência (Alimentar-se, Lutar, Fugir e Acasalar), ajudaria muito a causa deles se também tivessem vontade. Vamos pensar rapidamente no primeiro e no último desses quatro fatores: o que nós comemos no jantar e com quem nós procuramos passar a noite, depois.

Comida rápida

Dos nossos dentes, que mastigam o alimento, até o intestino, que a digere, a comida desempenhou um papel da mais alta importância na nossa evolução. Nós evoluímos para adorar o gosto da gordura e do açúcar porque, num mundo em que a fome e os predadores à solta eram preocupações constantes, armazenar alimentos altamente calóricos era uma preferência adaptativa. Quando o abastecimento de comida era escasso, nós tínhamos de nos empanturrar quando a comida era boa, nos concentrando em alimentos ricos em açúcar e em gordura. No tempo do homem de Neandertal, não havia dieta autoimposta. Consequentemente, na maior parte da história humana ser "obeso" era considerado bonito, opulento, algo invejável.[35] As exigências de comida podem explicar porque nós ficamos tão impulsivos e, consequentemente, proteladores.

Vamos considerar dois tipos de primatas: saguis comuns e saguis-de-cabeça-de-algodão, que são praticamente idênticos, exceto pelo alimento que escolhem.[36] Os saguis comuns se alimentam de borracha, raspando a casca das árvores e bebendo o látex que escorre. Os de cabeça-de-algodão se alimentam de insetos; tentam matar percevejos onde os encontrem. Os saguis comuns demonstram muito mais autocontrole do que os de cabeça-de-algodão, já que foram selecionados para isso. O látex demora a escorrer, e isso exige paciência, enquanto a caça de percevejos que pulam e correm exige uma ação imediata. Para os animais em geral, essa sintonia fina da impulsividade em função da sua fonte de alimento se chama *forrageamento otimizado*.[37] Nós somos otimizados para obter o máximo de calorias no menor tempo possível; consequentemente, quanto mais tempo levar para matar, comer e digerir, menos impulsiva se torna uma espécie. Resumindo: nós desenvolvemos o autocontrole de que precisamos para garantir nossa próxima refeição.*

Sendo um animal onívoro e estando no alto da cadeia alimentícia, os seres humanos são superastros do autocontrole. Temos a paciência de matar e comer quase tudo que vive. A capacidade de um passarinho de adiar uma recompensa mal aparece no radar; até uma espera de dez segundos chega a ser impressionante. Desse modo, dez minutos de paciência é uma eternidade para um chimpanzé. Apesar de toda a nossa superioridade em matéria de autocontrole, na roda-viva dos dias de hoje isso ainda não é suficiente. Nós recebemos paciência suficiente para um mundo sem armazéns ou geladeiras, o suficiente para caçar animais ou juntar frutinhas. E, mesmo assim, nós temos uma janela relativamente pequena, comparada à que precisamos atualmente. Os adiamentos resultam de uma falta de conexão na nossa herança genética,

---

* Gary Marcus, psicólogo da Universidade de Nova York e autor de *Kluge: The Haphazard Construction of the Human Mind*, conclui que, "ao longo de centenas de milhões de anos, a evolução selecionou fortemente as criaturas que viviam largamente no momento presente".

já que agora corremos atrás de projetos e planos que demoram semanas, meses e anos para se completar, que são horizontes de tempo para os quais não estamos preparados motivacionalmente. Na floresta, um pássaro na mão pode valer mais do que dois voando, mas numa cidade essa taxa de desconto é bem menor. Invista num pássaro hoje e amanhã você vai ter sorte se conseguir de juros uma asa de galinha.[38]

Basta dizer sim

Agora, passemos ao segundo exemplo, aquele que você estava esperando: o sexo. A evolução está cheia de sexo até a boca, já que aqueles que têm sucesso conseguem procriar. Uma vez que o impulso natural dos proteladores está entranhado no DNA, ele pode ser passado para os filhotes, e se isso permitir que eles tenham mais filhos, essa característica rapidamente passa a ser um traço comum. Veja o exemplo da minha família. Os homens do lado da minha mãe tendem a ter filhos mais tarde na vida. Meu bisavô era Owen Owen, que os ingleses ainda podem se lembrar como dono de uma rede de lojas de departamento com o mesmo nome, que hoje não existe mais.[39] Como Owen Owen nasceu em 1847 e eu tive meu filho Elias em 2007, cada geração da minha árvore genealógica está a 40 anos de distância uma da outra. Se nós estivéssemos apostando uma corrida com outra família que desse início a uma nova geração a cada 20 anos (e assim se reproduzindo com o dobro de rapidez), a essa altura já poderia haver perfeitamente mais de 80 descendentes deles para cada um da nossa. Começar a ter filho cedo faz uma grande diferença.

Com certeza, a impulsividade dos proteladores está ligada à paternidade ou à maternidade precoce, tanto pela gravidez na adolescência quanto pela promiscuidade sexual.[40] Se tem uma coisa que os proteladores não costumam adiar é dar "uma rapidinha". Faz sentido. A parte divertida de uma cópula é imediata, enquanto a parte difícil de se criar uma criança... bem, essa ainda demora quase um ano. Esse tipo de situação sexual também ajuda a explicar porque os homens tendem a ser mais impulsivos e adiarem mais do que as mulheres.[41] As estratégias de reprodução favorecem uma escolha entre qualidade e quantidade – ou seja, criar bem poucos filhos ou ter muitos, na esperança de que alguns venham a dar certo. Como é mais fácil para os homens investirem menos nos filhos, eles certamente vão se inclinar pela opção da quantidade. Como escreveu Geoffrey Miller, autor de *The Mating Mind*: "Os homens são mais motivados para terem rápidas aventuras sexuais com múltiplas parceiras do que as mulheres." Estas costumam favorecer a estratégia da qualidade, adotando uma perspectiva de longo prazo e mais responsável. Ela espera pacientemente pelo Homem Certo, enquanto ele impulsivamente quer possuir a Mulher do Momento.

O sexo também assegura um amplo leque de adiamentos originados pelo impulso numa população. Alguns vão adiar um pouco e outros vão adiar muito. Se sempre fosse tão vantajoso engravidar o mais cedo possível, o mundo seria igual ao filme *Idiocracy*, de Mike Judge. Nesse filme todo mundo que era inteligente e cauteloso se abstinha de ter filhos e os mais inteligentes eram superados em número pelos burros e irresponsáveis. No entanto, não existe um nível ótimo de impulsividade para maximizar o número de seus descendentes.[42] Muito vai depender dos recursos disponíveis para se criar as crianças, porque, à medida que os custos aumentam, é melhor ter famílias menores.[43] Outros tipos de equilíbrio precisam surgir quando existe um excesso de homens buscando a estratégia reprodutiva da "quantidade". Se uma quantidade grande demais de homens estiver concentrada em encontros sexuais rápidos, eles vão inundar os bares de solteiros e acabar com a boa vontade das mulheres disponíveis. Nesse cenário, homens de família comprometidos passam a ser uma raridade e, portanto, muito valiosos. Os homens que demonstram lealdade se veriam sendo vigorosamente perseguidos, capazes de escolher as esposas mais bonitas e compatíveis com eles.

Uma breve história dos adiamentos

Essa explicação evolucionista dos adiamentos demonstra diretamente por que a procrastinação é tão espraiada. Independentemente do país e da língua em que você estiver lendo este livro, existe uma palavra para a irracionalidade de se adiar as coisas – do *napa* havaiano ao *maffling* dos escoceses. Em todo lugar que nós fomos procurar adiamentos, nós os encontramos – e com facilidade. A atual era dos adiamentos se tornou inevitável a partir do momento em que nós descemos das árvores para a savana, aprendemos a fazer fogo e começamos a comercializar entre as tribos. Os adiamentos cresceram juntamente com a civilização.

A história dos adiamentos começou mais ou menos há 9 mil anos, surgindo junto com a invenção da agricultura.[44] Fazer a plantação na primavera para colher os frutos no outono foi nosso primeiro prazo artificial; foi uma tarefa que a civilização e a sobrevivência exigiam, mas nós não havíamos evoluído para esse tipo de atividade. É por isso que os registros mais antigos de adiamentos tratam da plantação. Há 4 mil anos os antigos egípcios talharam no mínimo oito hieroglifos para denotar atraso, mas um em especial também conotava negligência ou esquecimento.[45] Traduzido como adiamento, esse hieroglifo é mais frequentemente associado às tarefas agrícolas, especialmente àquelas ligadas ao ciclo anual do rio Nilo, à medida que ele inundava suas margens e fertilizava os terrenos encharcados. Da mesma forma, os antigos gregos lutavam contra os adiamentos, como relata Hesíodo. Vivendo em cerca de 700 a.C., Hesíodo foi um dos grandes poetas da literatura grega, sendo superado apenas por Homero. Em seu poema épico de 800 versos, *Os trabalhos e os dias*, Hesíodo exorta: "Não adie o seu trabalho para amanhã ou para o dia seguinte. Porque um trabalhador preguiçoso não enche o seu galpão, nem quem adia o trabalho. A indústria faz o trabalho caminhar bem, mas um homem que adia o trabalho está sempre de mãos dadas com a ruína." Essa advertência era especialmente importante, uma vez que os gregos não dispunham de terras cultiváveis, resultando numa crise financeira que levou muitos agricultores a ter de abrir mão não só de suas terras, mas da própria família como forma de garantia. O adiamento levava não só a um mau escore de crédito, mas também a ver seus filhos se transformarem na propriedade exclusiva dos vizinhos mais ricos.

Por volta do ano 440 a.C., a questão do adiamento já tinha passado da agricultura para a guerra. Tucídides, o pai da história científica, escreveu sobre ele na *História da guerra do Peloponeso*, que fazia a crônica do conflito entre Atenas e Esparta. Esse relato, que ainda hoje é estudado nas academias militares, discute vários aspectos das diversas personalidades e suas estratégias. Tucídides claramente considerava o adiamento uma das características mais obtusas da personalidade, que só seria útil se fosse para atrasar o início de uma guerra, de modo a poder se preparar melhor para a vitória. Outra referência grega notável a essa característica se encontra no trabalho do filósofo Aristóteles, que escreveu boa parte de sua *Ética a Nicômaco* sobre a fraqueza da vontade, que os gregos chamavam de *akrasia*. Mais especificamente, Aristóteles debate uma forma de *akrasia* chamada *malakia*, que significa não fazer uma coisa que você sabe que devia estar fazendo (claramente, um adiamento).*

Avançando mais alguns séculos, vemos a protelação entrando na política. Marco Túlio Cícero foi uma grande força política por volta de 44 a.C. Sua posição o pôs em conflito com Marco Antônio, mais conhecido como o amante de Cleópatra. Num discurso em que denunciava Marco Antônio, Cícero declara: *In rebus gerendis tarditas et procrastinatio odiosae sunt* ("Na condução de quase todos os afazeres, a lentidão e o adiamento são detestáveis"). Talvez por causa do conselho de Cícero, ou porque Cícero tenha feito outros 13 discursos em que o denunciava,[46] Marco Antônio não demorou muito a matá-lo.

E então, por um milênio e meio, os adiamentos se entranharam na religião e a eles são feitas referências em todos os textos, de todas as principais formas de fé. Por exemplo, nas primeiras escrituras budistas de Pali Canon, o monge Utthāna Suṭṭa conclui que "procrastinar é um vício moral".[47] Avançando 700 anos, o budista hindu Shantideva insiste na mesma mensagem, escrevendo em *Guia do estilo de vida do bodhisatva*: "A morte vai chegar tão rápido até você. Angarie méritos até esse momento chegar!" No século XVI, a procrastinação começa a aparecer nos textos originais em língua inglesa. O dramaturgo Robert Greene, por exemplo, escreveu em 1584: "Você vai ver que a demora leva ao perigo e que o adiamento de um perigo é a mãe de todos os infortúnios."

Finalmente, quando a Revolução Industrial tomou forma, o mesmo aconteceu com os adiamentos. Em 1751, Samuel Johnson escreveu um artigo para o semanário *The Rambler*, descrevendo a procrastinação [*procrastination*] como "uma das grandes fraquezas gerais que, apesar da instrução dos moralistas e das recriminações da razão, prevalece em maior ou menor grau

---

* No grego de hoje, *malakia* tem um significado mais sujo, que talvez seja mais bem traduzido como "masturbador".

em todas as mentes".* Quatro anos depois, o Dr. Johnson inseriu a palavra em seu influente dicionário de inglês e desde então ela virou uma palavra de uso comum. Se os adiamentos são, de fato, uma característica central dos seres humanos, eles atuam exatamente como seria de se esperar: aparecem como um tema recorrente nos livros de história, desde o início da palavra escrita.

Olhando para a frente

Eu gostaria de terminar este capítulo sobre a evolução dos adiamentos com a história de Adão e Eva. Eles moravam no Jardim do Éden, nus e sem nenhuma vergonha, totalmente sintonizados com a natureza. Então, no primeiro ato de desobediência humana, Adão e Eva comeram da árvore do conhecimento e foram expulsos por Deus do paraíso, obrigados a sobreviver por meio da agricultura. Apesar de sua origem bíblica, a narrativa é um mapa perfeito da história da evolução.[48]

No ambiente em que evoluímos, nós bebíamos quando estávamos com sede, comíamos quando estávamos com fome e trabalhávamos quando tínhamos vontade. Nossos desejos eram sinônimos daquilo que era urgente. Quando começamos a prever o futuro, a planejá-lo, colocamo-nos em descompasso com o nosso temperamento e passamos a agir de maneira diferente da que previa a natureza.[49] Todos nós temos entranhados no DNA um horizonte de tempo que era mais adequado para um mundo antigo e incerto, um mundo no qual a comida apodrecia rapidamente, em que o tempo mudava de repente e os direitos de propriedade ainda não tinham sido inventados. O resultado é que nós lidamos com preocupações e oportunidades de longo prazo com uma mente que responde mais naturalmente ao presente. Com o paraíso perdido e o surgimento da civilização, nós precisamos estar sempre lutando contra os adiamentos.

---

* Naturalmente, o Dr. Johnson adiou o ato de escrever esse artigo até o último momento possível, redigindo-o na varanda de Sir Joshua Reynolds, enquanto o mensageiro esperava fora da casa para levá-lo ao jornal. "Típico dele", como lembrou o amigo Hester Piozzi, dizendo que "são inúmeros os casos em que ele escreveu sob a pressão imediata de alguém insistente, ou da angústia."

Moral da história: os adiamentos não são culpa nossa, mas, mesmo assim, nós temos de lidar com eles. Nós encontramos as postergações, em maior ou menor grau, em quase todos os campos da vida, da sala da diretoria ao quarto de dormir. É sua vida pessoal, suas finanças ou sua saúde que mais sofre com os seus adiamentos? O seu hábito de mandar e-mails e ver televisão está acabando com sua produtividade? Há uma grande chance de que não só a quantidade de coisas que você adia esteja aumentando, mas também o número de lugares em que você faz isso. Mas eu estou me precipitando – esse é o tema do próximo capítulo.

4

ProcrastiNações: como a vida moderna assegura as distrações

Sobre os ossos brancos e os resíduos disformes de inúmeras civilizações estão escritas duas palavras patéticas: tarde demais.

– Martin Luther King Jr.

Nosso caso de amor com o momento presente está na raiz de todos os adiamentos. O fato de nós tendermos a ser mais impetuosos do que seria razoável é uma herança evolucionária que atravessou mil gerações. Mas nós não podemos culpar somente a neurobiologia. Cada distração que o mundo moderno oferece exacerba o descompasso entre o que nós somos e o que precisamos ser. Este capítulo diagnostica a divergência cada vez maior entre nossos planos e nossos impulsos. Para melhor escrever sobre isso eu recomecei com uma antiga distração minha, retomando deliberadamente um hábito que me afligiu por muito tempo como estudante – os video games. A capacidade que os games têm de capturar e dominar minha atenção é impressionante. Houve dias (que se estenderam noite adentro) em que eu me afastei da tela apenas por tempo suficiente para jogar uma comida rápida na boca e dar cabo das minhas necessidades fisiológicas. Com o passar do tempo, fugi de todas as responsabilidades previstas ou cumpri apenas o mínimo necessário para diminuir o tempo que eu me afastava dos games. Minha namorada os via como uma amante. E o meu lema era só mais essa vez.

Portanto, para o propósito deste livro, eu decidi explorar o Conquer Club, uma versão on-line do Risk®.[1] Eu não tinha jogado esse jogo de tabuleiro desde o meu tempo de faculdade, em que eu saía com os amigos e tomava umas cervejas, por isso achei esse aspecto nostálgico bastante atraente. Além disso, a versão gratuita do Conquer Club só permitia jogar quatro games de cada vez, por isso eu achava que seria difícil perder o controle. Como você está jogando contra pessoas do mundo inteiro, os movimentos são feitos a qualquer hora e o jogo avança em momentos inesperados. Consequentemente, eu me vi conferindo o site com bastante frequência, mesmo quando não estava na minha vez. E, de repente, lá estava ele – o adiamento, na forma muito comum de eu estar jogando quando devia estar trabalhando. Eu podia sentir suas garras afundando cada vez mais na minha pele e sabia que estava fazendo uma longa caminhada à beira de um precipício bem íngreme – sabe como é, aquele do qual, mais cedo ou mais tarde, você vai cair (e, secretamente e cheio de animação, já antevendo e esperando a queda).

Olha, é impressionante a facilidade com que um vício toma conta de você. Numa sexta-feira à noite, no final de uma semana de trabalho sem compensações, com os filhos doentes e uma briga boba com a minha mulher, eu achava que a vida me devia mais do que isso. Talvez tenha sido má ideia fazer um upgrade para a versão premium do Conquer Club e jogar 25 jogos ao mesmo tempo.* Verificações periódicas em como o jogo estava avançando passaram a pontuar minha vida, e nos intervalos eu procurava acabar rapidamente todas as minhas tarefas. Em cada brecha que surgia durante o dia, eu dava uma olhada nos jogos e conferia que batalhas haviam sido disputadas em minha ausência, ou, talvez (oh, alegria das alegrias!), fazia a minha jogada. O Conquer Club continuou a me atrair por semanas depois daquela fatídica sexta-feira à noite. Eu conferia os jogos antes de dirigir para o trabalho e antes de voltar para casa. Era a última coisa que eu fazia antes de ir dormir e a primeira quando acordava. E, entre uma coisa e outra, eu sonhava com o jogo. Ah, que sacrifícios eu não faço pela ciência! Mas não se preocupe comigo. Ser ao mesmo tempo uma vítima e um detetive da fina flor da distração tem lá suas vantagens. Eu sei como me livrar dessa obsessão, o que eu vou fazer assim que recapturar Kamchatka. E enquanto eu espero a minha vez, vamos falar um pouco por que você, assim como todas as pessoas que você conhece, provavelmente já passou por uma situação semelhante.

---

* E foi *realmente* má ideia.

A tendência ao impulso total

Um dos elementos que me transformou num escravo do Conquer Club corresponde perfeitamente à primeira e mais forte descoberta do meu programa de pesquisa: a proximidade da tentação é um dos determinantes mais mortais dos adiamentos.[2] Já que todo computador oferece uma oportunidade de se jogar, é difícil se livrar da tentação. O segundo elemento é a virulência da tentação. Quanto mais instigante for a distração, menos nós vamos trabalhar. O Conquer Club seguiu o que se chama de "esquema em razão variável" – quer dizer, a recompensa (o reforço) ocorria em horas previsíveis. Há mais de 50 anos, desde a obra-prima de B. F. Skinner e C. B. Fester, *Schedules of Reinforcement* [Esquemas de reforçamento], nós sabemos que esquemas em razão variável como esse são muito viciantes.[3] Skinner descobriu que, dos pombos aos primatas, nós lutamos muito mais por uma recompensa quando elas são imprevisíveis, mas *instantâneas* na hora em que aparecem. Você pode sentir o poder dos reforços variáveis num cassino. Os caça-níqueis são programados para viciar porque eles têm esse tipo de padrão de recompensa embutido neles. Toda vez que um avô gasta a herança dos netos nesses bandidos de um braço só, você pode demonstrar seu respeito ao maravilhoso poder da psicologia motivacional.[4] Infelizmente, como o meu exemplo do Conquer Club confirma, a internet viabilizou um leque de distrações estruturadas dessa mesma forma. Paradoxalmente, enquanto a internet possibilitou que trabalhássemos com mais facilidade, ela também criou uma série de armadilhas comportamentais que permitem com que nós nem mesmo façamos o nosso trabalho. Caso ajude, plotei isso num gráfico. Ele mostra o que há entre a nossa vontade de realizar um trabalho e a nossa capacidade de efetivamente completá-lo.

As duas barras horizontais pontilhadas representam as tentações, a barra de baixo sendo uma pequena tentação (algo agradável) e a de cima sendo uma grande tentação (algo espetacular). A linha preta que no fim acaba se erguendo é a curva de trabalho, que mostra, como já vimos, que a maior parte da motivação de alguém fica reservada até imediatamente antes do fim do prazo.[5] Esse é um *esquema em intervalo fixo*, significando que há um prazo fixo antes de seu trabalho ser avaliado e você ser "pago".* Por outro lado, esquemas em intervalos variáveis (as linhas pontilhadas horizontais que representam tentações pequenas e grandes) exercem um estado constante de motivação, tipicamente muito maiores do que os esquemas fixos. A motivação para a diversão está sempre ali, e não vai desaparecer. Quanto mais atraente nós permitirmos que a tentação seja (tornando-a grande em vez de pequena), mais para o alto a barra vai se mover e mais vai demorar para a conclusão do trabalho se tornar a escolha dominante. Por isso, podemos ver que, quando cresce o fascínio por uma tentação, os adiamentos também aumentam.

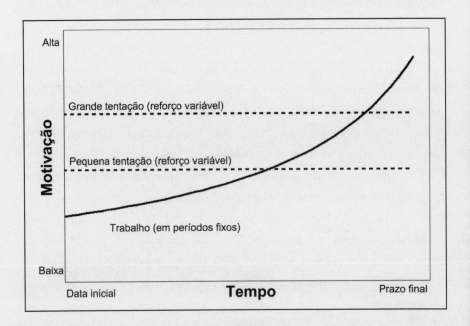

---

* Numa alternativa, você vai obter praticamente a mesma inclinação com um *esquema em razão fixa*, que ocorre quando uma certa quantidade de trabalho tem de ser feita antes de você conseguir sua recompensa. Por exemplo, trabalhadores de uma indústria de peças que são pagos a cada 100 unidades que produzem tendem a trabalhar um pouco mais duro à medida que se aproximam do número 100 e, então, tiram um descanso. Na literatura profissional, isso é chamado de "correr e parar", o padrão de haver um descanso depois de completar uma etapa do trabalho e antes de acelerar em direção à próxima linha de chegada.

Erguendo a barra

Numa pesquisa premiada, Vas Taras, um professor da Universidade da Carolina do Norte, e eu montamos um banco de dados que monitorava mudanças na cultura do mundo nos últimos 40 anos.[6] Isso exigiu juntar e combinar centenas de estudos de cientistas sociais de todos os matizes, que utilizaram dezenas de escalas diferentes. O que nós vimos é que, à medida que os países se "modernizam", eles começam a convergir em direção a um conjunto de valores típicos das economias livres do mundo ocidental. Uma grande descoberta foi que o mundo se tornou mais individualista: as pessoas pensam mais em si mesmas e se preocupam menos com as outras. Outra descoberta foi que a modernidade traz consigo os adiamentos. Como as nossas economias cresceram nas últimas décadas, os adiamentos crônicos foram multiplicados por cinco. Na década de 1970, de 4% a 5% das pessoas pesquisadas indicavam que consideravam o hábito de protelar uma característica-chave de sua personalidade. Hoje, esse número fica entre 20% e 25%, a consequência lógica de que nós enchemos as nossas vidas com tentações cada vez mais instigantes.

Pense em como o mundo se transformou no último século. Em 1911, William Bagley, escrevendo *The Craftmanship of Teaching*, descreveu a "rede na varanda", o "romance fascinante" e a "alegre companhia dos amigos" como "o canto sedutor da sereia da mudança e da distração, o espírito mau do adiamento!". As tentações de Bagley, embora reais, eram relativamente simplórias, comparadas ao que estava por vir. Também em 1911, o primeiro filme feito por um estúdio de cinema estreou em Hollywood, e as décadas seguintes viram a ascensão das produções multimilionárias e de astros e estrelas multimilionários, juntamente com seus escândalos; tanto Charles Chaplin quanto Errol Flynn – o vagabundo cômico e o trapalhão romântico – pareciam gostar de mulheres um pouco mais novas do que a lei permitia. O espetáculo que foi *Os Dez Mandamentos,* de Cecil B. DeMille, capturou o público espectador e, já na década de 1930, a imprensa popular se referia aos filmes como a forma mais comum de adiamento.[7] Mas mesmo assim você ainda tem de sair de casa ou do escritório para ir ao cinema. Mas não por muito tempo. O final da Segunda Guerra Mundial coincidiu com o desenvolvimento da televisão e o número de americanos donos de TV pulou de 9% para 65% entre 1950 e 1955. Durante os programas mais populares, as ruas ficavam vazias e as lojas fechavam para que todos pudessem assistir ao episódio de *I Love Lucy*. Em 1962, com os aparelhos de televisão presentes agora em 90% dos lares americanos, a revista *Popular Science* publicou o resumo de um livro, *How to Gain an Extra Hour* [Como ganhar mais uma hora], ligando o hábito de ver televisão ao ato de protelar as coisas.[8]

Em meados da década de 1970 uma nova tentação entrou em cena. Eu tinha 8 anos quando Pong, o primeiro video game de sucesso, entrou na nossa casa. Meu pai ligou o fio do aparelho à nossa TV em preto e branco e a outra saída a dois "comandos" que não passavam de botões com fios. Você rodava o botão e uma pequena barra se movia na vertical, à esquerda ou à direita da tela, dependendo do comando que você tivesse. Se uma bola em movimento batesse na sua barra, ela era jogada para o outro lado da tela para que o seu adversário a mandasse de volta. Era só isso – mas era mágico, e eu adorei. E, evidentemente, em 1983, os textos de psicologia já colocavam os video games na lista de comportamentos típicos dos proteladores.[9]

Depois de estudar algumas bases históricas à guisa de comparação, você já deve ser capaz de ver porque a procrastinação se elevou ao nível em que está hoje. Enquanto o prazer derivado do trabalho se manteve praticamente constante ao longo das décadas, o poder das distrações só parece aumentar. A barra das tentações no gráfico de Skinner está cada vez mais alta, enquanto a curva de trabalho permanece igual. Vamos pensar de novo nos video games de hoje em dia, que fazem o Pong ser risível se compararmos. Infinitamente mais avançados, esses jogos são o produto de milhões de horas de programação e testam a capacidade até mesmo dos sistemas computacionais mais avançados. Eles batem de longe qualquer coisa sobre a qual Bagley tenha escrito. Muita gente joga a qualquer hora, em qualquer lugar – e não é incomum que os alunos se dediquem a confrontos diretos on-line durante palestras nas universidades.[10] Além disso, por melhores que já sejam esses jogos, eles conseguem ficar ainda melhores. Com cada evolução do Grand Theft Auto, do Guitar Hero ou do World of Warcraft, optar por *não adiar* as coisas é cada vez mais difícil. A animação, a história, a ação, os comandos – tudo progride. Na batalha pela sua atenção, é como se o trabalho ainda estivesse lutando com arco e flecha, enquanto os games já chegaram à fase dos canhões automáticos, rifles de precisão e lançadores de granadas. Consequentemente, está ficando cada vez mais comum para pessoas de todas as idades ficarem fissuradas por esses games, e centros de intervenção estão se multiplicando para tratar do vício em video games. Na Coreia do Sul, por exemplo, cerca de 10% dos jovens mostram sinais avançados de que estão viciados, com o hábito de jogar até 17 horas por dia. Em resposta a isso, o governo patrocina 240 centros de aconselhamento ou programas hospitalares. Existem até recursos para jogos específicos, como www.WoWdetox.com, dedicado aos jogadores de World of Warcraft, assim como suas esposas, geralmente chamadas de "viúvas do Warcraft".

O que é mais assustador é que ainda existem criaturas piores que os video games para incitar adiamentos. E não é fazer um lanchinho ou dar um cochilo, embora essas continuem sendo alternativas bem comuns. A rainha da distração – e só existe uma – é a televisão.[11] Desde seus primórdios, na década de 1950, a televisão continuou a se aperfeiçoar, incorporando todos os atributos que precisa para ganhar a competição pelo nosso tempo. A mágica do controle remoto permite que nós mudemos de canal sem termos de sair do lugar. A chegada do satélite e da TV a cabo assegurou que haja sempre um canal disponível que nós possamos confiar que vá agradar o nosso gosto. E com vários aparelhos de televisão espalhados pela casa – mais TVs do que pessoas, segundo a Pesquisa de Mídia da Nielsen –, podemos assistir aos nossos programas onde quisermos. Se o nosso interesse num programa específico cair a qualquer momento... zappp!... mudamos de mundo num universo de 500 canais. A televisão é tão atraente que nós frequentemente somos culpados de consumi-la em excesso, sentindo que fomos um tanto roubados e chegando ao fim do dia achando que poderíamos ter assistido um pouco menos.[12]

A maioria dos americanos passa cerca de metade de seu tempo de lazer em frente ao brilho da televisão. Outros países não ficam muito atrás. De acordo com os últimos dados do censo nacional, os americanos assistem a uma média de 4,7 horas de televisão por dia, derrotando os canadenses, que assistem a 3,3 horas diárias. O tailandês médio passa 2,9 horas em frente à telinha; um inglês, 2,6 horas; e um finlandês, 2,1 horas. Já a leitura, só para comparar, tem uma média internacional de 24 minutos por dia. Isso significa, é claro, que a essa altura você, provavelmente, vem se arrastando por este livro há uns três meses.

O pior é que, assim como os video games, a televisão está ficando cada vez mais atraente. Não só o hardware está ficando mais moderno e de alta tecnologia, mas as opções do que assistir também estão aumentando. Caixas de DVD com os episódios de toda uma temporada já são bem comuns, assim como os DVRs. Esses últimos permitem que você grave vários programas simultaneamente, armazene centenas de horas, monitore o que já assistiu e o ajudam a escolher os episódios mais desejáveis. Acompanhar a programação normal da televisão parece algo meio primitivo hoje. E o futuro promete ainda mais. À medida que a televisão continuar a evoluir, as opções do que assistir se tornam quase infinitas. Por exemplo, já existe a tecnologia de fazer o download de qualquer filme em menos de um segundo. Quando uma fração desse poder se tornar disponível para uma casa de família comum, devemos esperar que as horas passadas em frente à TV aumentem na mesma proporção. Qualquer filme, qualquer show ou videoclipe pode ser visto por qualquer pessoa, em praticamente qualquer parte do mundo, todos eles numa resolução de imagem inacreditavelmente perfeita. E é inevitável que, à medida que a televisão ganha força, ela esvazia o resto das nossas vidas. Isso já está acontecendo. Em todos os países que dispõem desses dados, o número de horas que as pessoas assistem à televisão tem aumentado. Em apenas oito anos, de 2000 a 2008, a audiência de televisão nos Estados Unidos passou de 4,1 para 4,7 horas, um aumento de 15%. Como o tempo é finito, todo o resto tem que sofrer e, efetivamente, sofre.[13] Não são só tarefas mais dolorosas que nós deixamos de lado em favor da televisão – é o ato de comer com a família ou entrar em contato com os amigos.

Eu pintei um quadro um tanto pessimista, mas ele ainda pode ser pior. Aliás, o pior ainda está por vir. Ela não toma tanto tempo quanto a televisão, por enquanto, mas mostra muito mais potencial. É a internet, que tem todo o fascínio dos video games, da televisão e de outras coisas mais, numa única plataforma. Cerca de 80% dos estudantes já relatam que as atividades da internet são especialmente problemáticas para eles.[14] Não é de surpreender. Há sites e blogs à disposição de todo tipo de fetiche e interesse, videos para serem baixados, música para ser adquirida e e-mails para se responder. A mais nova mania nesse manancial de adiamentos que é a internet são as centenas de sites de relacionamento, como Facebook, Bebo, MySpace e Twitter. Menos de um ano depois de sua criação, em 2004, o *New York Times* colocou o Facebook como o principal veículo para alavancar a vadiagem, com os estudantes apertando a tecla "atualizar" na tela centenas de vezes por dia.[15] Esse hábito não é diferente da pesquisa de Skinner sobre reforço variável em ratos e pombos, que também pressionaram suas teclas centenas de vezes esperando uma recompensa possível, mas imprevisível. Uma vez que pesquisar pessoalmente o Facebook provavelmente colocaria em risco as horas que eu precisava para escrever este livro, decidi encontrar uma especialista no assunto, alguém já bastante familiarizado e por dentro dos detalhes do site. Como que para ressaltar a presença do Facebook no meio universitário, precisei de menos de cinco minutos para encontrar uma autoridade como essa, mais especificamente uma aluna de pós-graduação. Ela participa do Facebook cerca de 90 minutos por dia e criou até uma página de Dogbook para seu cachorro pug, chamado Schmeebs. Sentei ao lado dela no computador, para que ela pudesse fazer um tour comigo:

– A primeira coisa a saber – ela explicou – é que isso proporciona uma maneira de se conectar com todos os seus amigos e controlar que tipo de contato você quer ter com eles. Por exemplo, eu estou interessada nas fotos das outras pessoas, por isso essa seção faz um *preview* das fotografias que elas têm nas suas páginas do Facebook.

Comento que isso parece ocupar uma parte bem grande da tela.

– Ah, bem, eu só tenho alguns amigos no Facebook.

– Quantos?

– Deixa eu ver – ela responde. – Aqui está. 603.

– Parece muita gente. Você realmente tem 603 amigos?

– Não, não. Muitos são só conhecidos e você pode tratá-los de maneira diferente. Você controla a segurança e o acesso do que recebe deles e o que eles podem postar no seu site. Tem um mural aqui, onde os meus amigos podem postar os comentários deles, está vendo?

– Estou.

– Alguns têm prioridade. Minha amiga Jen é uma das três pessoas de quem eu recebo mensagens de texto cada vez que ela atualiza a página dela.

– E isso acontece...?

– ... umas duas vezes por dia.

– Quanto tempo você demora para verificar que tipo de atualização foi feita?

– Bem, geralmente a mensagem de texto é incompleta, por isso eu tenho que entrar na rede para ler tudo.

– Ou seja, imediatamente.

– Isso. Imediatamente.

– Mesmo que você esteja no cinema, num jantar ou com a família?

– É claro – ela responde. – Se bem que, quando é com a família, eu dou uma escapada primeiro.

– Muito gentil da sua parte. Que mais você pode fazer?

– Ah, tem tanta coisa! Você pode "piscar" para as pessoas só para dizer que estava pensando nelas, pode dar presentes virtuais...

– Por quê?

– Porque pode. Alguns presentes são gratuitos ou patrocinados por uma empresa. Por outros, você tem de pagar. Aqui tem alguns que se relacionam com álcool. Não sei bem por que eu tenho isso. Você também pode usar o Facebook para mandar convites para eventos.

– Quer dizer que isso permite que você conheça ou interaja mais com as pessoas?

– Não. Na verdade, não. A minha vida social até ficou menor por causa dele. Mas eu sinto que conheci bem melhor os meus amigos mais chegados. Você posta frases engraçadas que você ouviu, vídeos de viagens, qualquer coisinha que te interesse. Olha só! O cachorro da Chelsea adicionou o Schmeebs como amigo!

Minha especialista então me guia a uma série de grupos do Facebook que se dedicam aos adiamentos como: "AP – Advanced Procrastination" [AA – Adiamentos Avançados] (mais de 18 mil membros); "I'm majoring in Napping and Facebook with a minor in procrastination" [Estou me formando em Cochilar e Entrar no Facebook, com certificação em adiamentos] (mais de 30 mil membros); "I was doing homework and ended up on Facebook" [Estava fazendo meu dever de casa e fui parar no Facebook] (mais de 90 mil membros). Também há mais de 600 mil membros numa página de fãs dedicada exclusivamente aos "adiamentos" propriamente ditos. Entrar para esses grupos é uma afirmação da sua identidade e proporciona um amplo leque de diversões propostas, assim como uma oportunidade de falar sobre elas. Ironicamente, uma decisão recorrente entre os membros se concentrava em como eles poderiam limitar o uso do Facebook ou sair dele (como, por exemplo, "deixe os seus pais mudarem a sua senha e só lhe dar depois das provas"). Sem querer ser percebido como um opositor do Facebook, concordo que o site é atraente e instigante, e que tem várias utilidades, especialmente para fazer contatos. Napoleon Hill, um guru do desempenho no século passado, considerava o networking um elemento-chave para o sucesso. Por outro lado, o Facebook é uma enorme distração, e é isso e não o networking que domina o seu uso. Um sinal dos aspectos realmente viciantes do Facebook é que metade daqueles que deixam o site reativam suas contas.[16] Eles não conseguem se livrar dele.

Como chegamos a isso

É difícil evitar o avanço dos adiamentos, dadas as suas raízes profundas na neurobiologia do cérebro. O sistema límbico foca no agora, enquanto o córtex pré-frontal lida com as considerações de longo prazo. Em outras palavras, ao fazer uma fogueira, o sistema límbico está de olho na gasolina, enquanto o córtex pré-frontal diz que os galhos e as lenhas é que vão proporcionar um fogo lento e duradouro. O primeiro quer imediatamente o cheque de um milhão de dólares, enquanto o segundo prefere um de 5 mil dólares por semana, pelo resto da vida. Embora tanto o sistema límbico quanto o córtex pré-frontal se juntem para chegar a uma decisão final, essa dicotomia assegura o aumento dos adiamentos. Aqui vai um exemplo para ilustrar o que eu quero dizer.

Vamos pegar dois vendedores de comida rápida, os Nuggets Nutritivos e as Tentações Saborosas. Os Nuggets Nutritivos são uma comida saudável, o que apela às nossas metas mais abstratas e de longo prazo, de ter uma cintura mais fina e melhor condicionamento físico. Isso é comida para o cérebro – pelo menos, a sua parte pré-frontal. As Tentações Saborosas fornecem açúcar e gordura numa dezena de combinações de frituras, instantaneamente deliciosas e que, com toda a certeza, vão agradar nosso sistema límbico. Se essas duas lojas estiverem uma de frente para a outra num shopping, qual das duas vai vender mais comida? Não é preciso ser formado em marketing para concluir que o sabor do açúcar nos lábios vai ganhar da cintura esbelta. Os Nuggets Nutritivos vão ser a principal escolha das pessoas amanhã, o que elas *pretendem* comer, enquanto as Tentações Saborosas vão ser a escolha das pessoas hoje, o que elas *estão* comendo. Além disso, tão certo quanto o alto preço da pipoca do cinema, as Tentações Saborosas dão uma margem de lucro muito maior, porque as compras impulsivas se sobrepõem às compras comparativas. Os Nuggets Nutritivos podem muito bem ir à falência, enquanto as Tentações Saborosas se transformam numa franquia internacional. Os negócios respondem aos nossos desejos dominantes, portanto, não há qualquer coação ou conspiração nesse ponto, só a mão invisível do mercado construindo uma terra encantada para o sistema límbico. Com essa ênfase ubíqua no imediato e no material, no momento atual e no que é consumível, as pessoas são convencidas a adiar as metas de longo prazo e mais atraentes de avançar na carreira e ser voluntário na comunidade, de criar uma família ou seguir um caminho espiritual. O consumismo e o materialismo são meras características emergentes da nossa neurobiologia autorizadas a correr soltas num mercado livre.

Todo o processo de sedução começa com a sofisticada ciência da pesquisa de mercado. Eu devo entender desse tipo de assunto, pois conheci minha mulher, Julie, enquanto ela fazia pós-graduação na área. A pesquisa de mercado tem muitas aplicações diferentes, algumas das quais são benéficas. Por exemplo, o orientador da minha esposa na universidade conduziu uma pesquisa sobre como desenhar as advertências nas caixas de cigarro para que as pessoas *não* comprem um maço. Mas, como a maior parte da vida, a pesquisa de mercado geralmente se concentra em onde está o dinheiro e, das crianças até os partidos políticos, os marqueteiros ajustam os produtos aos nossos gostos ou até criam um desejo por eles. Ao fazer isso, eles, invariavelmente, apelam para o nosso sistema límbico criando tentações. A indústria alimentícia, especialmente, levou a pesquisa de mercado ao extremo, para descobrir o que é mais gostoso para os consumidores e qual a melhor maneira de empacotar. Em seu livro *The End of Overeating* o Dr. David Kessler, comissário da U.S. Food and Drug Administration (FDA) em dois governos e ex-reitor da Escola de Medicina de Yale, investiga o incrível vigor e propósito que os fabricantes de alimentos utilizam para nos fazer comer mais dos seus produtos baratos e de baixo teor nutritivo.[17] A quantidade de engenharia que está em jogo ao criar uma comida saborosa e visualmente apelativa, que derrrete, rola ou estala na sua boca, é impressionante, e só encontra um competidor à altura nos esforços dedicados a desenhar a tela plana da sua televisão ou de seu aparelho Blu-Ray. Com uma sintonia fina fantástica das proporções de açúcar, gordura e sal numa receita, por exemplo, podem ser preparados pratos que nunca saciam – nós sempre vamos ter espaço para mais um pouquinho.

Uma vez que um produto tenha sido inventado, a ênfase no sistema límbico continua durante toda a sua apresentação. A propaganda, que corresponde a cerca de 1% a 2% do PIB da maioria dos países, tipicamente acentua os aspectos mais concretos e visíveis de qualquer mercadoria.[18] Na próxima vez que você passear por um supermercado, observe que ênfase é dada à aparência e ao gosto de qualquer produto em exibição; e compare isso com o esforço extra que se precisa fazer para encontrar as informações nutricionais ou o custo relativo, dois casos que apelariam muito mais ao seu córtex pré-frontal. Finalmente, a virulência das tentações é realmente maximizada se os produtos desejados forem imediatamente acessíveis; a disponibilidade encoraja a compra impulsiva.[19] Já que esse princípio da disponibilidade imediata fortalece consideravelmente o papel do sistema límbico nas nossas tomadas de decisão, nós o encontramos muito por aí. Estratégias de venda do tipo "Compre agora e só pague depois" ressaltam o momento atual, e gurus de vendas como "Zig" Ziglar reiteram: "Se a decisão for sim, então você... pode aproveitar esses benefícios AGORA!"[20] Como observa David Mesla, um cientista de administração do peso do Unilever Health Institute: "Todo dia, em todo lugar que você vai, esses alimentos estão lá, prontamente disponíveis para você se empanturrar com eles. São oportunidades constantes. Constantes."[21] O objetivo é justamente essa proximidade universal – tirar segundos preciosos dos mecanismos de entrega e mostrar que todos os produtos podem ser comprados tão impulsivamente quanto uma bala na caixa registradora. Uma vez que isso aconteça, o mundo se transforma numa prisão inescapável de tentação se o seu livre-arbítrio sofrer um lapso, mesmo que só por um segundo – é todo o tempo que eles precisam para pegar você. Mas espere, ainda tem mais.

Além de fazer as apresentações e os produtos mais desejáveis para o seu sistema límbico, os marqueteiros também concentram seus esforços para afastar aquele chato do córtex pré-frontal. Hábitos e rituais, especialmente, passam por cima do córtex pré-frontal durante as tomadas de decisão e, assim, grandes esforços são feitos para cultivá-los nos consumidores.[22] Muitas das compras que fazemos são acionadas, estimuladas, e não uma escolha pessoal, assim como o aroma viciante das 11 ervas e temperos especiais do KFC foi criado para criar um desejo imediato por aquele frango frito. Independentemente de nossas intenções originais, uma vez despertadas, nossas ações podem ser "emocionalmente sequestradas" e nós acabamos comendo fast-food automaticamente, ou pedindo aquele café especial.[23] Todos nós somos vulneráveis a isso, inclusive eu. Eu me sinto culpado por comprar regularmente pipocas caras nos cinemas, que a ciência confirma ser menos uma escolha consciente e mais um ritual ao se entrar na sala de exibição.[24] Pesquisas sobre o quanto nós realmente somos vulneráveis são a especialidade de Brian Wansink, professor de comportamento do consumidor na Universidade Cornell. Seus estudos demonstraram que a escolha do que comemos são geralmente costumes que pouco se baseiam na fome, mas principalmente no contexto, como o tamanho do prato ou da porção, ou o quanto a recompensa é visível. Para um estudo que lhe deu o Prêmio Ig-Nobel, ele maldosamente inventou uma tigela de sopa sem fundo, que se enche sozinha enquanto as pessoas tomam o que está ali.[25] Embora elas não tenham dito que estavam mais satisfeitas do que as que tomaram apenas uma tigela, aquelas que tomaram da tigela permanentemente cheia consumiram quase o dobro da quantidade – cerca de 76% acima das outras. Hábitos iguais a esse compõem cerca de 45% das nossas ações diárias, e aumentar esse percentual proporcionando opções fáceis e chamarizes claros é um grande negócio.[26]

O ponto a que nós podemos ficar presos e emaranhados em nossos hábitos é mais bem ilustrado pela maneira como confiamos nos nossos assistentes pessoais digitais (APDs), como o iPhone da Apple ou o Research in Motion da BlackBerry. As pessoas mandam mensagens de texto de toda parte, inclusive quando estão dirigindo. Esse é um exemplo magnífico de como um impulso de prazer atropela um bom julgamento, porque, como manda o bom senso, e as minhas pesquisas e as dos outros demonstram, o uso de qualquer celular quando se está dirigindo (estando ele na mão ou no viva voz) diminui perigosamente o tempo de reação de uma pessoa.[27] As qualidades viciantes dos APDs são tão grandes que o World College Dictionary votou em *Crack-Berry* como a palavra do ano de 2006. Eles estão tão imbricados na vida das pessoas que às vezes o nosso cérebro, como um testemunho da plasticidade neural, incorpora esses aparelhos como se fossem partes do corpo. Quando eles não estão por perto, as pessoas sentem algo parecido com a síndrome do membro fantasma (ou os "escutam tocar" quando eles não tocaram). Outras relatam o problema mais corriqueiro de uma desordem motora repetitiva, como o "Polegar de BlackBerry", que é reconhecido pela American Physical Therapy Association como uma doença oficial do local de trabalho. E o que é que as pessoas fazem tanto com seus APDs, a ponto de desgastar juntas e ligamentos? Com dezenas de milhares de aplicativos disponíveis, a empresa comScore se dedicou a categorizar os 25 aplicativos mais baixados para o iPhone. O único que não era uma forma de entretenimento, um jogo ou um site de relacionamento era o Flashlight [Lanterna] – um utilitário que transforma o seu iPhone numa fonte de luz.[28]

Vozes de apoio

Portanto, aí está a situação. Os adiamentos não estão lutando apenas contra 100 milhões de anos de evolução. Eles batalham contra 100 milhões de anos de evolução que estão sendo explorados em toda parte pelo próprio tecido da sociedade. Em 1958, Aldous Huxley, no ensaio *Retorno ao admirável mundo novo*, já advertia: "Todos os recursos da psicologia e das ciências sociais estão sendo mobilizados" com o objetivo de controlar as pessoas, encontrando "as melhores maneiras de se aproveitar de sua ignorância e explorar a irracionalidade delas".[29] Em 1985, com a chegada dos video games, o influente crítico Neil Postman se apoiou especificamente no trabalho de Huxley ao escrever *Amusing Ourselves to Death*, no qual ele indica que "os racionalistas que estão sempre em estado de alerta para se opor a qualquer tirania 'deixaram de levar em consideração o apetite quase infinito que o homem tem pelas distrações'".[30] E temos também Avner Offer, professor de história da economia na Universidade de Oxford, comentando, em 2006, como o atual consumo de internet contribui para muitas das doenças do mundo, em *The Challenge of Affluence*.[31] Em resumo, o livre mercado está todo armado para fornecer tentações cada vez mais irresistíveis que nos afastam das nossas metas mais importantes.*

Será que nós estamos certos – Huxley, Postman, Offer e eu? É só olhar à sua volta. Veja quantos entretenimentos ou atividades recreativas você tem imediatamente disponíveis? Uma casa de família comum pode ter centenas, desde TVs de tela grande até portais de internet. Nunca antes na nossa história houve tantas tentações, criadas de maneira tão suculenta e tão facilmente disponíveis e tão bem colocadas no mercado. Adão e Eva só tiveram de lidar com uma maçã suculenta mordida por uma serpente. Hoje, a maçã vem com uma capa de caramelo e banhada em chocolate, com uma campanha publicitária multimilionária formada por uma blitz de comerciais, pop-ups e inserts.[32] Inevitavelmente, à medida que nossas vidas se afundam nessas distrações, os adiamentos só crescem.

Olhando para a frente

Não há como virar as costas para a vida moderna. O mercado livre, de um jeito ou de outro, vai continuar existindo, e o ritmo das invenções só vai acelerar. Nós vamos nos beneficiar de muitas dessas inovações, mas não de todas. A exploração do sistema límbico está enfronhada no capitalismo e você não pode interrompê-la sem fazer com que toda essa magnífica máquina de gerar dinheiro seja interrompida. Alguém sempre vai criar um produto que proporcione um prazer de curto prazo, juntamente com dores consideráveis no futuro, simplesmente porque nós compramos esse tipo de coisa. Consequentemente, lidar com as tentações constantes e seu potencial para gerar adiamentos é e vai continuar sendo parte inerente do fato de morarmos neste mundo. Por isso, é muito bom que você esteja lendo este livro. Aprender melhores maneiras de lidar com a tentação e com os adiamentos é o que nós va-

---

* De maneira semelhante, e mais ou menos na mesma época, o psicólogo Stuart Vyse escrevia em *Going Broke: Why Americans Can't Hold On to Their Money* [Falindo: por que os americanos não conseguem segurar seu dinheiro]: "Na hora que bate um desejo, nós agora temos a capacidade de agir impulsivamente, e isso cria um desafio muito maior do que em qualquer outro momento. Nada mais natural do que estarmos tendo problemas de endividamento.")

mos fazer nos próximos capítulos. Vamos fazer a equação de deixar para depois trabalhar a nosso favor, uma variável de cada vez. Mas, primeiro, vamos abrir o seu apetite demonstrando o que os adiamentos custam para a sociedade como um todo. Um único adiamento isolado pode parecer pequeno, mas, uma vez que você perceba o custo final, acredito que vai achar que esse é um adversário que vale a pena enfrentar. Eu fiz pesquisas com 4 mil pessoas para descobrir onde é que elas mais adiavam as coisas. O próximo capítulo revela o que essas pessoas me disseram e o preço individual que pagaram por adiar as coisas.

5

O preço pessoal dos adiamentos: do que sentimos falta, o que perdemos e o que sofremos

Deixamos de fazer o que deveríamos ter feito.
E fizemos as coisas que não devíamos ter feito.

– Livro de Oração Comum*

Em matéria de fama e pela sua incrível capacidade de adiar as coisas, Samuel Taylor Coleridge é um caso único. Um dos grandes poetas do romantismo do século XIX, Coleridge poderia ter sido o maior de todos, mas esse título normalmente é conferido a um ex-amigo seu, o bem mais responsável William Wordsworth. A trágica fraqueza de Coleridge era que ele adiava as coisas. Ele postergava o trabalho e suas obrigações, às vezes por décadas. Os poemas pelos quais ele é mais lembrado, e que ainda são regularmente estudados nas aulas de literatura inglesa, mostram sinais de adiamento. *Kubla Khan* e *Cristabel* acabaram sendo publicados como fragmentos – obras inacabadas –, quase 20 anos depois de ele os ter iniciado e *A balada do velho marinheiro*, embora completo, ficou pronto depois de cinco anos de atraso.

Todos – sua família, seus amigos e até ele mesmo – conheciam os adiamentos de Coleridge. Seu sobrinho e editor, Henry, escreveu que o tio era "vítima de protelações habituais", e o próprio Coleridge descreve suas procrastinação como "uma doença profunda e ampla em minha Natureza moral. [...] O Amor à Liberdade, o Prazer da Espontaneidade, tudo isso expressa, mas não explica, o fato". No entanto, foi seu amigo íntimo Thomas de Quincey que forneceu o melhor relato, já que dividiu com Coleridge não só uma tendência a

---

* Da Igreja Anglicana. (*N. do T.*)

adiar as coisas, mas também um sério vício em drogas – a autobriografia de Quincey recebeu o título muito apropriado de *Confessios of an English Opium-Eater* [Confissões de um opiômano inglês]. Como Quincey escreveu:

> Eu agora já tinha percebido que um excesso de adiamentos era, ou havia se tornado, uma característica marcante da vida cotidiana de Coleridge. Ninguém que o conhecesse podia contar com um compromisso que ele assumisse. Apesar de suas intenções totalmente honrosas, ninguém atribuía qualquer valor às garantias que ele dava *in refuture* [em relação ao futuro]. Aqueles que o convidavam para jantar, ou para qualquer ocasião festiva, acabavam tendo de mandar uma carruagem para ele e iam apanhá-lo pessoalmente, ou por meio de um emissário. Quanto às cartas, a não ser que o endereço fosse escrito numa bela caligrafia feminina que tivesse sua estima afetiva, ele as jogava todas numa gaveta de arquivo morto e, raramente, acredito eu, chegava a abri-las.

As desculpas de Coleridge por seus atrasos se tornaram lendárias. Sua correspondência é formada frequentemente por desculpas, às vezes até bem prolongadas, como atestam suas cartas a um certo Sr. Cottle, um editor que comprou os direitos de um livro de poemas de sua autoria – lamentavelmente, pagando adiantado. Merece atenção especial a "Pessoa de Porlock", que Coleridge dizia que interrompeu inexoravelmente sua lembrança de um sonho induzido pelo ópio, que serviu de base para o poema *Kubla Khan*. O poema tem apenas 54 versos, em vez de os desejados 200 a 300. No julgamento de Robert Pinsky, um poeta americano contemporâneo, a "Pessoa de Porlock" é a mais famosa de uma longa lista de mentiras de escritores que são "melhores em arranjar desculpas ou autoacusações do que em realmente escrever".

Contudo, o que esses adiamentos trouxeram a Coleridge? Como Molly Lefebure descreve a situação dele em seu livro *A Bondage of Opium*, "sua existência se transformou num mar sem-fim de adiamentos, desculpas, mentiras, dívidas, degeneração e fracasso". Problemas financeiros atravessaram toda a sua vida, e a maioria de seus projetos, apesar de planejados com grande cuidado, mal começavam ou terminavam. Sua saúde era horrível, e piorava ainda mais por causa do vício em ópio, cujo tratamento médico ele adiou por dez anos. A diversão que ele encontrava no trabalho se diluía no estresse dos prazos não cumpridos – "Os momentos mais felizes que eu tenho para compor são interrompidos pela reflexão de que eu tenho que me apressar." Ele perdeu amigos excepcionais, como Wordsworth, e seu casamento culminou em separação.

Os lamentos de Coleridge ilustram claramente que os adiamentos são capazes de prejudicar todos os aspectos de nossas vidas. Porém, só os mais convictos proteladores vão experimentar qualquer coisa que se assemelhe à triste vida de Coleridge. A maioria de nós só adia significativamente em algumas áreas da vida. Para descobrir os hábitos de adiamento das pessoas comuns que vivem no dia de hoje, eu coloquei uma pesquisa no meu site e 4 mil pessoas responderam. Eu pedi para elas me contarem o quanto procrastinavam em 12 grandes áreas da vida e para fazer um ranking de quais lhes causavam mais problemas.[1] A tabela a seguir reflete os resultados. A primeira coluna é a área da vida e a segunda registra o nível médio de adiamento das pessoas, com um escore de 2 indicando *raramente*, 3 indicando *às vezes* e 4 indicando *frequentemente*. A terceira coluna indica o percentual de pessoas que escolheram essa área da vida como um de seus "três maiores problemas".

Ao examinar essa tabela, observe os locais onde os números das duas últimas colunas são elevados: essas são as áreas mais problemáticas.

As 12 principais áreas da vida	Grau de adiamento médio (1 a 5)	Um dos principais problemas
1. Saúde: exercícios, alimentação, evitar ou tratar de doenças (ex.: "Adiar a ida à academia, começar uma dieta.").	3,4	42,2%
2. Carreira: empregos, tarefas, ganhar a vida (ex.: "Adiar a procura por um emprego melhor, conseguir um aumento.").	3,3	56,8%
3. Educação: estudar, tirar boas notas (ex.: "Adiar os estudos para uma prova, conseguir um diploma.").	3.3	32,9%
4. Comunidade: trabalho voluntário, atividade política (ex.: "Adiar ajudar os outros, ceder um pouco do seu tempo.").	3,2	12,1%

5. Romance: amor, sexo, namoro, casamento (ex.: "Adiar convidar alguém para sair, por um ponto final numa relação.").	3,0	24,0%
6. Dinheiro: decisões financeiras (ex.: "Adiar o pagamento das contas, poupar para a aposentadoria ou para fazer uma compra importante.").	2,9	35,9%
7. Você: aperfeiçoar suas habilidades, atitudes e melhorar o comportamento (ex.: "Adiar a leitura de um livro de autoajuda, mudar quem você é.").	2,9	29,6%
8. Amigos: interações com pessoas próximas (ex.: "Adiar passar mais tempo com os amigos, convidá-los para sua casa.").	2,9	23,5%
9. Família: interação com pais e irmãos (ex.: "Adiar conversar mais com a sua mãe, jantar com seus pais.").	2,7	18,9%
10. Lazer: esportes, recreação, hobbies (ex.: "Adiar a entrada numa equipe esportiva, viajar.").	2,7	11,4%
11. Espiritualidade: religião, filosofia, o sentido da vida (ex.: "Adiar uma análise da sua vida, a ida a uma igreja/templo/mesquita.").	2,5	8,5%
12. Paternidade/maternidade: interação com os filhos (ex.: "Adiar ter mais tempo para estar com os filhos, sair de férias com a família.").	2,3	4,1%

Os adiamentos acarretam aflições na escola, no trabalho, na nossa vida particular, especialmente em matéria de saúde. Oitenta e nove por cento das pessoas acreditam que têm um problema sério em *pelo menos* uma dessas três áreas, com 9% se aproximando do nível de Coleridge e relatando problemas em todas as três. Também há um padrão nos adiamentos que as pessoas fazem: a maioria dessas áreas se agrupam ou andam juntas. Por exemplo, muitas das pessoas que relataram adiamentos em relação à sua situação financeira também afirmaram ter deixado sua educação para depois ou adiado outras atividades que poderiam ter feito com que elas progredissem na carreira (áreas 2, 3 e 6). Se você está sofrendo numa dessas três áreas, é provável que pense que as outras duas também são problemáticas. Esse agrupamento de preocupações com o "sucesso" é, como um todo, o que ganha maior destaque em se tratando de adiamentos.

Um segundo agrupamento gira em torno de "autodesenvolvimento", à medida que pessoas que deixam para depois suas questões de saúde (área 1) também tendem a adiar suas buscas espirituais, suas atividades de lazer e seus programas de aperfeiçoamento pessoal (áreas 7, 10 e 11). Esse é o agrupamento mais amplo e também se liga à sua vida social, fazer parte de uma comunidade ou lutar por um romance (áreas 4 e 5). Um último agrupamento poderia ser chamado de "intimidade" e englobaria os amigos próximos, a família e a paternidade ou maternidade (áreas 8, 9 e 12). Essas são as áreas menos problemáticas, especialmente no que diz respeito a ter filhos. Felizmente, poucos entrevistados responderam que deixam para depois o cuidado com a criação dos filhos – existe uma urgência ao lidar com eles que se sobrepõe a tudo mais.

Se os seus adiamentos ocorrem no agrupamento do sucesso, do autodesenvolvimento ou da intimidade, eles vão determinar o preço que você paga pelo que joga para a frente, e essas três grandes áreas se traduzem em três grandes custos: sua riqueza, sua saúde e sua felicidade. Naturalmente, aqueles que adiam o agrupamento do sucesso e seus aspectos profissionais e financeiros vão desfrutar de menos riqueza. Aqueles que adiam seu autodesenvolvimento vão desfrutar de menos saúde, tanto do corpo como do espírito. E embora a felicidade seja afetada pelos dois agrupamentos anteriores, o sucesso e o autodesenvolvimento, ela está mais ligada à intimidade. Numa meta-análise diferente que eu conduzi, baseada em quase 1.200 estudos, determinei que os principais previsores da felicidade são características que levam a relações interpessoais prazerosas – a riqueza e uma boa saúde não significam tanto se não houver alguém para dividi-las.[2] Onde quer que você adie as coisas, quanto mais você adiar, maior será o preço a pagar. Dê só uma olhada.

Protelações financeiras

A desculpa mais comum que eu escuto de pessoas que adiam as coisas no trabalho é que elas são mais criativas quando estão sob pressão. Eu posso ver como é que as coisas aparentam ser desse jeito. Se todo o seu trabalho acontece logo antes do fim de um prazo, é quando então você vai ter todos os seus insights. Infelizmente, esses insights vão ser relativamente fracos e em pequena quantidade, comparados àqueles de quem começou mais cedo, já que sob prazos muito apertados e alta pressão no mundo inteiro a criatividade das pessoas declina.[3] Aquele pessoal de olhos esbugalhados trabalhando às 3 horas da madrugada e lutando para terminar um projeto normalmente vai aparecer com soluções rotineiras, sem nada de excepcional. As ideias inovadoras geralmente aparecem na base da preparação, que inclui um domínio total de sua área, seguido por um longo período de incubação.

Outros proteladores tentam justificar seus atrasos indicando que eles trabalham com maior eficiência quanto mais perto do prazo final. Dessa vez, eles estão parcialmente certos. Você realmente tem mais motivação logo antes de o relógio bater as 12 badaladas e você cruzar a linha de chegada. Mas o que o protelador está argumentando criativamente aqui não é que nós trabalhamos com mais afinco na 11ª hora (o que realmente acontece), mas que começar a trabalhar *mais cedo* acaba por prejudicar nosso desempenho. Em outras palavras, esse protelador está dizendo que trabalhar hoje *e* amanhã é pior do que trabalhar só amanhã – uma mentira muito fraquinha.

Independentemente da medida de sucesso que nós adotarmos, os proteladores tendem a ter um desempenho pior do que os não proteladores. Existe certa variação se olharmos para a educação, o tipo de profissão ou o nível de renda, mas não de uma maneira que você vá gostar: quanto mais os adiamentos passam da escola para o trabalho e para a medida de riqueza absoluta, pior os efeitos. Os resultados (que eu resumo em meu artigo "The Nature of Procrastination" [A natureza dos adiamentos]) são mais ou menos os seguintes:[4] Dos alunos do ensino médio e da universidade, apenas cerca de 40% dos proteladores têm notas acima da média, enquanto 60% ficam abaixo. Se você for um desses 40% sortudos, deve perceber que adiar é uma desvantagem e que provavelmente você compensa isso com outros atributos, como uma mente brilhante. Não caia na armadilha de pensar que um vício está efetivamente ajudando você. Não que eu seja a melhor pessoa para julgar... Eu já adiei estudar para muitas provas finais e tentei apagar minha demora para começar os estudos varando noites a fio, uma estratégia que me fez dormir tranquilamente na segunda metade da prova de francês. A consequência daquele cochilo fora de hora foi que eu passei a odiar as línguas estrangeiras até hoje. O engraçado é que quase todo mundo tem uma história divertida como essa para contar.

Os estudantes passam um terço das horas em que estão acordados em distrações que eles mesmos descrevem como uma forma de adiamento.[5] Em média, os estudantes se dedicam a mais de oito horas de atividades de lazer nos dois dias antes das provas,[6] e a incapacidade que eles têm de administrar o próprio tempo é considerada por eles mesmos sua maior preocupação, assim como a maior razão para abandonar um curso.[7] O pior é que essa tendência não diminui, mesmo quando os riscos são mais altos. Essa é uma grande razão por que muitos Ph.Ds. em potencial deixam a faculdade antes de se formar e as três letras que eles passam a ter depois do nome são TMT (Tudo Menos Tese).[8] Os TMTs são tão comuns, que o desenhista de quadrinhos Jorge Cham, por exemplo, ganha a vida escrevendo a *PhD Comics*, que são tiras dedicadas a fazer uma crônica dos adiamentos dos alunos. Incrivelmente, mesmo depois de os alunos de pós-graduação terem conseguido entrar num programa acadêmico competitivo, feito todo o trabalho do curso e talvez até compilado as informações para seu trabalho, quando só falta escrever e defender a tese, pelo menos metade nunca completa esse processo apesar do enorme investimento de tempo e a recompensa significativa pela finalização (em média, 30% de aumento de salário).[9] E os adiamentos são os maiores culpados.

Passando para o campo do sucesso profissional, descobrimos que o impacto dos adiamentos se intensifica um pouco. De acordo com o julgamento dos colegas, 63% dos proteladores se encontram no grupo abaixo da média, com pouco sucesso. Desde o início os proteladores têm dificuldade em dar a partida e adiam a procura por um emprego. Quando desempregados, permanecem nessa situação por mais tempo.[10] Uma vez empregados, a maioria vai descobrir que o ambiente de trabalho perdoa menos que a faculdade ou o ensino médio. As apostas são mais altas, por isso é mais difícil pedir que o chefe ou os clientes ampliem o prazo. Por exemplo, Michael Mocniak, conselheiro-geral da Calgon Carbon, foi despedido do seu emprego por adiar seu trabalho de processar as faturas – de 1,4 milhões de dólares por mês.[11] Além disso, projetos no ambiente de trabalho costumam ser maiores e muito mais difíceis de se terminar na última hora. O trabalho é menos previsível, por isso você pode descobrir que as últimas horas antes de um prazo de repente estejam duplamente ocupadas. Mesmo assim, existem 37% de proteladores cujo patrimônio está pelo menos acima da média, apesar desse defeito de personalidade. Se no café da manhã você chama a CEO de mamãe, ou o presidente do conselho de papai, você provavelmente vai ser rico independentemente de quais sejam os seus vícios pessoais. Outros proteladores crônicos podem terminar numa carreira – e são poucos – na qual seja muito difícil adiar: carreiras que incluam metas diárias, como vendas ou jornalismo. Com tudo sendo para hoje, a margem para adiamentos é muito estreita.

Finalmente, quando falamos do sucesso financeiro como um todo, os números dos adiamentos voltam a subir. Em sua própria avaliação, apenas 29% dos proteladores se consideram bem-sucedidos, com os demais se descrevendo abaixo da média. As razões para isso são muitas: o lado ruim da procrastinação se estende a dezenas de reentrâncias que afetam a conta bancária.[12] Por exemplo, o governo federal americano ganha pelo menos 500 milhões de dólares extras a cada ano graças ao atraso no pagamento de impostos. Um erro típico dos proteladores é não assinar o formulário no calor da última hora, invalidando-o e deixando-o sujeito a uma multa por atraso.[13] Mas os adiamentos atingem a poupança e o consumo de várias outras maneiras.

Poupar está relacionado com aquilo que Albert Einstein chamava de a oitava maravilha do mundo – os juros compostos. O dinheiro que você poupa não só rende juros, mas esses juros também rendem juros, que é como os seus filhos tendo netos. Esse poder é tão grande que se você poupar 5 mil dólares ao ano, entre os 20 e os 30 anos, você se aposentaria com mais dinheiro do que se começasse a poupar esses mesmos 5 mil dólares *todos* os anos depois dos 30. Por outro lado, pense nos índios americanos que venderam a ilha de Manhattan por 16 dólares em sementes. Se eles tivessem adquirido esse dinheiro e investido, com os juros compostos eles poderiam perfeitamente comprar hoje a ilha inteira de volta, com tudo o que existe nela – dos enfeites de Natal no Rockfeller Center às cadeiras de couro da diretoria da Trump Tower.[14] É muito ruim que os proteladores raramente cumpram sua intenção de guardar algum dinheiro para a aposentadoria, ou mesmo para uma fase ruim. Se fossem personagens de uma das fábulas de Esopo, eles fariam o papel da cigarra e não da formiga. Todos esses juros compostos, todos esses potenciais dividendos do seu investimento, tudo perdido e quase impossível de ser recuperado. Como um artigo de *The Financial Servuces Review* conclui: "Acreditamos que o nível de contribuição necessária para as pessoas que começam a poupar tarde na vida é tão alto que é questionável se isso é viável para qualquer um que não tenha uma alta renda."[15]

Mais ainda, os proteladores tendem a girar o cartão de crédito; quer dizer, eles têm muitas contas a pagar rodando nos extratos mensais. Quando você junta todos os cartões de uma família, essa soma frequentemente ultrapassa os 10 mil dólares.[16] Graças a uma coisa chamada "não pagamento universal" [*universal default*], a maioria dos proteladores provavelmente está pagando a taxa de juros máxima por esses saldos, algo próximo a 29% ao ano, ou 32% se o cartão for da Sears* e até 113%, se você morar no México. O "não pagamento universal" significa que se você atrasa o pagamento de uma conta, como a do telefone ou da energia elétrica, a administradora do cartão pode jogar as taxas para o alto. Cometa um único erro, em qualquer lugar, e eles o pegam (adeus taxa anual de entrada de 0%). Aqui, os juros compostos voltam a erguer sua cabeça, só que dessa vez ela é feia. Como é que as administradoras de cartão de crédito conseguem seus lucros recordes? Nas mãos relapsas dos proteladores.[17] Elas afetuosamente chamam os que giram o cartão de crédito como "o pudim de leite" da indústria.[18]

De todos os estudos científicos que mostram como os adiamentos são perigosos para a sua saúde financeira, há um que eu considero especialmente revelador. Tem a ver com alunos de MBA, por isso eu coloquei o apelido de "Líderes do Amanhã". O estudo demonstra as escolhas derrotistas dos proteladores, examinando os MBAs da Universidade de Chicago, que geralmente se orgulham de serem competidores que vão direto na jugular.[19] Depois de disputar uma série de jogos em que eles podiam ganhar até 300 dólares, os entrevistados receberam uma alternativa de como poderiam receber seu dinheiro. Eles podiam receber um cheque agora ou esperar duas semanas e ganhar uma quantia ainda maior. E aqui está o motivo por que os proteladores tendem a ser mais pobres: embora a maioria exigisse ser paga no ato, eles não

---

* Rede de lojas de departamento americano. (*N. do E.*)

depositaram os cheques, em média, até quatro semanas depois. Colocando de outra maneira: eles demoraram o *dobro* do tempo para ir ao banco do que eles teriam de esperar para receber a recompensa mais alta. Essa mistura brutal de impaciência com protelação é comum: dois terços dos alunos queriam receber o dinheiro na hora.

Se você ainda não se identificou com nada disso, vou acrescentar mais um exemplo, que será *o* exemplo definitivo: seu testamento e disposições de última vontade. Lá nos idos de 1848 Lewis Judson observou que os proteladores não só pedem dinheiro emprestado excessivamente, mas também adiam por muito tempo o planejamento sucessório: "A maioria dos homens adia fazer o testamento até estar em seu leito de morte e, a essa altura, normalmente já estão fracos demais para fazê-los de maneira clara, de modo que os advogados ficam com uma parte da herança maior que os próprios herdeiros."[20] Nos 150 anos seguintes, nada mudou muito: agora mesmo, aposto quase com certeza como o seu testamento está desatualizado, ou sequer foi feito.* Apesar de você estar morto quando as consequências desse adiamento específico se desenrolarem, esse é provavelmente o pior legado que você pode deixar aos seus amigos e à sua família.[21] Morrer intestado – sem deixar um testamento válido – é comum, e isso acontece com cerca de 75% da população. O compositor americano George Gershwin, o pioneiro do rock Richie Valens, o recluso bilionário Howard Hughes, o baterista do grupo The Who, Keith Moon, e o cantor de soul de voz grave, Barry White... todos morreram sem deixar testamento. Abraham Lincoln e Martin Luther King Jr., apesar de se erguerem contra as protelações e receberem inúmeras ameaças de morte, também morreram intestados.** As consequências de morrer sem deixar testamento vão depender do local em que você reside. Todo o seu patrimônio pode ir para o governo, para um irmão que você odeia ou, talvez, para um ex-cônjuge de quem você se separou, mas ainda não se divorciou (e o novo parceiro dele, ou dela). Nada pode ir para a sua alma gêmea, seu melhor amigo ou sua institui-

---

* O meu não, mas só porque eu estou escrevendo este livro. Com mulher e dois filhos, eu terminei meu testamento alguns dias depois de escrever esta frase.

** Abraham Lincoln: "A primeira regra para um advogado, assim como para todos os homens das demais profissões, é a diligência. Não deixe nada para amanhã que você possa fazer hoje." Martin Luther King: "Com que frequência o 'agora, não' se transforma em nunca!"

ção de caridade favorita, e toda a herança da sua família pode ser vendida por uma bagatela. A lei favorece os descendentes sobre os ascendentes, portanto, se você tiver filhos, eles podem receber todo o seu patrimônio de uma vez só na idade extremamente responsável de 18 anos de idade, com campo livre para agir.

Protelações de saúde

Apesar de se tratar de um procedimento médico importante, a ideia de uma colonoscopia faz a maioria das pessoas estremecer. Até uma descrição, como a que eu vou dar agora, geralmente provoca certo desconforto. A primeira etapa de uma colonoscopia é limpar suas entranhas o máximo possível. Tipicamente, isso inclui beber 4 litros de um laxante muito forte, até o momento que o que você defecar se pareça com aquilo que você engoliu. Você talvez precise também fazer uma lavagem, o que exige que você receba mais 3 litros, só que pelo outro lado. Depois dessa limpeza de cabo a rabo, você está pronto para se encontrar com o médico. Você irá até o hospital, vai colocar uma camisola e ser sedado. Você, certamente, não quer ficar tenso na hora que lhe pedirem para se deitar sobre o lado esquerdo e então receber um colonoscópio de cerca de 1 centímetro através do reto. Um pouquinho de ar normalmente é injetado para ajudar a inflar seu intestino e permitir uma boa olhada em volta. Os médicos veem pelo colonoscópio e dentro de você por cerca de meia hora, e as suas nádegas vão ficar meio meladas por algum tempo depois, mas costuma ser só isso.

Você deve começar a fazer essas colonoscopias regularmente depois dos 50 anos, mas um número surpreendente de pessoas adia isso, inclusive os oncologistas. Até mesmo o meu sogro, que administrava um centro de ciências médicas e devia saber dessas coisas, demorou excessivamente a fazer o dele. Pode parecer desagradável, mas o lado negativo de adiar uma colonoscopia é uma possível morte em decorrência de câncer no cólon ou no reto, o segundo tipo mais letal de câncer, atrás apenas do câncer no pulmão. Mas, ao contrário do câncer de pulmão, o câncer no reto pode ser tratado e evitado, se for diagnosticado no seu início. Ele surge em estágios, que vão de 0 a 4, e a chance de sobrevivência cai vertiginosamente a cada uma dessas etapas. A razão número 1 para não se fazer a colonoscopia é o adiamento. Adiar uma colonoscopia quando ela é recomendada por causa de medo, sensação de desconforto ou constrangimento é um problema bem alastrado, mesmo entre as pessoas mais competentes. Katie Couric, enquanto coancorava o programa *Today*, perdeu o marido por esse motivo. Meu pai perdeu sua segunda mulher. Quando ela foi finalmente ao médico, uma colonoscopia não era mais necessária porque já se podia sentir o câncer pela parede do estômago. Depois de ver sua vibração desaparecer lentamente sob os cuidados de meu pai em seu último ano de vida, posso dizer tranquilamente que mais grave e mais trágico do que isso as coisas não podem ser. No entanto, o caso da colonoscopia não é incomum na medicina. Para muitas doenças, infecções, inchaços e mal-estares em geral, um diagnóstico precoce e o tratamento correspondente são sempre mais recomendados, e, no entanto, as pessoas adiam isso com frequência. Depois de toda essa introdução, tenho certeza de que você não vai se surpreender com o fato de os proteladores estarem entre as pessoas menos saudáveis.

Para colocar sal na ferida, não só os proteladores têm menos chance de seguir os tratamentos, mas eles têm maior probabilidade de se dedicar aos tipos de comportamento que criam, em primeiro lugar, as necessidades de tratamento. Os enroladores põem sua saúde em risco porque sua natureza impulsiva os faz ser suscetíveis aos vícios, atraindo-os para os prazeres de curto prazo, mesmo cientes das dores de longo prazo. Por outro lado, eles são menos predispostos às virtudes, ou seja, dores de curto prazo com recompensas de longo prazo. Por exemplo, você usa fio dental? Apesar de saber que deve e até planejar fazer isso, se você for um protelador, provavelmente não usa.[22] Para me informar das consequências desse esquecimento, perguntei ao meu dentista qual o pior caso que ele já viu. Ele se lembrou de um paciente que tinha mais tártaro do que dente, e o tártaro era tão grosso que formava uma parede sólida, obscurecendo os dentes. Ele se ofereceu para me mostrar uma foto, mas eu sabiamente recusei. Mostrarei outros maus comportamentos que afetam a saúde dos proteladores.

Se você for um grande protelador, provavelmente tem alguns cigarros aí com você. Pelo menos, são feitos com tabaco e não com *cannabis* (mas provavelmente você também já deve ter fumado uns assim, em algum momento da vida). E o que combina melhor com cigarro do que uma bebida, especialmente aquelas que têm um pouquinho de álcool? É melhor não beber muito – você não vai querer desmaiar enquanto fuma, porque não verificou seu detector de fumaça ou já não muda as pilhas dele há muito tempo. E não foi exatamente uma salada o que você comeu no jantar, não com todas aquelas calorias. Bem, se você foi comer num *drive-through*, o que poderia esperar? Isso nos leva ao seu carro. Já reparou como a maioria das pessoas fica com medo quando você está ao volante? Não fique bravo comigo, embora você tenha uma tendência a se zangar com muita frequência. Estou errado?[23]

Resumindo: fumar, beber álcool em excesso, usar drogas, ser descuidado, comer demais, dirigir perigosamente e entrar em brigas, para não falar de sexo promíscuo, são atividades que os proteladores tendem a fazer um pouco mais do que a média. Todas elas derivam da impulsividade dos proteladores, fazendo com que uma recompensa seja a única coisa que eles não adiam. Se nesse momento pelo menos metade desses vícios fizer parte da sua vida, você não é exatamente um exemplo de um estilo de vida saudável. Há uma grande probabilidade de que as suas escolhas um dia vão cobrar seu preço.

Protelações religiosas

Apesar de ter nascido no século IV, Santo Agostinho ainda desperta suficiente interesse hoje em dia, a ponto de um músico – mais especificamente, o Sting – ter composto recentemente uma música sobre ele. Antes de sua conversão, Santo Agostinho foi seguidor daquela que, na época, era a religião mais popular do mundo, o maniqueísmo, e ele conhecia os prazeres da carne muito melhor do que se esperaria de um santo. Embora o maniqueísmo fosse contrário ao sexo para a procriação – o que parcialmente explica porque a religião desapareceu –, a religião considerava o sexo recreativo mais perdoável, uma opção à qual Santo Agostinho e suas múltiplas amantes se dedicavam com grande entusiasmo.[24] Esse estilo libidinoso de vida explica muito bem por que Santo Agostinho se tornou o santo patrono da cerveja, ou, pelo menos, dos cervejeiros; ela se tornou a tentação de sua vida. Depois de se converter ao cristianismo, em 386 d.C., ele teve grande dificuldade em recusar o abraço de uma mulher, sendo que sua frase mais famosa foi: "Por favor, Senhor, torne-me casto, mas hoje não!" Ele tentou adiar o celibato sentindo-se totalmente derrotado durante esse adiamento.* E então, um dia, em seu jardim em Milão, ele ouviu Deus ordenando, através da voz de uma criança, para ele "começar a ler". Ele agarrou a Bíblia, que abriu nessa página exata da Epístola de São Paulo aos Romanos: "[...] não em orgias e em bebedeiras, não na promiscuidade ou na libertinagem, não na rivalidade ou no ciúme. Mas acredite em Nosso Senhor Jesus Cristo e não dê espaço para os desejos da carne." Com uma mensagem tão direta como essa, ele dobrou seus esforços na direção de uma vida mais santa.

Os tormentos de Santo Agostinho são bem comuns.** As grandes religiões do mundo são muito severas com relação às procrastinações, vendo-as universalmente como um desvio do caminho da salvação e da iluminação.[25] Sua desaprovação faz sentido, porque adiar as ações positivas com o objetivo de pecar vai lhe deixar espiritualmente em risco. Aqui vão alguns exemplos de como isso acontece.

O hinduísmo, para começar, se define pelo *Mahabharata*, especialmente por uma parte chamada *Baghavad Gita*, um texto religioso pregado pelo deus Krishna.[26] Nele, Krishna diz: "Indisciplinado, vulgar, teimoso, perturbado, malicioso, preguiçoso, deprimido e protelador; um sujeito assim é chamado de *taamasika*", indigno de renascer. No islamismo, o adiamento das boas ações é a principal referência da palavra árabe para postergação, *taswif*.[27] De modo semelhante, *Os pilares do Islã*, o livro que dá a fundação da lei islâmica, tem muito a falar sobre os adiamentos, e nada de positivo.[28] O mesmo acontece com o budismo, embora esta geralmente seja considerada uma das religiões menos exigentes do mundo e mais voltadas a um bem-estar comedido.

---

* Em suas próprias palavras: "E quando Vós me mostrastes por todos os lados que Vós éreis verdade, eu, embora convicto dessa realidade, só repetia minhas palavras bobas e tontas: 'Só um instante, só um minuto, me deixe ficar mais um pouquinho.' Mas 'só um instante' nunca era agora mesmo e 'mais um pouquinho' se prolongava por muito tempo..."

** Como exemplo adicional, veja o caso de São Gabriel Possenti, que regularmente jurava, sempre que ficava gravemente doente, que iria entrar para uma ordem religiosa, só para ver sua resolução desaparecer quando se curava. Foi preciso adoecer várias vezes até que ele honrasse a palavra, e logo em seguida ele contraiu tuberculose; tendo morrido alguns anos depois.

Desde o cânone páli, as primeiras escrituras budistas datadas de cerca do século I a.C., até hoje, a mensagem sempre foi clara e consistente.[29] Como o lama nascido nos Estados Unidos, Surya Das, afirma: "Nós temos de parar de adiar, fingindo ter todo o tempo do mundo para fazer o que nós temos de fazer e ser o que queremos ser."[30] Mas a religião em que os adiamentos parecem ser o maior problema, a julgar pelo número de vezes que eles são citados, é o cristianismo. Inúmeros sermões pregam contra os adiamentos, principalmente porque essa fé enfatiza o arrependimento. As pessoas podem levar uma vida egoísta e cheia de pecados, mas podem pedir perdão no leito de morte e ainda assim se verem redimidas, guardando tudo para o final, por assim dizer.*

Os adiamentos são um tema universal em todas essas religiões porque nós não podemos prever quando vamos morrer; por isso, a melhor hora para se arrepender e agir moralmente, para se comprometer a fazer o bem é agora. Uma parábola do *Mahabharata*, a narrativa épica do hinduísmo, ilustra bem esse raciocínio. O herói, Yudhisthira, promete doar algum dinheiro a um mendigo *amanhã*. Seu irmão mais novo, Bhima, ouve isso e sai correndo para tocar os sinos da vitória no tribunal. "Por que você tocou os sinos?", perguntou Yudhisthira. A que Bhima replicou: "Para fazer uma promessa como essa, você tem de ter vencido a vida. Senão, quem vai saber o que o amanhã vai trazer?" Da mesma forma, Sayyiduna Ali Murtadha, o quarto califa do islã, escreveu: "Todo mundo que está à beira da morte pede mais tempo, enquanto todo mundo que ainda tem tempo arranja uma desculpa para adiar as coisas." Se o nosso relógio parar de repente, nossas almas podem ficar amaldiçoadas se adiarmos as boas ações, as práticas meditativas e os pedidos de perdão.

---

* Como no clássico *Procrastination, or the Sin and Folly of Depending on Future Time* [Adiamentos, ou o pecado e a extravagância de se confiar no tempo futuro], de Johnathan Edwards, no século XVIII. Da mesma forma, tem-se a frase "Os adiamentos são os sequestradores da alma e os agentes de recrutamento do inferno", do reverendo Edward Irving; e "Os adiamentos tomaram conta do inferno. Todos os malditos e amaldiçoados das terras cristãs são vítimas desse truque pernicioso e destrutivo do mal. Adiar é uma imbecilidade", do reverendo Aughey.

A guerra santa universal, portanto, não é contra as forças das trevas, mas contra as forças da natureza, da nossa própria natureza humana. As religiões combatem os adiamentos entre seus seguidores e convertidos porque, quaisquer que sejam as terras ou recompensas prometidas que elas tenham a oferecer, provavelmente, vão ser dadas num futuro *distante*. E, inevitavelmente, a salvação eterna está sendo fortemente descontada em relação a um mundo de pecados que proporciona prazer imediatamente. O mundo pode ser espiritualmente dividido quanto à maneira que nós vemos Deus ou o Bem, mas, em matéria de danação, os adiamentos não deixam dúvida de que todas as religiões têm muito em comum.

A busca da felicidade

Se os proteladores tendem a ser mais pobres e menos saudáveis que os fazedores que existem entre nós, é provável que eles também venham a ser mais infelizes. E são. Isso se deve, em parte, ao estresse causado pelos adiamentos, que frequentemente geram um sentimento de culpa. Não é incomum que os proteladores sofram mais por adiar um trabalho do que sofreriam se estivessem efetivamente trabalhando. Consequentemente, quando eles finalmente encaram a tarefa que eles tinham de fazer, ficam muitas vezes aliviados e confessam que "isso não é tão ruim quanto eu pensei". Rita Emmett, em seu *Procrastinator's Handbook* [Manual do protelador], afirma que isso é uma lei, que ela codifica com o seu próprio nome, a Lei de Emmett: "O horror de realizar uma tarefa consome mais tempo e energia do que a própria tarefa."

Os grupos de discussão de adiamentos na internet geralmente se tornam um confessionário dos tormentos causados pela demora. Aqui vai meia dúzia de exemplos tirados de dois foruns on-line, o *Procrastinators Anonymous* [Adiadores anônimos] e o *Procrastination Support* [Apoio ao adiamento]:

- Eu sou muito bem-sucedido de várias maneiras e consigo fazer muitas coisas na minha vida. Mas todo o processo é um horror – eu adio, me sinto terrivelmente culpado, fico deprimido, faço maratonas de trabalho, prometo que vou mudar e então volto a adiar. Eu agora estou num momento da minha vida profissional em que adiei tantas coisas, por tanto tempo, que o trabalho realmente se transformou numa pilha, e eu estou com medo e sem saber como me livrar desse buraco em que entrei.

- O semestre começou há duas semanas e até agora tudo correu bem. Eu estava cumprindo todas as minhas tarefas antes da hora e fiquei com tanto tempo livre que voltei ao meu velho eu. Já estou temendo pelo pior e ainda faltam dois meses até as provas do meio do semestre. Sei que não sou um estudante tão ruim quanto o que aparece no meu boletim, mas, aparentemente, não consigo colocar a minha agenda de trabalhos em ordem.

- Sempre que eu contava às pessoas que era um protelador tenebroso, elas costumavam rir e dizer que elas também eram. Mas com elas parecia estar tudo bem; a vida delas não estava a um passo da destruição por causa dos adiamentos, como a minha estava. Será que algum de vocês pode me ajudar?

- Eu só quero realmente FAZER O QUE EU TENHO DE FAZER NA HORA QUE EU TENHO DE FAZER! Saber se é isso o que eu quero intrinsecamente ou não, como PESSOAS NORMAIS fazem. Me dói muito saber que eu simplesmente não consigo fazer isso.

- E eu tenho tanta vergonha até de ter de recorrer a um site como esse. Que tipo de pessoa sou eu, com tão pouco autocontrole? Eu lutei, lutei e lutei por vários anos... E parece que é uma batalha de morte.

- Esse hábito não tem nada de engraçado, mas eu sempre fingi que tinha graça. Para falar a verdade, é até meio trágico. Eu demoro meses a responder aos e-mails, e isso tem um custo pessoal, social e financeiro. [...] A única coisa que eu realmente sempre termino é a sobremesa.

Infelizmente para esses proteladores, a culpa e o mau desempenho não vão ser tudo. Na hora das recompensas, os proteladores dão valor ao que é *imediato*. Como Veruca Salt, a garota mimada e rica de *A Fantástica Fábrica de Chocolate*, eles não querem saber como, eles querem é agora. A recompensa imediata geralmente vem em troca de recompensas maiores e mais distantes, e, com isso, adiar é como passar uma conta no seu cartão de crédito emocional. Você não tem de pagar agora, mas quando ela finalmente chegar, a cobrança vai vir com juros compostos. Nós desperdiçamos os dias com os pequenos prazeres da televisão ou dos jogos de computador, ou navegando na internet e preenchendo Sudokus, e não temos nada para mostrar no fim das contas. Essa é a receita para o arrependimento.

No curto prazo, nos arrependemos do que fizemos, mas, no longo prazo, nós nos arrependemos do que não fizemos. Não ter feito, não ter tentado, ter adiado – essa é parte da condição humana, e, portanto, todos nós sofremos com isso, até certo ponto. É quase certo que você tenha ou vá ter seus arrependimentos em pelo menos uma daquelas três áreas da vida: sucesso, auto-desenvolvimento e intimidade.[31] Olhando para trás na vida, é comum acharmos que devíamos ter buscado aquele diploma, ou que deveríamos ter tido a coragem e arriscado uma rejeição ao convidar alguém para sair, ou ter dado aquele telefonema para a mãe. Somos assombrados pelos fantasmas de nossos próprios *eus* perdidos – o que poderíamos ter sido: poderíamos, deveríamos, mas não fomos.[32]

Eu não sou exceção à lei que diz que adiamento gera arrependimento. Meu irmão Toby sofria de sarcoidose, a mesma doença degenerativa que tirou a vida do comediante Bernie Mac. Quando a minha família teve de tomar a decisão de desligar o respirador de Toby e esperar a seu lado até ele dar seu último suspiro, fiquei arrasado de saber o quanto fui um imbecil com o meu próprio tempo. Me arrependi de ter adiado viagens para ver suas peças. Me arrependi de não ter chegado mais cedo para visitá-lo no hospital. Me arrependi das menores coisas, como não ter reservado tempo para ver um filme ruim na TV com ele, comendo comida de lanchonete. Ele era a pessoa mais inteligente e engraçada que conheci, e eu simplesmente achava que isso era perfeitamente natural. E como a vida é uma questão de sincronia, pouco depois do enterro do meu irmão eu encontrei um poema no jornal escrito por Mary Jean Iron. Eu o recortei para me lembrar da minha falta de cuidado. Ele continua lá, na gaveta da minha escrivaninha, esperando esse momento:

Dia comum, deixe-me perceber o tesouro que você é.
Deixe-me aprender com você, amar você, abençoá-lo antes de você partir.
Não me deixe passar por você correndo atrás de um amanhã brilhante e perfeito.

Deixe-me segurar em você enquanto posso, porque talvez um dia não possa
mais.
Um dia eu posso enterrar os dedos na terra ou o rosto no travesseiro,
Ou me esticar toda, ou erguer as mãos para o céu
E desejar, mais do que o mundo inteiro, que você volte.

Deixe este livro de lado e vá em frente. Não hesite: ligue para sua mãe, comece a escrever aquele artigo, convide aquela pessoa especial para sair, aquela em quem você está de olho. Agora é o momento que você sempre esperou.

Olhando para a frente

Será que você realmente colocou este livro de lado? Acho que não, mas não se preocupe. Eu sei que as coisas não são tão simples assim. Sempre vai haver interrupções – você vai encontrá-las quando chegar ao Capítulo 7. Neste momento, quero que você continue se concentrando no preço dos adiamentos. No próximo capítulo vamos analisar os custos econômicos dos adiamentos para a sociedade. Quando calcularmos essa quantia, ela provavelmente vai ser maior do que o número mais estratosférico que você puder imaginar.

6

O custo econômico dos adiamentos: como as empresas e os países perdem

Paixões momentâneas e interesses imediatos têm um controle mais ativo e imperial sobre a conduta humana do que considerações mais gerais ou remotas sobre política, utilidade ou justiça.

– ALEXANDER HAMILTON

Ao se estudar adiamentos, nenhum país fornece exemplos melhores do que os Estados Unidos. Quase dois terços de toda a pesquisa sobre adiamentos são feitos com cidadãos americanos, e isso não é surpresa alguma, devido ao que isso custa para eles. A maneira de se calcular esta questão está aqui: primeiramente, quantos trabalhadores existem no país? Para os EUA, são mais de 130 milhões, mas vamos arredondar para baixo, para facilitar o cálculo. Segundo, qual é o salário anual médio desses trabalhadores? As estimativas podem chegar a mais de 50 mil dólares, mas sejamos conservadores e adotemos uma quantia mais baixa, de 40 mil dólares. Finalmente, quantas horas as pessoas trabalham por ano? A Organização para Cooperação e Desenvolvimento Econômico (OCDE) fornece esse número: os americanos trabalham 1.703 horas, ou pouco mais de 212 dias com oito horas de trabalho, a cada ano.[1] Finalmente, temos de determinar quantas horas por dia as pessoas adiam as coisas. Duas empresas, a America Online e a Salary.Com, se uniram para pesquisar os hábitos de trabalho de mais de 10 mil pessoas. O resultado foi mais de duas horas de adiamentos a cada jornada de oito horas, sem contar os intervalos para o almoço e para o lanche. Outra vez, vamos arredondar para baixo, para facilitar o cálculo, e ficar com duas horas justas.[2]

Tenha em mente, enquanto calcularmos o número final, que eu usei estimativas conservadoras a cada passo do caminho. Nós temos 130 milhões de pessoas que perdem cerca de duas horas numa jornada de trabalho de oito horas adiando as coisas, ou 414 horas por ano. Cada hora vale pelo menos 23,49 dólares (ou seja, 40 mil dólares divididos por 1.703), mas se seus patrões estiverem tendo lucro, então elas valem ainda mais. Portanto, no mínimo, os adiamentos custam às organizações cerca de 9.724 dólares por funcionário a cada ano (23,49 dólares x 414).[3] Multiplique isso pelo número total de empregados nos Estados Unidos e a quantia será de 1.264.120.000.000 dólares. Em outras palavras, uma estimativa conservadora do custo dos adiamentos num único país, num único ano, é de mais de 1 trilhão de dólares. Isso pode parecer inacreditavelmente grande, mas não se você for um economista. Gary Becker, que ganhou o Prêmio Nobel de Economia, conclui que, "de fato, numa economia moderna, o capital humano [o trabalho que as pessoas fazem] é, de longe, a forma mais importante de capital para se gerar riqueza e crescimento".[4] Com um quarto do dia de trabalho de cada pessoa desperdiçado em ociosidade, os adiamentos podem sair bem caros.

Mesmo assim, se esse número de 1 trilhão de dólares espanta você, tudo bem. Revise qualquer parte desse cálculo para baixo, para aquilo que você *"acha"* razoável. Corte o número de horas de adiamento pela metade, pague um salário mínimo a todo mundo, mas qualquer valor que for multiplicado por 130 milhões vai continuar resultando numa quantia considerável. Pessoalmente, eu acho que os custos do adiamento são bem maiores do que 1 trilhão de dólares. Os adiamentos durante um dia de trabalho são apenas uma parte da questão.[5] Nossa capacidade de juntar dinheiro ou tomar decisões políticas adequadas também é afetada pelos adiamentos, e os custos, nesses casos, também devem ser superiores a 1 trilhão de dólares. E aqui vai como isso acontece.

Tempo é dinheiro

Quanto mais nós adiamos no trabalho, mais isso nos custa. Infelizmente, não são apenas trabalhadores de primeira viagem que adiam as coisas, mas seus gerentes e os CEOs das empresas também. Veja o caso da Young Presidents

Organization, um clube de líderes corporativos com menos de 45 anos que administram empresas com mais de 10 milhões de dólares de faturamento. Numa pesquisa realizada com 950 de seus membros, a questão mais problemática apontada foi "encarar uma tarefa que era, por vários motivos, pessoalmente desagradável".[6] Como o meu próprio programa de pesquisa mostra, equipes numa empresa, grupos de trabalho e forças-tarefas sempre deixam para depois.[7] Os gráficos a seguir ilustram o progresso médio de grupos de trabalho numa empresa durante o curso de seus projetos (a linha preta), comparado a um hipotético ritmo regular de trabalho (a linha pontilhada). Tanto em conteúdo quanto na forma, ela se assemelha ao gráfico do Capítulo 2, que mostrava como os alunos adiam suas tarefas. Como se pode ver, tanto os alunos como os grupos nas empresas repetem o mesmo tipo de curva, na qual as pessoas começam devagar e depois vão aumentando o ritmo.*

Como foi que os adiamentos se enfiaram em cada centímetro do mundo dos negócios? Na maioria das vezes, por meio do mesmo mecanismo que afasta os alunos de seus estudos – a internet. Apelidado de *e-breaking* [pausa eletrônica] ou *cyberslacking* [vadiagem cibernética], navegar na internet é a atividade mais preocupante, na qual os funcionários costumam desperdiçar seu tempo.[8] Cerca de uma em cada quatro pessoas admite jogar on-line na hora do trabalho. A propósito, os sites de games mostram um forte declínio no seu tráfego exatamente às 17 horas, quando termina a jornada de trabalho da maioria das pessoas.[9] Da mesma maneira, *video snacking* ["lanchar" vídeos], em que as pessoas navegam procurando e trocando videoclipes de todos os tipos, também é uma enorme distração. Embora os vídeos sejam mais assistidos na hora do almoço, eles são bastante procurados o tempo todo e espera-se que, em breve, sejam responsáveis por metade de todo o tráfego da internet.[10] Como resumiu Miguel Monteverde, diretor-executivo da AOL Vídeo, "se formos nos basear na quantidade de tráfego que eu vejo, a produtividade do nosso país está em risco".[11] O interessante é que essa tendência se estende também aos sites pornográficos, que recebem 70% de seu tráfego da turminha das 9 horas às 17 horas.[12] Finalmente, é claro, existem as redes so-

---

* Os adiamentos feitos por grupos são comuns o suficiente para receberem um nome oficial. Muitos acadêmicos de administração chamam isso de *equilíbrio pontuado*.

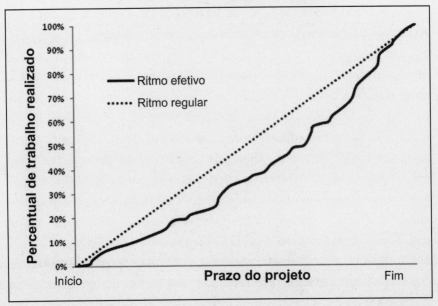

ciais. A empresa Talkswitch fornece um exemplo perfeito; ela percebeu que estava diante de um problema quando descobriu que 65 de seus empregados estavam usando o Facebook... ao mesmo tempo.[13]

Para lidar com essa tsunami de adiamentos a maioria das empresas veta o uso indevido da internet, mas isso é muito difícil de se executar. Os funcionários recolocam suas telas de computador de maneira que elas não possam ser observadas facilmente da porta, o que lhes dá tempo de apertar a "Tecla do Chefe", que rapidamente abre um aplicativo legítimo. Também há vários outros aplicativos que mascaram as atividades ilícitas, como um que permite a navegação pela internet dentro de uma janela do Microsoft Word, dificultando que hábitos relapsos sejam percebidos. É especialmente digno de nota o site "Can't You See I'm Busy?" [Não está vendo que estou ocupado?], que torna mais difícil a detecção de jogos escondidos dentro de gráficos e tabelas. Em resposta a isso, dois terços das empresas fazem um *firewall* de seus servidores, monitorando o acesso dos funcionários à internet em diversos graus. A WebSense, que ironicamente fabrica softwares que filtram a internet, monitora automaticamente o uso que os funcionários fazem da web e corta o acesso deles quando alcançam duas horas de navegação pessoal. Outras empresas impõem restrições amplas e definitivas sobre jogos, pornografia, compartilhamento de vídeos e sites de relacionamento como esses.[14]

Vetar o uso de jogos e da internet não elimina os adiamentos de todas as formas e tamanhos, porque esse hábito continua podendo se manifestar de várias maneiras. O jogo conhecido como paciência já vem inserido na maioria das plataformas do Windows, fazendo com que esse seja o jogo de computador mais utilizado de todos os tempos, uma atividade que até o ex-presidente George W. Bush apreciava.[15] Teclas de memória frequentemente têm jogos embutidos em seus chips, assim como os assistentes pessoais digitais (APDs), que fornecem acesso ilimitado à internet. Você também pode ser conservados e evitar totalmente o computador. O início habitual de um dia de trabalho inclui a distração das notícias. Quando eu visito minha irmã, nós lutamos para ver quem vai ser o primeiro a tomar para si o Sudoku no jornal da manhã. Na Casa Branca, Bill Clinton completava as palavras cruzadas do *New York Times* diariamente.

Os jogos não são os únicos combustíveis dos adiamentos. Como bem disse Robert Benchley: "qualquer um pode fazer qualquer trabalho, desde que não seja aquele que ele deveria estar fazendo naquele momento." Nós adiamos tarefas importantes ao fazer aquelas que não são importantes. Para muitos de nós isso pode ser considerado o sinônimo de e-mail, que atualmente absorve cerca de 40% da vida profissional das pessoas.[16] Com cada "plim" avisando que chegou e-mail, os trabalhadores imediatamente direcionam sua atenção para ler a última novidade num mar infinito de mensagens eletrônicas. Só uma pequena parte de toda essa maçaroca de e-mails é útil; o resto é lixo. Embora parte desse monte de lixo eletrônico seja composta de spam – e-mails de massa, mandados sem a permissão do receptor –, nossa maior ameaça é o inimigo nas próprias fileiras. Chamado de *spam amigo*, muito do lixo que recebemos é criado por amigos e colegas de trabalho que, sem o menor cuidado, nos mandam e-mails aos montes sobre qualquer evento social, vírus falso, lendas urbanas, fofoca da mídia ou sobre a mudança de uma antiga política da empresa. Já que esses e-mails têm o potencial de serem úteis, é preciso lê-los antes de concluir que não são. E ainda há os efeitos periféricos dos e-mails. Num estudo feito com os funcionários da Microsoft, as pessoas levavam em média 15 minutos para se reconcentrar em suas tarefas centrais depois de responder a um e-mail que interrompeu o seu trabalho.[17] Junte-se a isso a descoberta de que empregados que trabalham com informação checam seus e-mails mais de 50 vezes por dia, além das 77 vezes que eles mandam um e-mail, e, teoricamente, assim nunca ninguém poderia estar fazendo trabalho algum.[18] De maneira mais realista, a empresa de pesquisa Basex avalia o tempo de interrupção e recuperação da atenção em torno de 25% do dia de trabalho (cerca de duas horas),[19] que é consistente com os estudos sobre pessoas com múltiplas tarefas, concluindo que desviar a atenção de uma coisa para outra prejudica imensamente sua performance no trabalho.[20] Em resumo, apesar de toda a aparência de atividade que checar o e-mail confere, não há muita luz para tanto calor.

Poupando para o futuro quando já é tarde demais

Os adiamentos não diminuem só o nosso patrimônio ao reduzir as nossas horas produtivas. Ele também reduz os benefícios que nós obtemos da produtividade em si. Nosso patrimônio é determinado não só pela riqueza que obtemos, mas também pela quantidade de dinheiro que poupamos. Poupar é um caminho testado e consagrado para a riqueza, já que todo o dólar que você separa ajuda a colher o milagre dos juros compostos. Além disso, como os dólares que você poupa são investidos, poupar pode ajudar a nação como um todo, promovendo o desenvolvimento econômico. Quando implementada, uma política de poupança pode ser extremamente bem-sucedida. Desde 2004 um habitante comum de Cingapura, por exemplo, tem sido mais rico que um americano médio, em boa parte porque lá eles poupam mais.[21] Infelizmente, quando os adiamentos tomam conta de uma sociedade, poupar passa a ser uma exceção e pedir um empréstimo, a regra – uma tendência que pode facilmente levar à ruína financeira. Basta levar em conta a sua poupança para a aposentadoria.

Além dos seus planos de ganhar na loteria, a aposentadoria se baseia num banquinho de três pernas. A primeira é o governo, que, graças ao mau hábito de gastar mais do que arrecada, nem sempre terá a possibilidade de entregar aquilo que promete. Nos Estados Unidos, no ano 2040, por exemplo, as pessoas podem esperar receber apenas dois terços dos benefícios de Seguridade Social previstos e, no rastro da crise financeira global de 2008, esse percentual provavelmente vai ser ainda menor.[22] A segunda perna é representada pelas empresas, que podem separar o dinheiro para você como forma de compensação, tipicamente na forma de um Plano de Contribuição Definida.* Num plano assim, você decide com quanto do seu contracheque vai querer contribuir (muito ou pouco) e a maioria das alocações é feita pela empresa. A terceira perna é você, sua decisão pessoal de iniciar e abrir contas de aposentadoria independentes. Essa é a opção mais confiável – a não ser pelo fato óbvio de ela depender sempre de você.

Ao nos tornarmos uma sociedade de proteladores, fizemos com que o banquinho da aposentadoria ficasse cada vez mais manco, com a maioria das pessoas guardando cada vez menos.[23] As pessoas não estão nem começando a planejar as suas economias de aposentadoria ou contribuindo para os planos das empresas, apesar do fato de que essa alocação corresponda a conseguir um dinheiro de graça. Quando elas param de trabalhar, seu colchão financeiro se apoia no resquício de um banquinho que se origina na poupança forçada do governo. E, novamente, os adiamentos revelam ser particularmente tocantes nos Estados Unidos. Em 2005, depois de décadas de declínio das taxas originais de dois dígitos, a poupança das famílias americanas entrou finalmente no vermelho. Colocando de outra maneira: em vez de poupar o dinheiro de hoje para o futuro, as pessoas estavam contraindo mais dívidas ao gastar hoje o dinheiro do amanhã – em média, cerca de 0,5% mais do que ganhavam. Para fazer isso elas não só deram suas casas como garantia, na forma de hipotecas, mas uma em cada cinco deu como garantia fundos que já havia separado para a aposentadoria, dando vários passos para trás.[24] O pior de tudo é que alguns desses empréstimos foram obtidos por meio de "contas de mentiroso", que no início parecem viáveis, mas com o tempo acabam gerando a ruína financeira. Hipotecas a taxas de juros variáveis instigam os donos das casas a comprar muito mais do que podem pagar, enquanto os

---

* Esses Planos de Contribuição Definida geralmente são apoiados pelo governo e têm vários nomes, dependendo do país em que você mora. Por exemplo, os americanos têm seus planos 401(k), enquanto os canadenses têm os RRSPs. A Inglaterra tem Provisões para Pensão, enquanto a França tem os Planos de Aposentadoria Especial.

"adiantamentos de salários" dão aos desesperados um oxigênio temporário, mas os deixam em situação muito pior. Eles acabam pagando cada empréstimo muitas vezes; as taxas de juros de "descontos de cheques" frequentemente passam de 500% ao ano.[25] Esses são produtos financeiros para os quais os proteladores são uma presa fácil, produtos com benefícios de curto prazo, mas com custos de longo prazo cada vez maiores.

Os especialistas compartilham um consenso de que essa situação não é a ideal. Pelo menos alguma coisa deveria ser posta de lado para a aposentadoria; em circunstâncias ideais, você deveria poupar de 10% a 20% do seu salário, ou mais, se já tiver passado dos 40 anos.[26] Mesmo antes da crise financeira global de 2008, que sozinha diminuiu as contas dos fundos de pensão em pelo menos 20%, um número cada vez maior de americanos acreditava que não poupava o suficiente para a sua velhice.[27] E eles estão certos. Quando a aposentadoria chegar, mais de 80% dos americanos vão descobrir que não guardaram o suficiente para as suas necessidades, vai ser tarde demais para se fazer qualquer coisa.[28]

O adiamento da aposentadoria transforma o que deveriam ser os anos de ouro numa pobreza cinzenta e implacável. Significa viver numa pista escorregadia, ou com os filhos, se você os teve e se eles quiserem ficar com você. Para impedir que isso aconteça, os governos fazem uso de alguns truques. Incentivos fiscais para quem contribui com planos de poupança registrados são um bom começo, mas, para aproveitá-los ao máximo, esses incentivos precisam ser acompanhados de um prazo fatal: é a isso que os proteladores respondem. Determinar que as contribuições para a aposentadoria precisam ser separadas na hora de entregar a declaração de renda é uma estratégia muito eficiente, já que ela reparte a poupança para uma aposentadoria a longo prazo numa série de metas anuais.[29] No entanto, por si só ela não demonstrou ser suficiente e os governos do mundo inteiro estão usando outra técnica: a inscrição automática.[30] Adotando a mesma tática de marketing de optar por sair dos clubes de livro pelo correio, os empregadores agora podem *inscrever automaticamente* seus funcionários em planos de pensão com padronizadas opções de investimento. Os funcionários são livres para se retirar ou ajustar sua estratégia de investimento a qualquer momento, mas os proteladores, tipicamente, adiam essa decisão. O resultado é um grande aumento das inscrições.[31] Outro belo truque vem do plano Save More Tomorrow, que é marca registrada, criado pelos economistas do comportamento Richard Thaler e Schlomo Benartzi.[32] Em vez de uma inscrição automática, eles adotam a estratégia que explora a tendência dos proteladores de descontar o futuro: os funcionários podem escolher "agora" poupar "depois".* Quer dizer, eles têm de decidir este ano se vão começar a poupar no ano que vem e, assim como nos planos de inscrição automática, depois de terem preenchido toda a papelada pela qual se comprometem a poupar, eles vão adiar o preenchimento de mais papéis para reverter essa decisão.

Adiamentos políticos

Governos, assim como pessoas, têm o mau hábito de gastar mais do que ganham. Enquanto eu escrevo este livro, as dívidas dos governos centrais mundo afora chegam a alturas estratosféricas, frequentemente superando metade da riqueza que seus respectivos países geram anualmente. Quando você estiver lendo este livro, as coisas vão estar pior. Os Estados Unidos, por exemplo, provavelmente já vão ter batido a marca de 100%, o ponto em que o país deve tudo o que produz em um ano (ou seja, o PIB inteiro). Colocando isso em dólares, trata-se de 16 trilhões de dólares, uma quantia de cair o queixo. Como foi que nós nos afundamos tanto em dívidas? Os governos possuem a mesma defasagem entre intenção e ação característica dos proteladores. Eles têm a intenção de cortar gastos, mas mudam de ideia na hora de passar para a ação. Os Estados Unidos, frequentemente, tentaram frear seus próprios gastos por meio de um limite para o endividamento – o que, basicamente, significa devolver o cartão de crédito do governo.[33] Infelizmente, isso se assemelha a um alcoólatra trancando a porta do armário de bebidas, mas deixando a chave na fechadura. Os políticos simplesmente derrubam a antiga decisão so-

---

* Além disso, a quantia separada não se baseia nos salários que eles ganham atualmente, mas sai apenas do dinheiro extra que eles esperam receber em futuros aumentos de salário. Este é um belo estratagema, baseado na "ilusão do salário". Estes normalmente só aumentam no mesmo nível que a inflação, de modo que você não fica realmente mais rico. Mesmo assim, um aumento geralmente se parece com um "dinheiro extra", em vez de tirar da soma exata que você está ganhando agora.

bre o endividamento e estabelecem um limite mais alto, um processo que já se repetiu *centenas* de vezes.

Os governos se concentram eternamente em consertos e soluções rápidas que resolvam as questões mais urgentes; a urgência tira o lugar do que é importante. Esse não é um insight novo. Os fundadores dos Estados Unidos compreendiam isso já naquela época. Eu abri este capítulo com uma citação de Alexander Hamilton, o "Pai da Constituição", cujo retrato aparece em todas as notas de 10 dólares. Da mesma forma, James Madison, o "Pai da Carta de Direitos", escreveu: "Os adiamentos no início e as precipitações perto do final são características desses órgãos [legislativos]." E, em relação à ameaça específica do endividamento, aqui vai uma citação reveladora de George Washington:. "Aliás, qualquer coisa que não esteja pronta em nosso sistema de crédito público não vai se beneficiar se nós adiarmos; e, tanto quanto possa ser posto em prática, temos de colocar esse crédito em termos que não possam ser mexidos, e assim evitar o acúmulo progressivo de dívidas que, no fim, coloca todos os governos em risco."

Os fundadores dos Estados Unidos tinham razão; basta olhar o gráfico a seguir, que é semelhante aos outros dois que você já viu, sobre os adiamentos dos estudantes e as atitudes relapsas das equipes no espaço de trabalho. Esse aqui mostra a média de tempo que demora para o Congresso americano aprovar leis, entre 1947 e o ano 2000.[34] Em todas as 50 sessões legislativas, o Congresso aprovou o grosso das leis no final da sessão.

Algumas leis atrasaram por causa de obstruções (manobras para estender o debate sobre uma lei, para evitar que ela seja votada), mas parte da demora se deveu ao hábito do adiamento. Além disso, pode-se determinar que grupos são os piores proteladores comparando a área que fica entre as duas linhas: isto é, entre o ritmo regular (a linha pontilhada) e o ritmo efetivo do trabalho (a linha preta). Quanto maiores os adiamentos, maior a área entre linhas. E o Congresso bate consistentemente até mesmo a média dos universitários na hora de adiar as coisas.

O resultado de toda essa procrastinação é mais do que simplesmente os atrasos em relação ao endividamento do país. Todas as metas e todos os desafios de longo prazo da nação tendem a ser igualmente adiados, independentemente do quanto eles sejam ameaçadores. O resultado da própria guerra da

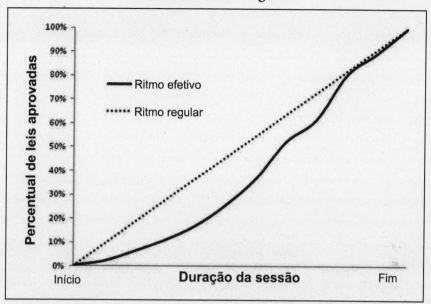

independência americana foi, em parte, determinado por um adiamento. Numa batalha-chave, George Washington atravessou o rio Delaware para destruir uma guarnição hessiana:* o chefe da guarnição, coronel Rahl, chegou a ser avisado com antecedência da invasão, mas decidiu não ler o relatório até mais tarde, depois de um jogo de cartas que ele nunca conseguiu terminar.[35] Winston Churchill e Dwight D. Eisenhower, ambos líderes em tempo de guerra, lutaram explicitamente contra as protelações enquanto estavam no governo, que deixaram para depois a preparação para a guerra contra a Alemanha e, posteriormente, a Guerra Fria contra a Rússia.[36]

Hoje, a questão mais premente com que todos os governos se confrontam é a destruição e o esgotamento do meio ambiente. Estamos no meio de vários desastres ecológicos seguidos, todos projetados para chegar ao ápice na mesma hora: 2050. Isso pode parecer um tanto distante, mas questões ambientais são como superpetroleiros: demoram tanto a parar que preci-

---

* Guarnição de mercenários da atual Alemanha (antes da unificação), que lutaram pela Inglaterra contra a independência americana. Esses mercenários vinham, principalmente, da região de Hesse-Cassel e por isso, eram chamados de hessianos.

sam ser enfrentadas dezenas de anos antes. Quando elas já estão na sua frente, não dá mais para se desviar. No mundo inteiro os governos têm adiado essa questão até a hora em que for tarde demais.[37] Para começar, o solo sob os nossos pés está erodindo e se exaurindo.[38] Com cerca de 40% das terras cultiváveis já prejudicadas ou inférteis, o que vai acontecer em 2050 quando as poucas terras aráveis que sobrarem tiverem que alimentar 9 bilhões de pessoas? Também não sabemos se vai haver água fresca suficiente para irrigar as lavouras necessárias; a projeção é a de que 75% dos países vão passa por racionamentos extremos de água nessa mesma época.[39] O mar conta uma história quase idêntica.[40] Aproximadamente 40% dos oceanos já estão poluídos e com poucos peixes remanescentes, com espécies desaparecendo no mundo inteiro. Mas as coisas não vão ficar ruins *de verdade* antes de 2050, quando as perspectivas são de que as últimas pescas selvagens vão desaparecer.

O interessante – se é que essa é a palavra adequada – é que esses desastres ambientais tornam o debate sobre o aquecimento global quase supérfluo. Com tantas catástrofes como essas previstas, o consenso é deplorável. Até mesmo o futurista Freeman Dyson, que duvida do aquecimento global, conclui que "nós vivemos num planeta vulnerável e com cada vez menos recursos, que a nossa falta de antevisão está rapidamente transformando-se num dejeto". No entanto, se as projeções climáticas se revelarem verdadeiras, podemos esperar um aumento de cerca de 16°C na temperatura da Terra, em 2050.[41] Independentemente do país onde você mora, não vai haver nenhum lugar que realmente vá se beneficiar com essa mudança. Ecossistemas inteiros, como a floresta amazônica, devem entrar em colapso. Cerca de um terço de todas as plantas e animais vai ser extinto, e bilhões de refugiados da fome vão lutar para determinar quem vai morrer primeiro. Como muitos de nós ainda estaremos vivos em 2050, vale a pena reservar um momento de reflexão para vislumbrar o que esse futuro vai significar para você.

Órgãos governamentais têm sido alertados sobre esse possível futuro há muito tempo. Em 1992, 1.700 dos melhores cientistas do planeta, incluindo a maioria dos laureados com o Prêmio Nobel, assinaram o "Aviso dos Cientistas do Mundo para a Humanidade", que declarou, nos termos mais explícitos possíveis: "Uma grande mudança em nosso comando da terra e da vida aqui se fará necessário. Isso se quisermos evitar um imenso sofrimento humano e para que o nosso lar neste planeta não seja mutilado para sempre." Há muito mais tempo nós já sabemos o que fazer. Infelizmente, temos adiado transformar esse conhecimento em ação.[42] Poderíamos ter evitado todas essas questões ambientais se tivéssemos agido mais cedo. Nós ainda podemos diminuir os danos. O problema não é de informação, nem de tecnologia – é de motivação.

Mesmo assim, agradeça pelos adiamentos dos governos não serem ainda piores. Como os fundadores dos Estados Unidos foram os primeiros a reconhecer o problema das postergações, eles tentaram reduzir seus efeitos. Reconhecendo que aquilo que é rápido pode facilmente se sobrepor ao que é sábio, eles tentaram manter a tentação a certa distância por meio do *bicameralismo*: uma lei precisa passar por duas Casas ou Câmaras para ser aprovada. Usando a exata terminologia da cognição "quente" e "fria" adotada pelos cientistas de hoje, George Washington explicou a Thomas Jefferson por que eles precisavam de um Senado, juntamente com a Casa dos Representantes [Câmara dos Deputados]:

– Por que você põe café no pires? – perguntou Washington.

– Para esfriá-lo – respondeu Jefferson.

– Exatamente por isso nós temos de pôr as leis no pires do Senado. Para esfriá-las.[43]

Apesar de Washington ter advogado uma tremenda quebra de etiqueta (já que "colocar café ou chá num pires [...] são atos deselegantes nunca vistos numa sociedade educada"), essa foi uma estratégia muito sabiamente implementada.[44] O que pode ser feito na hora vai ter muito, mas muito mais poder do que as alternativas melhores de amanhã. Ao inserir deliberadamente alguns atrasos, como um Senado que sirva como uma casa sóbria onde as leis são repensadas, a Constituição reduz os efeitos do tempo. Como a aprovação de todas as leis demora, o bicameralismo concentra as tomadas de decisão em fatores diferentes do que se perguntar se um objetivo é imediatamente atingível. Em outras palavras, o acréscimo de uma segunda casa para retardar a legislação assegura que tudo vai demorar um pouco.

Olhando para a frente

Nós vivemos em um mundo onde nossa natureza impulsiva só é apreciada por quem quer se aproveitar dela. Mas essa questão está começando a mudar. O campo da economia do comportamento, que reconhece a nossa capacidade de ser irracional, está sendo incorporado nas políticas públicas dos governos. Recentemente, a Gallup Organization organizou o primeiro Global Behavior Economics Forum [Forum Global da Economia do Comportamento]. Eventos como esse começaram a chamar a atenção dos líderes econômicos e políticos de todos os matizes do espectro político. Tanto o líder conservador inglês David Cameron como o presidente americano Barack Obama estão explorando soluções que levem em consideração a economia do comportamento.[45, 46] É fácil se identificar com frases do discurso de posse de Obama, que refletem essa necessidade de mudança, especialmente nossa necessidade "de confrontar os problemas e não jogá-los para presidentes e gerações futuras". Uma parte dessas ideias já se transformou em ação, como leis que permitem que as empresas inscrevam seus funcionários automaticamente em programas de poupança para a aposentadoria. Mesmo assim, ainda há muito a ser feito. Como pessoas e como sociedade, nós pagamos um preço alto pelos nossos adiamentos, e esse tem sido o caso desde os primórdios da história. Mas nós podemos acabar hoje mesmo com milhares de anos de comportamentos relapsos. Um bom começo é continuar a leitura – o resto do livro é dedicado a uma inteligência ativa que põe os adiamentos em seus devidos lugares. Independentemente de qual seja o seu perfil de protelador – quer você não tenha confiança, odeie o seu trabalho ou seja dominado pela impulsividade –, existem táticas comprovadas que você pode adotar. E embora nós desejássemos que esses conselhos tivessem chegado mais cedo em nossas vidas, trabalhar antes da hora não é bem a nossa natureza, é? Talvez só agora estejamos prontos.

7

Otimizando o otimismo: equilibrando o excesso e a falta de confiança

$$motivação = \frac{expectativa \; x \; valor}{impulsividade \; x \; demora}$$

Uma atitude positiva pode não resolver todos os nossos problemas, mas vai irritar gente suficiente para valer o esforço.

– HERM ALBRIGHT

Eu me lembro de poucos dias mais tristes para a alma do que aqueles que passei procurando emprego num período econômico difícil. Procurar emprego é um exercício humilhante de humildade. Você é testado até o limite. À medida que as rejeições e os meses de desemprego vão aumentando, uma incerteza irritante faz você duvidar de quem você é. Quando as contas se avolumam, cresce também a pressão de aceitar algo menor, de trabalhar naquele emprego que você jurou que não estava à sua altura. Mas, então, quando você finalmente se rebaixa a procurar por ele, descobre que até essa possibilidade não está mais a seu alcance. É aqui que entra o valor da fé, seja em si mesmo, seja num Deus com um plano. Mesmo contra todos os fatos e a experiência, você tem de acreditar que a próxima entrevista, a próxima referência ou o dia seguinte vai trazer uma resposta diferente. A crença em si mesmo separa a pessoa bem-sucedida da proteladora. Sem uma confiança como essa, o sofá parece ficar chamando por você, a televisão distrai e os sonhos sobre o futuro passam a ser sobre aquilo que poderia ter sido.[1] Muitos proteladores duvidam de sua capacidade de ser bem-sucedido e, por causa disso, param de se esforçar. Uma vez que o esforço desaparece, o fracasso passa a ser inevitável.

As crenças são poderosas porque elas formam ou afetam diretamente nossas *expectativas*, fazendo com que sejam uma chave para a motivação na Equação de deixar para depois. Quando você passa a ser menos otimista ou menos confiante em sua capacidade de conseguir o que quer, sua motivação também diminui: quanto mais incerto você for sobre o sucesso, mais difícil vai ser se manter concentrado. Essa dúvida sobre si mesmo geralmente é associada a tarefas novas e difíceis, mas também pode virar uma situação crônica: a expectativa de um fracasso. Uma autopercepção pobre se transforma numa profecia que se autorrealiza – ao esperar um fracasso, nós fazemos o fracasso se transformar numa certeza, porque nunca mergulhamos de cabeça e fazemos um esforço intenso. Como as crenças criam as realidades, precisamos de uma saudável dose de otimismo para nos motivar em direção ao sucesso.

Por outro lado, otimismo demais também pode levar a adiamentos.[2] Você se lembra daquela fábula de Esopo sobre a corrida da lebre e da tartaruga? A lebre, muito mais rápida, estava tão certa da vitória que tirou um cochilo no meio do caminho. A tartaruga, movendo-se devagar e regularmente, ultrapassou sua concorrente relapsa e ganhou. Como escrevem Michael Scheier e Charles Carver, psicólogos que passaram a vida estudando a respeito do otimismo: "É possível ser otimista demais, ou ser otimista de maneira improdutiva. Por exemplo, um otimismo sem fronteiras pode levar as pessoas a sentar e esperar que coisas boas aconteçam, diminuindo assim sua chance de sucesso."[3]

O excesso de otimismo aparece especialmente no tempo que nós estimamos que uma tarefa vai demorar. É a chamada "falácia do planejamento". A maioria das pessoas não é muito boa em prever a quantidade de tempo exigida para se completar nem mesmo os trabalhos mais corriqueiros.[4] Ao estimar o tempo necessário para comprar presentes de Natal, dar um telefonema, escrever um ensaio, a regra é: mais do que você imagina. Eu mesmo estou polindo este capítulo muito mais perto do prazo dado pelo meu editor do que eu gostaria. Nós realmente não podemos nos conter. É um preconceito endêmico da memória. Para estipular quanto tempo os eventos futuros vão demorar, nós nos lembramos de quanto eles demoraram no passado. Nossa retrospectiva, automaticamente, abrevia esse tempo e retira muito do esforço e dos obstáculos. Infelizmente, isso exacerba os efeitos negativos dos adiamentos. Se você está deixando alguma coisa para a última hora, então, na verdade, há muito menos tempo do que você imagina.

Precisamos encontrar um equilíbrio entre um pessimismo mórbido e um otimismo de Poliana. Jeffrey Vancouver, psicólogo da Universidade de Ohio e especialista no estudo da motivação, teve êxito em encontrar o ponto fraco do otimismo. Ele descobriu que, em certo sentido, nós somos fracos em matéria de motivação e constantemente sintonizamos nossos níveis de esforço, de modo que devemos nos esforçar minimamente para ter sucesso e usamos a perspectiva de um fracasso como um indicador de que devemos melhorar nossa atitude.* Observe a imagem a seguir.[5] O eixo vertical é a motivação e o eixo horizontal, o otimismo (ou seja, o quanto nós acreditamos que uma tarefa seja difícil). Muito sensatamente, nós queremos a maior recompensa pelo menor esforço. No eixo horizontal, movendo-se para a direita, nós começamos com tarefas impossíveis, difíceis demais para corrermos atrás delas. Por que concentrar nossos recursos onde não vamos obter nenhum benefício? À medida que as tarefas vão ficando mais simples e o nosso otimismo aumenta, chegamos a um ponto de inflexão. Nossa motivação chega ao auge: acreditamos que ganhar é possível, mesmo que seja necessário um esforço considerável. À medida que o otimismo aumenta cada vez mais, nossa motivação decresce, dessa vez, aos poucos. No fim das contas, nós terminamos no extremo direito da imagem com tarefas que acreditamos poder realizar facilmente. Nós não nos sentimos motivados a realizá-las porque acreditamos que elas, literalmente, não representam esforço algum. A maioria dos proteladores está na parte esquerda desse gráfico, subestimando sua capacidade, mas alguns estão na extrema direita, acreditando que são muito melhores do que realmente são.[6]

---

* As equipes esportivas lutam constantemente contra essa tendência, já que é natural achar que a vitória do ano passado vai assegurar o sucesso na próxima temporada. Como Bill Russell, cinco vezes ganhador do prêmio de jogador mais valioso da NBA, observa: "É muito mais difícil manter um título do que ser campeão. [...] Há sempre a tentação de acreditar que o último campeão vai ganhar o próximo campeonato quase que automaticamente."

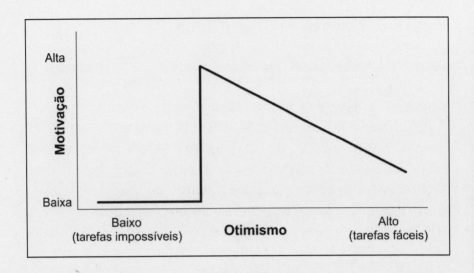

Como a maioria dos proteladores tende a ter menos confiança do que os que não protelam, vamos começar nos concentrando em como aumentar o otimismo, já que ele desempenha um papel central nas expectativas. Então, vamos examinar os proteladores que são confiantes demais e aprender como suavemente desinflar suas expectativas exacerbadas.

Otimismo realista

Um pouco de otimismo ajuda na hora de lidar com tarefas difíceis. "Na próxima vez", você pode pensar de maneira otimista, "vai dar tudo certo para mim". Uma crença assim vai fazer você ir em frente por muito mais tempo do que uma afirmação mais realista do tipo "Para ter sucesso eu ainda vou ter de tentar umas 20 ou 30 vezes". Mas não é muito claro como se adquire uma disposição otimista como essa. Slogans e frases feitas como "Seja positivo!" tendem a ser tão ineficazes quanto são populares. Esse tipo de tática ajuda mais as pessoas que já são otimistas e podem piorar as coisas para as que não são.[7] Mas não se desespere. Depois de mais de 50 anos de pesquisas para desenvolver alternativas eficazes para aumentar o otimismo os pesquisadores identificaram três grandes técnicas comprovadas: Espirais de Sucesso, Vitórias Indiretas e Realização de Desejos.

Espirais de sucesso

Seja lá qual for o esporte pelo qual você seja apaixonado, do futebol ao tênis de mesa, seu ídolo favorito nesse esporte, provavelmente, incorpora o princípio das espirais de sucesso. Eu sou fã de artes marciais mistas, que comecei a assistir em meados da década de 1990, quando fui fazer tae-kwon-do com um amigo. Embora eu logo tenha machucado o joelho, que me fez parar repentinamente a minha prática de artes marciais, continuei assistindo às lutas. Fiquei fascinado por Royce Gracie e Matt Hughes, lutadores aparentemente invencíveis que uma vez dominaram o esporte graças às contribuições, respectivamente, do jiu-jítsu brasileiro e da técnica e da preparação da luta livre. Cada vitória, entretanto, era uma lição para os concorrentes. Com o tempo, as habilidades desses campeões foram copiadas ou neutralizadas, e eles foram derrotados. O campeão de cinco anos atrás teria muita dificuldade em continuar lutando hoje. Um dos poucos que conseguiram aguentar isso foi George St. Pierre. Incrivelmente, ele atribui seu sucesso atual a um antigo fracasso – foi derrotado por Matt Sera. Como diz St. Pierre:

– Acredito que aquela derrota tenha sido a melhor coisa que aconteceu na minha vida e, tecnicamente, eu sou melhor do que era antes.

Numa revanche entre os dois, o árbitro parou a luta quando Sera não tinha mais condições de se defender dos ataques de St. Pierre.

O que faz George St. Pierre ser um lutador tão elástico é sua história de superar as adversidades, o que inclui uma infância pobre em Montreal. Sua persistência permitiu que ele transformasse um fracasso inicial num sucesso, que por sua vez lhe deu a confiança para continuar a lutar e melhorar no futuro.[8] Esse é o exemplo de uma espiral de sucesso: se colocarmos para nós mesmos uma série contínua de metas desafiadoras, mas que sejam alcançáveis, maximizamos nossa motivação e fazemos com que o resultado seja significativo, refletindo nossas habilidades. Cada vitória difícil dá um novo sentido de autoconhecimento e um desejo de querer mais. Isso é semelhante à maneira como os exploradores da Polinésia colonizaram o Pacífico Sul. Do porto em que tinham sua base, eles viam à distância os sinais de uma nova ilha – um novo objetivo –, que era alcançável se eles tomassem as devidas providências. Lançando-se ao mar, eles acabavam chegando à terra, só para ver outra ilha distante de seu novo ponto estratégico.[9] Cada passo à frente é viabilizado pelo último passo dado.

Para aqueles que sofrem de desânimo crônico e só esperam fracassar, a espiral do sucesso oferece uma porta de saída. O importante é dar início a ela, já que a vida cotidiana não proporciona uma série de realizações estruturadas e capazes de gerar confiança. No entanto, grandes oportunidades estão à sua disposição: aulas de aventura e sobrevivência na selva. À semelhança dos membros das tribos do programa *No Limite*, os participantes (que incluem desde estagiários de administração a delinquentes juvenis) vão para lugares em que são desafiados a superar tarefas extremamente difíceis com a ajuda de guias inspiradores. O *Outward Bound* é o mais antigo e popular desses programas de aventura. Em pequenos grupos, os participantes competem em expedições exigentes na terra ou no mar, que podem incluir canoagem, vela, alpinismo, explorar cavernas, cavalgar e se orientar. Resolver problemas e ter responsabilidade pessoal já está incluído: as pessoas têm de tomar decisões-chaves, tanto antes (o que levar?) quanto durante (como e em que direção?). Como centenas de estudos já concluíram, esses programas de aventuras melhoram o conceito que uma pessoa faz de si mesma, especialmente o quesito da autoconfiança.[10]

Uma das chaves do poder desses programas é que os participantes saem de lá com uma experiência forte de sucesso a que eles podem se agarrar – não existe nada de abstrato em atravessar um rio ou escalar uma montanha, ou como lidar com o inesperado. Histórias pessoais de triunfo podem elevar o astral de uma pessoa por muitos anos. "Eu consegui!" se transforma em "Eu posso fazer isso". Em avaliações posteriores, os participantes dos programas de aventuras relatam que a autoconfiança deles continuou crescendo – tendo superado tarefas selvagens que eles achavam que não iriam conseguir, eles estabeleceram metas mais altas para si mesmos em casa. Essa é a essência de uma espiral de sucesso: as realizações geram confiança, que gera um esforço que vai levar a mais realizações.

Os pais podem dar início a essas espirais de sucesso nos filhos. Atividades extracurriculares estruturadas que promovem um círculo de incentivo e um lugar para realizações podem aumentar o desempenho escolar de uma criança e sua autoestima, assim como reduzir o uso de drogas, a delinquência e o abandono escolar.[11] O escotismo, em especial, proporciona uma receita quase didática para criar desafios tangíveis que promovem uma sensação de confiança.[12] Com o lema de "aprender fazendo", os escoteiros recompensam uma série progressiva de trabalhos com medalhas de mérito que atestam cada realização, culminando na cobiçada premiação dos superescoteiros, o Baden Powell.[13] Fazer uma fogueira, montar uma barraca, acampar e preparar uma refeição para o grupo são realizações que os garotos podem contar para os pais e – mais importante que isso – se lembrar. Histórias de sucesso como essa formam gradativamente uma narrativa que faz a criança encarar o próximo desafio.*

Aqui vai um exemplo pessoal da espiral do sucesso em ação. Um grande amigo meu tinha um filho com problemas de ansiedade e autoconfiança: como ele não esperava ter êxito, ele desistia muito rapidamente. Então seus pais o matricularam nas artes marciais, numa academia muito rígida de taekwondo. O garoto precisou de muitas tentativas para chegar à sua faixa amarela, mas acabou conseguindo. Esse acabou se revelando o grande ponto de virada da sua vida e não foi porque ele aprendeu a lutar melhor. Toda vez que ele se via tentado a desistir em outras áreas da vida, especialmente na escola, seus pais lhe lembravam de como ele teve de insistir para conseguir aquela faixa amarela e como foi boa a sensação de recebê-la, afinal. Tendo superado obstáculos no passado, ele agora luta cotidianamente para superar qualquer outra dificuldade que surja.

Como adulto você talvez não tenha tempo de experimentar o *Outward Bound* ou compartilhar minha paixão pelas artes marciais e, com toda a certeza, você já está velho demais para ser escoteiro. Mas não se preocupe. Existem muitas alternativas para se criar uma espiral de sucesso. O segredo é começar pequeno e prestar atenção a aumentos gradativos, dividindo tarefas

---

* Também poderíamos citar o International Farm Youth Exchange ou os clubes 4-H (Cabeça, Coração, Mãos e Saúde, na sigla em inglês). Com um slogan semelhante de "aprender fazendo", eles também ajudam os jovens a se desenvolverem. Tendo se afastado consideravelmente de seus primórdios na agricultura, eles agora preparam ativamente os alunos para despontarem numa série de especialidades, principalmente nas ciências. Pergunte a qualquer aluno de um clube 4-H o que eles acharam; a grande maioria vai dizer que foi uma grande contribuição à sua autoconfiança.

grandes e intimidantes em pequenas partes administráveis. Como o velho ditado de como é possível comer um elefante – um pedaço de cada vez –, você reparte os projetos difíceis numa série de passos viáveis, planejando desde logo algumas vitórias parciais. Se você não se sente capaz de escrever um relatório completo, encontre um pequeno pedaço que você sinta que é capaz de fazer. Consegue criar os títulos? Talvez existam algumas citações adequadas para anotar? Que tal encontrar alguns trabalhos semelhantes para inspirá-lo ou direcionar sua organização? Se você não consegue correr 2 quilômetros, corra em volta do quarteirão. Pare quando tiver completado o percurso uma vez e, na próxima, tente dar a volta em dois quarteirões. Anote o seu progresso e veja com que rapidez você acaba chegando aos 2 quilômetros. Ninguém precisa saber dos seus pequenos sucessos. Mantenha-os como segredo particular e deixe que isso o incentive. O truque é separar um tempo para reconhecer as mudanças incrementais, talvez registrando seu desempenho num diário.

Lembre-se de que sempre existe um caminho para o progresso, não importa o quanto os incrementos sejam pequenos. Quanto melhor você conseguir reconhecer seus avanços sutis em direção à meta, mais provável que a sua confiança vá continuar a crescer.[14] O sucesso leva ao sucesso.

Para ajudar a colocar isso em prática, neste capítulo e nos próximos dois incluí seções chamadas *Pontos de Ação*. Essas seções vão lhe dar indicadores de como colocar o que você lê imediatamente em ação, facilmente e sem demora. O primeiro é este aqui:

1. *Pontos de Ação para Espirais de Sucesso*. Pense numa área da sua vida que seja realmente importante para você e então lute para melhorar só um pouquinho além da sua técnica atual. À medida que a sua confiança aumenta, você pode tentar explorar a vida fora da sua zona de conforto. Observe esta lista (podendo acrescentar outros pontos):

- Ofereça-se para ter mais responsabilidades, seja no trabalho ou na sua comunidade. Se isso envolver um trabalho físico pesado, como construir casas para os sem-teto, melhor ainda. Os músculos doídos vão lembrá-lo do seu esforço e do seu sucesso.

- Viaje para um lugar que você sempre quis conhecer, mas achou que não iria nunca. Dê a si mesmo mais alguns pontos se você não falar a língua local.
- Tente sair numa aventura, como canoagem em corredeiras, alpinismo, bungee jumping ou pular de paraquedas.
- Aprenda algo novo. Inscreva-se num curso de culinária, kickboxing, fotografia ou música. À medida que você avança, preste atenção às pequenas melhorias em sua técnica e considere-as uma vitória.
- Desafie-se elevando o seu hobby ao próximo nível. Se for um corredor, treine para uma corrida. Junte-se a uma liga de desportistas amadores. Ou encare os solos mais difíceis do *Guitar Hero*.
- Divida as tarefas que intimidem você em pedaços cada vez menores. Mantenha um registro formal do seu progresso. Conte os seus sucessos.

Vitórias indiretas

Quando eu era criança, os zoológicos possuíam jaulas, não hábitats, e os animais ficavam realmente presos. Um dia meu pai me levou para ver os elefantes. Uma elefanta e seu filhote estavam em exibição lado a lado, com as duas patas traseiras presas no chão. Uma corrente grande e pesada limitava o filhote, enquanto a mãe só era amarrada por uma corda frágil.

– Por que, papai? – perguntei. – A corrente maior não devia estar amarrando o elefante maior?

Não, ele me explicou, o elefante mais novo precisa da corrente maior porque ele ainda está lutando para se libertar. Com o tempo, ele vai aceitar o fato de que a corrente não vai se quebrar e, como a mãe, vai parar de tentar. Quando o elefante bebê acreditar que não há como escapar, aquela cordinha frágil vai ser tão eficiente quanto qualquer jaula.

Embora eu tenha contado na primeira pessoa, essa é uma história motivacional que já ouvi muitas vezes. A implicação disso é que nós temos uma imensa força desconhecida, mas fomos quebrados e domados em algum momento da vida e não percebemos com que facilidade nosso potencial pode ser recuperado se tentarmos. Eu acho que é quase impossível não ficar comovido com essa história, desejando romper cordas metafóricas. Existem muitas outras histórias motivacionais capazes de nos dar uma vitória indireta – do discurso do "Dia de São Crispim" do rei Henrique V, até o de Winston Churchill, conclamando os ingleses a lutar nas praias. As mais poderosas são as biografias de pessoas bem-sucedidas, com as quais você possa se identificar.

Considere o efeito que uma dessas histórias teve na empreendedora Kaaydah Schatten. Apesar de ter sido criada na mais absoluta pobreza por pais alcoólatras, atualmente ela é multimilionária e dona de uma franquia internacional, uma transformação que ela atribui, em parte, a uma velha inspiração. Quando jovem, Schatten leu a história da vida de Catarina, a Grande, e percebendo uma linha comum com sua própria linhagem – Kaaydah é de uma linha real, sendo a chefe hereditária da tribo Quakiutl – ela adotou Catarina como modelo. Para conseguir um benefício semelhante, talvez você também tenha de encontrar a história adequada, uma vida com a qual se identifique e que se dirija ao seu potencial.

Entretanto, pessoas com uma autoconfiança extremamente baixa talvez precisem de algo mais forte do que histórias inspiradoras para ajudá-las a dar o primeiro passo. Os pessimistas tendem a diminuir qualquer vitória pessoal com uma enxurrada de frases negativas que eles dizem a si mesmos: "Qualquer um poderia ter feito isso", "Foi tudo sorte" ou "Isso nunca mais vai acontecer".[15] Eles precisam de formas ativas de encorajamento para acreditar que o sucesso deles decorre de seus próprios esforços; que quando eles tentam, coisas boas acontecem. Nós geralmente obtemos incentivos desse tipo por meio de apoios sociais, grupos de amigos e pessoas que são nossos modelos. A partir da adolescência, nosso grupo de amigos é um fator determinante no nosso desenvolvimento.[16] Ande com as pessoas erradas e elas podem atrapalhar você. Ande com as pessoas certas e o sucesso delas pode inspirá-lo a pensar: "Se elas conseguiram, então eu também posso!" Comportamentos são contagiosos, por isso é uma boa ideia andar com grupos de pessoas de alto-astral. O grupo social com o qual nós nos associamos ajuda a cimentar nossa própria visão do que é possível e o que nós mesmos deveríamos lutar para ser. Desistir ou continuar a lutar – os dois são contagiosos.[17]

Alguns grupos parecem particularmente bem estruturados para forjar um espírito positivo. Clubes de serviços à comunidade como os Elks, os maçons, o Rotary ou os Shriners têm milhões de membros no mundo inteiro, todos dispostos a fazer o bem por suas comunidades, mas as suas opções não terminam aí. Minha mulher frequenta um grupo local aqui em Calgary, o Famous Five, que organiza almoços para mulheres que são ou desejam ser líderes. Eu sou grato aos Toastmasters, um clube que promove palestras e é sempre muito encorajador e hospitaleiro. Você mesmo pode começar um grupo.[18] Benjamin Franklin, por exemplo, intitulou seus amigos de The Junto ou The Leather Aporn Club. Toda sexta-feira à noite eles tomavam algumas cervejas num pub e debatiam sobre como poderiam ajudar a comunidade.

2. *Pontos de Ação para Vitórias Indiretas*. Busque inspiração em histórias, ou, melhor ainda, em grupos sociais. É mais fácil acreditar em si mesmo se você estiver rodeado de pessoas que acreditam em si mesmas – ou em você. Aqui vão algumas sugestões:

- Assista a filmes inspiradores. Aqui estão alguns que eu vi: *Homens de Honra, Meu Pé Esquerdo, Apollo 13, Invictus* e *Hotel Ruanda*.
- Leia biografias ou autobiografias inspiradoras. As mais eficazes são aquelas que condizem com a sua história, por isso use a equipe da livraria para ajudá-lo a encontrar o livro adequado. Por exemplo, se você for um chef de cozinha, leia *Chocolate amargo*, de Gordon Ramsey, no qual ele fala de sua criação difícil.
- Frequente palestras de pessoas inspiradoras. Grandes atletas, heróis e empreendedores falam regularmente de suas experiências. Vá atrás deles.
- Associe-se a uma comunidade, serviço ou associação profissional. Ao passar seu tempo com pessoas que estão tentando melhorar a si mesmas, ou melhorar o mundo à sua volta, você vai se imbuir de otimismo.
- Comece o seu próprio grupo de apoio. Desde que ele se componha de um círculo de pessoas que se incentivem mutuamente, eles podem ser os seus colegas de corrida, seu grupo de estudo religioso ou, como no caso de Benjamin Franklin, seus companheiros de bebida.

Realização de desejos

Os atletas profissionais frequentemente fazem uso da visualização para atingir suas metas. Toda noite, antes de dormir, eles imaginam a tacada de golfe perfeita ou um *triple axel landing* na patinação. A recriação mental detalhada de uma performance aciona os neurônios-espelhos, que gravam o ato no seu cérebro quase tão profundamente como se você efetivamente o estivesse praticando.[19] As visualizações também podem combater os adiamentos por meio da técnica conhecida como *contraste mental*.

A maior especialista em contraste mental é Gabriele Oettingen, da Universidade de Nova York, que fez da técnica a pedra fundamental de sua carreira como psicóloga.[20] Comece imaginando aquilo que você quer realizar. Se for um carro, imagine-se ao volante, dirigindo para todo mundo ver. Se for um emprego, veja-se na carreira dos seus sonhos. Conseguiu formar uma boa imagem mental? Ótimo.

Agora aqui vem o segundo passo – e o mais importante. Compare o lugar em que você quer estar com o lugar onde está agora. Visualize aquela lata velha chacoalhante que você dirige ou aquele trabalho ridículo que chama de emprego e o seu abjeto salário. O resultado é que sua situação atual passa a ser encarada como um obstáculo que atrapalha a realização dos seus sonhos. A comparação não gera otimismo, mas maximiza os benefícios motivacionais do otimismo, criando energia e esforço, assim como um planejamento para dar a partida. As pessoas que praticam a comparação mental quase que imediatamente começam a correr atrás dos seus sonhos, dando um basta nos adiamentos.

O que acontece se você não puser em prática o segundo passo e simplesmente se concentrar nas fantasias positivas? A *visualização criativa* defende exatamente isso. Ela envolve a criação de imagens nítidas e instigantes daquilo que o seu coração deseja, com o objetivo de atrair essa visão até você. Mas Oettingen, que pesquisa esse assunto há 20 anos, descobriu que essas fantasias costumam levar ao efeito *contrário* do que elas apregoam; elas detonam a energia motivacional.* A única riqueza criada por uma visualização criativa é

---

* Muito tempo antes, Sigmund Freud já havia chegado a uma conclusão semelhante. Ele dizia que a fantasia é, principalmente, um processo pelo qual nós formamos uma imagem do nosso

de uma vida rica em fantasias. Independentemente da tarefa ser se preparar para uma prova, melhorar suas relações pessoais, se recuperar de uma operação, fumar menos, namorar uma pessoa atraente e desconhecida, ela decidiu que o grupo de pior desempenho é aquele que só utilizava as fantasias positivas. Você se daria muito melhor se não utilizasse técnica alguma.[21]

3. Pontos de Ação para a Realização de Desejos. Os fãs da visualização criativa não precisam parar o que estão fazendo. Só precisam acrescentar algumas coisas. Continue utilizando as afirmações, suas declarações de propósito pessoais, mas depois faça uma reflexão de onde você realmente está. Aqui vai um programa passo a passo para fazer os seus desejos se realizarem:

- Sente-se em um lugar tranquilo e esvazie a cabeça de preocupações. Pense na vida que você quer ter.
- Separe um pedaço realizável desse futuro concentrando-se num único ponto que você deseja. Pode ser um relacionamento, um emprego, uma casa ou um corpo saudável.
- Pense em tudo que faz essa imagem mental ser atraente para você. Você pode utilizar um diário, fazer uma colagem de imagens ou simplesmente passar algum tempo em silêncio se concentrando nisso.
- Então, *compare mentalmente* esse futuro com o lugar em que você está agora. Concentre-se na defasagem. Dê a mesma ênfase ao refletir fortemente sobre essa discrepância, da mesma maneira que você fez ao imaginar o seu futuro ideal.
- Se, depois de fazer essa comparação mental, você continuar otimista sobre a realização desse futuro ideal, vai ter ainda mais motivação para ir atrás do seu objetivo. Os adiamentos vão desaparecer à medida que você começar ativamente a diminuir o espaço entre onde você está agora e onde quer estar. Você sabe o que fazer e tem a força para correr atrás.

---

desejo, e só isso já nos deixa felizes. Isso é muito parecido com o vício em pornografia pela internet, onde os pixels substituem as pessoas.

O mundo da fantasia

O excesso de confiança é um problema tão grande quanto a falta dela. Quarenta e um dias antes do início da Guerra do Iraque o secretário de Defesa dos Estados Unidos, Donald Rumsfeld, estimou que ela poderia "durar seis dias ou seis semanas. Seis meses, eu duvido". As tropas aliadas seriam certamente recebidas como libertadoras. O preço? Deveria ficar entre 50 e 60 bilhões de dólares, e não quase 1 trilhão. Infelizmente, a confiança excessiva das forças armadas levar a guerras longas e que dão prejuízo é bastante comum.[22]

No mundo empresarial, a superconfiança cria uma série de problemas semelhantes: fusões de empresas não são concluídas dentro do prazo ou do orçamento previsto.[23] O excesso de confiança, por exemplo, contribuiu para o fiasco do Concorde; apesar de haver indícios cada vez maiores de que ele jamais daria lucro, a Air France e a British Airways insistiram em desenvolvê-lo.[24] Os empreendedores frequentemente ilustram bem essa questão, refletindo a observação de Jeffrey Vancouver de que o otimismo tem um ponto fraco (o gráfico anterior).[25] É absolutamente necessário ter confiança para se abrir uma empresa e os empreendedores tendem a ser mais confiantes do que os outros mortais. No entanto, exatamente como o gráfico prevê, empreendedores excessivamente confiantes tendem a fracassar. Quando a confiança extrapola e não tem fundamento, ela leva a protelações porque os superconfiantes tendem a minimizar problemas sérios e, consequentemente, demoram a dar uma resposta à altura.[26]

Algumas filosofias, como a de Pangloss, personagem criado por Voltaire para encarnar o otimismo ingênuo e ilimitado, exacerba o problema do excesso de confiança. Nos últimos séculos o pensamento positivo sem limites serviu como base para diversos métodos de sucesso, como o *Movimento do Novo Pensamento*, de Phineas Quimby, ou *O Poder do Pensamento Positivo*, de Norman Vincent Peale.[27] O melhor exemplo moderno do pensamento panglossiano é *O segredo*, um livro (e um filme) realizado pela executiva da televisão australiana Rhonda Byrne. Segundo Byrne, os pensamentos têm uma energia magnética que atrai as coisas para a sua vida por meio da Lei da Atração – pense positivo e o que é positivo vai vir até você. Existem milhões de seguidores dessa filosofia, mas eu não me encontro entre eles.[28] A Lei da Atração separa a crença positiva da ação, deixando os pensamentos soltos no ar, sem se ligar a nada. Ela transforma a história do *Little Engine That Could* de "Eu acho que posso" para "eu acho que vai acontecer". E aí vai uma grande diferença.*

Para impedir que venhamos a cair num excesso de otimismo, precisamos de uma pitada de pessimismo. Como disse Freud, precisamos acionar o *princípio da realidade*: confrontar a realidade da situação, enquanto procuramos a melhor maneira de atingir nossas metas. Invocar esse princípio da realidade é sinal de que já superamos nosso jeito infantil e impulsivo e podemos ver o preço que vamos ter de pagar realisticamente pelos nossos sonhos. Isso inclui imaginar o que pode dar errado e como você pode evitar e neutralizar eventuais armadilhas. Neil Armstrong, o primeiro homem a ir à lua, adotou o seguinte princípio durante as suas aventuras espaciais.

– Bem, em primeiro lugar, acho que nós procuramos não ficar confiantes demais, porque quando você fica excessivamente confiante alguma coisa se desprende e atinge você.

Nos negócios, essa verificação da realidade é um passo padrão do *gerenciamento de crises*. Os ditados sobre esse assunto já são bem conhecidos: "Se você fracassa em planejar, você planeja fracassar" ou "Mais vale prevenir do que remediar".[29] Podemos aplicar esse princípio aos adiamentos de duas maneiras: espere o pior e torça pelo melhor e aceite o fato de você ser viciado em atrasos.

---

* Poucas dessas coisas são realmente novidade. Benjamin Franklin escreveu sobre a necessidade de se trabalhar duro em *O caminho da riqueza*, mais de 150 anos antes de *A ciência de ficar rico*, de Wallace Wattles, o livro que inspirou *O segredo*. Mesmo se você partir do princípio que o pensamento mágico funciona, historicamente se acredita que ele funcione da maneira oposta à defendida por *O segredo*. Os ímãs acabam atraindo o seu oposto, de modo que o positivo atrai o negativo. Consequentemente, falar alto ou prever um resultado positivo significa que ele passa a ter menos chances de se realizar; nós prejudicamos o resultado ao provocar o destino. É por isso que batemos ou tocamos na madeira depois de falar de uma boa sorte ou da boa saúde, num esforço de evitar a maldição e permitir que a boa sorte continue funcionando.

Espere o pior e torça pelo melhor

Poucas pessoas têm êxito nas grandes mudanças da vida logo na primeira tentativa. A maioria precisa tentar várias vezes. Veja as promessas de Ano-novo, por exemplo: geralmente são necessárias umas cinco tentativas antes de os votos durarem mais do que seis meses.[30] Eu mesmo tive de me esforçar várias vezes para parar de fumar, antes de conseguir abandonar o cigarro. Para problemas mais sérios, com álcool e drogas, também se aplica a mesma necessidade de repetição. Seja lá o que você fizer, não se iluda sobre esse processo doloroso e repetitivo. O otimismo ingênuo só vai aumentar suas postergações.

Os psicólogos Peter Herman e Janet Polivy chamam esse otimismo doentio de *Síndrome da falsa esperança*. Ter confiança demais quanto ao tamanho, à rapidez e à facilidade das grandes mudanças de vida está associado a índices de sucesso baixos. Se as pessoas têm expectativas gigantescas e fora da realidade, elas desmerecem realizações mais modestas. *Só* perderam 5 quilos. Fumaram numa festa. Faltaram uma semana à academia. Elas veem esses "fracassos" como se tivessem perdido o embalo – e são mais propensas a desistir e a se sentir pior do que se sentiam antes de tomar a decisão de mudar. Essa desilusão é comum, já que a indústria da autoajuda apregoa promessas e expectativas incrivelmente altas. Se você se encontra entre a grande maioria que não consegue se transformar tão rapidamente quanto é anunciado, você acha que a falha é sua, pessoal, e não uma falha do programa.

O sucesso exige um equilíbrio entre otimismo e realismo. Vai ser difícil e vão acontecer erros, mas você vai voltar aos eixos.[31] Quando parei de fumar, prestei atenção a duas variáveis: quantos cigarros eu fumava numa escapada e a duração de tempo entre uma escapada e outra. Enquanto o primeiro número descesse e o segundo crescesse, eu estava chegando a algum lugar. Em vez de acreditar que você pode superar o problema de adiar as coisas fácil e completamente, acredite que possa apenas atenuá-lo. Em vez de ter o objetivo de nunca mais adiar qualquer coisa, estabeleça a meta de começar um pouquinho mais cedo todos os seus projetos. Ganhos modestos geram resultados significativos. Eu tenho alunos que começam a estudar para as provas com apenas 48 horas de antecedência, mas se eles começassem um dia antes, aumentariam esse tempo de aprendizagem rápida em 50%. Como aconselha o escritor Louis L'Amour: "A vitória se mede em centímetros, não em quilômetros. Ganhe um pouco agora, mantenha essa conquista e, depois, ganhe um pouco mais."

4. *Pontos de Ação para Espere para o Pior, e Torça pelo Melhor.* A vida nem sempre vai ser do jeito que você quer. Em vez de esperar a perfeição, anteveja dificuldades e reveses. Quando o inevitável acontecer, você não vai descarrilar com tanta facilidade. Aqui está como injetar um pouco de pessimismo saudável nos seus planos.

- Determine o que pode dar errado e distraí-lo no caminho em direção ao seu objetivo. Reflita honestamente sobre suas experiências passadas e busque aconselhamento com outras pessoas que passaram por dificuldades semelhantes. Por exemplo, dê uma olhada nos grupos de discussão on-line sobre adiamentos.
- Faça uma lista das maneiras como você normalmente adia as coisas e pregue essa lista onde você trabalha.
- Evite as situações arriscadas que você já identificou. Por exemplo, se mandar e-mails e torpedos for o seu problema, desligue seu celular ou Palm Top antes de ir trabalhar.
- Desenvolva um plano de recuperação de desastres antes da hora. Se você tropeçar e começar a faltar à academia, que botão de emergência pode acionar? Você tem algum amigo com o qual pode conversar? Pode contratar um personal trainer para colocar você de volta nos trilhos?
- Se você acha que a sua motivação degringolou, use o seu plano de recuperação. Concentre-se em reduzir a profundidade e a duração do seu lapso motivacional.

Aceite o fato de você ser viciado em atrasos

Quando os adiamentos forem realmente graves, passinhos de bebê talvez não funcionem. Você pode precisar de uma estratégia mais radical, que se ancore no programa de recuperação de 12 passos dos Alcoólicos Anônimos. O primeiro passo dos AA é: "Nós confessamos que somos impotentes perante o álcool." Muitos acreditam que essa confissão é um estranho ponto de partida para a sobriedade, já que ela bate de frente com várias noções de otimismo e aumenta a possibilidade de que, se você beber só um drinque, vai perder o autocontrole e acabar de porre.[32] Mesmo assim, reconhecer que você não tem controle sobre o alcoolismo ou sobre a sua mania de adiar as coisas pode, paradoxalmente, levar à eliminação de ambos.

Inclusive, é possível aumentar o autocontrole dando as boas-vindas ao seu pessimismo. Como isso funciona? Bem, admitir francamente que um simples lapso da sua força de vontade inevitavelmente leva a um colapso de todo o seu autocontrole lhe dá muito mais motivação do que acreditar que lapsos ocasionais podem ser contidos.[33] A abstinência é um antídoto preferível a tentar racionalizar cada indulgência ou escapada. Como uma bebida, uma barra de chocolate ou um único cigarro por si só são inofensivos, nós podemos nos enganar e minimizar a importância deles. Se nós pensarmos comodamente que mais um dia de atraso não tem nada de mais, então o dia de amanhã, em que pretendemos trabalhar, pode nunca chegar.[34] Maury Silver e John Sabini, que pesquisaram os adiamentos na década de 1970, descrevem essa questão nos termos de um aluno que é o protótipo do protelador:[35]

Agora imagine que você tenha decidido o que vai fazer nos próximos cinco minutos – trabalhar na sua tese ou jogar uma partida de fliperama. A tese pode esperar pela partida – os custos de longo prazo são muito pequenos. No curto prazo, cinco minutos de fliperama são bem mais agradáveis do que cinco minutos escrevendo uma tese e, afinal, o quanto dá para avançar numa tese em cinco minutos? O fliperama é a escolha óbvia. A partida então termina e você tem de se decidir sobre os próximos cinco minutos. A situação só mudou um pouquinho, por isso você vai chegar ao mesmo resultado. Uma vez que você tenha levado a possibilidade de uma partida de fliperama a sério e tenha fracionado a sua noite em períodos de cinco minutos, você está fadado a jogar até o seu dinheiro acabar, a máquina quebrar ou alguém mais bruto que você queira jogar. Mas o problema é que até mesmo cinco minutos representam um custo real para a sua tese. Exatamente porque uma partida de fliperama passa rápido, ela exerce uma atração especial.

Na hora de decidir se devemos trabalhar ou adiar, o que não falta são desculpas para ceder à tentação. Amanhã as condições serão melhores, daí eu começo. Vou trabalhar melhor depois que comer alguma coisa. Vai ser mais fácil se eu limpar a casa primeiro. Vou começar depois que terminar esse nível, depois de ver esse programa, depois de mandar esse e-mail. Essa festa/esse acontecimento/essa distração vai ser muito boa, seria injusto se eu faltasse. Eu mereço um descanso porque tenho trabalhado demais, ultimamente. Todo mundo adia, então, por que eu não posso? É só dessa vez, por isso não conta. Ainda há muito tempo. E, finalmente: agora já é tarde demais para fazer qualquer diferença, por isso não adianta começar agora. Todas essas são justificativas posteriores ao fato. O único objetivo delas é aplacar sua ansiedade e seu sentimento de culpa.

Só existe um modo garantido de deixar de adiar as coisas da maneira como você faz. Siga a maior máxima da era vitoriana: "Nunca permita que uma exceção aconteça."* Esse é o mesmo conselho dado pelos Alcoólicos Anônimos. Você reforça o seu compromisso de começar cedo acreditando que qualquer recaída vai ser um desastre, que o primeiro passo em direção a um adiamento é apenas o primeiro elo de uma corrente interminável. Os detalhes de amanhã vão ser muito parecidos com os de hoje: você vai se ver tentado a incorrer em custos pequenos, mas que se acumulam, para conseguir um prazer moderado e imediato. Se você decidir adiar só uma vez, sua decisão vai ser repetida diariamente, e as consequências vão piorar. É como indicam esses versos, tirados de *Fausto*, a obra-prima de Goethe. Pedir mais tempo pode ser um trato com o demônio.

Perca o dia de hoje vadiando – e será a mesma história
Amanhã – e ainda mais dilatória;

---

* Do clássico William James, *Principles of Psychology* [Princípios de Psicologia], de 1890. James está, na verdade, resumindo uma recomendação feita quatro anos antes por Alexander Bain: "É necessário, acima de todas as coisas, nunca perder uma batalha. Cada vez que o lado errado sai ganhando, isso neutraliza o efeito de muitas conquistas do lado certo." Nesse sentido, aquela que James considera ser a segunda maior máxima da era vitoriana também é relevante: "Agarre a primeira oportunidade que você tiver para agir sobre todas as decisões que você tomar."

Cada indecisão traz seus atrasos

E dias são perdidos lamentando os dias desperdiçados,

Estás sendo honesto? Então agarre esse minuto –

A determinação traz em si o poder, a mágica e o toque do gênio.

Basta se comprometer que a mente aquece –

Comece, e o trabalho será completo!

5. *Pontos de* Ação para *Aceitar que Você é Viciado em Atrasos*. Se você se encontrar adiando as coisas cronicamente, e regularmente conseguindo se enganar adiando as coisas indefinidamente, e encontrando desculpas a cada momento, essa técnica pode ser exatamente o que você estava procurando. A procrastinação exerce um poder muito grande sobre você, e para derrotá-la você precisa ser humilde e aceitar esse fato.

- Faça uma pausa para refletir sobre quantas vezes você já se afastou dos seus planos e entrou numa enrascada. Comece a fazer um registro diário para monitorar seu hábito de adiar as coisas.
- Admita que a sua maior preocupação é a sua própria fraqueza de vontade, e que você *vai* tentar se enganar novamente, pensando que "é só mais essa vez".
- Aceite o fato de que o primeiro atraso permite que você justifique todos os seguintes. Fazendo isso, você vai ter muito menos chances de dar o primeiro passo.

Olhando para a frente

Este capítulo é destinado, principalmente, para os Eddies e suas baixas expectativas, aqueles que precisam ter um pouco mais de confiança para alcançar seu potencial. No Capítulo 2 Eddie deixou de acreditar em sua capacidade de vender e, por causa dessa dúvida sobre si mesmo, o fracasso acabou sendo inevitável. Se ele tivesse prestado mais atenção ao seu progresso, poderia ter dado início a uma espiral de sucesso. Se tivesse complementado esse embalo participando de um grupo de apoio a vendedores, criando uma pequena vitória indireta, ele poderia ter continuado em sua carreira de vendedor. Você também pode ter parado de acreditar na sua capacidade de progredir na carreira, em sua vida pessoal, ou no seu bem-estar físico. Você faz planos para mudar, mas não acredita mais na sua capacidade de levá-los a cabo. Faça uma pausa para rever seus resultados no teste de autoavaliação do Capítulo 2. Se você fez 24 pontos ou menos na sua escala de Expectativa, talvez você, como o Eddie, deva dar uma atenção especial às técnicas que aqui foram apresentadas.

Por outro lado, alguns poucos de vocês podem ser confiantes demais, e, com isso, podem estar igualmente numa situação de risco. Confiança ou otimismo podem se revelar iguais à vitamina A: se tomar uma quantidade pequena demais, você pode ficar cego; mas se tomar muito, pode morrer. O truque é encontrar o ponto mágico entre ser pessimista e ser um otimista ingênuo, um lugar que o faça ter fé na sua capacidade de ser bem-sucedido, mas não tanta fé que você deixe de se esforçar. Independentemente de precisar que as suas expectativas positivas sejam atiçadas ou atenuadas, você está com sorte. Todas as técnicas aqui mostradas são absolutamente sólidas e cientificamente comprovadas. Elas vão começar a dar resultados imediatamente e você vai ficar melhor ainda com a prática. Acredite em mim.

8

Ame-o ou deixe-o: encontrando relevância no trabalho

$$motivação = \frac{expectativa \; x \; valor}{impulsividade \; x \; demora}$$

Se o tempo voa quando você está se divertindo, ele liga as turbinas quando você não pensa que já se divertiu o suficiente.

– JEFF MALLETT

Para aquecer os meus alunos numa aula sobre motivação nós fazemos uma brincadeira chamada *Meu Trabalho É Pior que o Seu*. Uma vez que a infelicidade adora ter uma companhia, é realmente divertido. Nós procuramos encontrar a pior experiência de emprego dentro do grupo e então desconstruímos o emprego para determinar o que o faz ser tão horrível. A sala se enche de ruídos de simpatia, enquanto os alunos falam de verões passados revolvendo esterco de porco ou meses desgastantes e excruciantes plantando árvores e sendo picado por mosquitos. Mas, invariavelmente, os empregos eleitos como os "piores" não são os mais exaustivos fisicamente. Os piores são os mais monótonos. Por exemplo, um rapaz brilhante gastava seu potencial endireitando caixas de papelão, nas vezes em que elas se deslocavam nas esteiras automáticas. Eu fui salva-vidas num parque aquático, encarregado de vigiar uns poucos metros no final do tobogã por horas a fio.

Esse tipo de trabalho faz com que fiquemos olhando sem parar para o relógio, esperando cada minuto agonizante passar.[1] Como cada aspecto do emprego já foi pensado e mapeado, nos resta pouquíssimo espaço para dizer como ou quando realizar o trabalho, e pouca chance de iniciativa e inovação. Nós precisamos repetir as mesmas ações infinitamente. Estamos trabalhando bem? Ninguém realmente sabe, a não ser quando se comete um erro. Filmes como *Tempos Modernos* e *Como Enlouquecer seu Chefe*, no qual os protagonistas conseguem escapar de um emprego que parece um purgatório, se tornaram clássicos cults. Mais recentemente, o premiado programa de televisão *The Office* foi um sucesso em meia dúzia de versões em diversos países. Parte do charme do programa é sua capacidade de demonstrar como a humanidade consegue se erguer acima da monotonia de um trabalho insignificante. Mas o trabalho na fábrica e no escritório nem sempre foi assim.

Nós devemos o ambiente de trabalho "moderno", em boa parte, a Frederick Winslow Taylor, o criador da administração científica.[2] Antes de ele entrar em cena, a maioria do trabalho era artesanal e um tanto refratário a uma administração direta; ele era feito por artesãos que aprendiam seu ofício ao longo de anos de aprendizagem e especialização. Gerentes não podiam supervisionar esse tipo de artesão, já que não sabiam direito como é que eles faziam os seus trabalhos, e os artesãos não tinham o menor interesse em lhes contar.[3] A grande tacada de Taylor foi fragmentar o trabalho em elementos mais fáceis de serem gerenciados – tarefas simples, rotineiras, sem autonomia. Quando esse sistema, o taylorismo, foi implementado pela primeira vez, no final do século XIX e no início do século XX, ele foi considerado uma aberração que fazia uma lobotomia no espírito humano, tirando o prazer e o significado do trabalho. As pessoas odiavam tanto esse sistema que a sua introdução num arsenal do governo americano em Watertown, Massachusetts, disparou uma greve que levou a uma investigação especial pela Câmara dos Deputados. O comitê do Congresso concluiu que o homem tem todo o direito natural de se ressentir contra a "introdução de qualquer sistema que o trate da mesma maneira que um burro de carga ou uma máquina inanimada" e tomou atitudes para evitar a adoção do taylorismo nas unidades do governo. Quando o industrial Henry Ford implementou um sistema semelhante, a demissão de funcionários em suas indústrias automobilísticas aumentou em quase dez vezes; os operários mal completavam um mês antes de ir embora. No entanto, o taylorismo tinha uma carta na manga: era eficiente e lucrativo. Embora Henry Ford tivesse de acabar dobrando os salários para preencher todas as vagas, a melhora na eficiência permitiu que ele aumentasse o salário dos trabalhadores e cortasse o preço do Modelo T em quase 50%. No fim das contas, o taylorismo permitiu a emergência dos bens de consumo baratos a uma classe média afluente que podia comprá-los. Por outro lado, os trabalhos tipo linha de montagem continuam sendo um verdadeiro porre.

As tarefas que nós não gostamos de fazer estão entre aquelas que costumamos adiar. Como o sistema de Taylor leva a tarefas padronizadas, repetitivas e rigidamente controladas, odiar o trabalho pode virar um estado crônico, o resultado inevitável de tarefas desenhadas em torno de modelos mecanicistas, em vez de motivacionais.[4] O que é que se pode fazer quanto a isso? Nós podemos sonhar em voltar a um tempo em que o que queríamos fazer e o que precisávamos fazer eram a mesma coisa, mas isso não é realista. Mesmo que você seja o seu próprio chefe e possa ditar os seus próprios termos, você ainda tem de fazer certos trabalhos que não são divertidos, e esse é exatamente o tipo de tarefa que as pessoas adiam. Talvez esteja na hora de enganar o cérebro e fazer o que tem que ser feito. Como diz o título deste capítulo, ame-o ou deixe-o – isto é, até mais tarde.

Jogos e objetivos

Seja lá quem formos, há sempre grande probabilidade de adiarmos aquilo que consideramos ser um porre total. A chatice é sinal de que aquilo que estamos fazendo é irrelevante e, por isso, a mente se desliga do trabalho.[5] Faz sentido, portanto, que os proteladores tenham muito mais chance do que os não proteladores de ver as tarefas cotidianas como uma amolação. De todas as coisas chatas que o mundo está cheio, aquela que está no alto da lista de horror das pessoas é a burocracia de rotina. Essa papelada – preencher a agenda de horas trabalhadas, enviar relatórios de despesas e fornecer as informações sem-fim que as empresas e os governos exigem – parece uma perda de tempo, mesmo quando não é. Vocês se lembram de Michael Mocniak, o advogado que foi demitido por adiar completar recibos no valor de 1,4 milhão de dólares? Felizmente, no entanto, a chatice não é parte integrante de todos os trabalhos – tudo pode se tornar mais interessante, dependendo de como o tratamos.[6] Tom Sawyer, por exemplo, conseguiu que os meninos da aldeia *pagassem para ele* pintar de branco a cerca de tia Polly. Como? Insistindo que eles não podiam ajudar e fazendo-os ter inveja de um trabalho nada invejável. Aqui vão algumas técnicas eficazes para transformar tarefas de chumbo em tarefas de ouro.

Para aliviar a monotonia das tarefas, tente dificultar as coisas para si mesmo. (Mas não exagere – quando um trabalho fica difícil demais, a frustração pode tomar conta de você.)[7] Encontrar o equilíbrio entre a dificuldade do trabalho e sua capacidade para fazê-lo é um ingrediente-chave para se criar o *fluxo*, um estado de completo engajamento.[8] Os estados de fluxo não acontecem naturalmente, já que muitas tarefas são estruturadas em torno de um nível de dificuldade que não varia, enquanto a capacidade da maioria dos trabalhadores melhora com a prática. Quando o trabalho é novo e a dificuldade dele é maior do que sua habilidade, a ansiedade cresce enquanto você luta para ter um bom desempenho. Então, à medida que você melhora, o trabalho pode se tornar mais cativante, mas essa motivação é passageira. A partir do momento que você domina a tarefa, ela já começa a aborrecê-lo. Você já está acostumado a fazer isso. Para evitar cair num pântano de monotonia é comum as pessoas começarem a jogar. Criar os seus próprios padrões, criar o seu próprio feedback e tentar bater o próprio escore. Será que você é capaz de fazer tudo em metade do tempo? E só com uma das mãos? E de olhos fechados? O grupo de comediantes Broken Lizard criou um filme, *Supertiras*, que gira em torno desse tema: cinco oficiais do estado de Vermont encontram maneiras de inserir jogos e brincadeiras em seu trabalho para fazer os dias ficarem suportáveis.* Uma velha trabalhadora de uma fábrica de batatas chips passava os dias colecionando batatinhas com defeito que pareciam com o rosto de pessoas famosas.[9] Nadadores de competição espantavam a monotonia imaginando que havia tubarões na água da piscina.

A propósito, não posso deixar de observar que você continua lendo este livro, apesar das várias prateleiras de livros que você tem para escolher. Imagino que os adiamentos sejam um problema que você ou alguém da sua família enfrenta, e que, consequentemente, você esteja vendo estas páginas como interessantes e pessoalmente pertinentes. Você poderia abandonar este livro, mas sua relevância faz com que continue lendo. Isso é igualmente verdadeiro para os outros trabalhos e ações: o risco de se adiar diminui quando as tarefas

---

* Para quem viu o filme, miau.

são relevantes e instrumentalmente ligadas a assuntos e objetivos de cunho pessoal.[10] Ações que não se enquadram em objetivos autodeterminados e autodefinidos são chamadas *amotivacionais*.[11] Elas nos são impostas e nós, relutantemente, temos de aceitar. Na universidade, temos vários gerentes que vêm de livre e espontânea vontade à escola toda noite, depois de trabalhar o dia inteiro no escritório, para conseguir seus MBAs. Eu imagino que a cadeia motivacional de objetivos, para eles, seja mais ou menos assim:

- Eles leem o livro para se preparar para uma prova.
- Eles se preparam para a prova para terminar a disciplina.
- Eles terminam a disciplina para conseguir boas notas.
- Eles tiram boas notas para obter seus MBAs.
- Eles conseguem os MBAs para receber uma promoção.
- Eles recebem a promoção para ganhar mais dinheiro e gostar mais do seu trabalho.

Todos os subobjetivos nessa hierarquia se baseiam no último – conseguir uma promoção para realizar um trabalho mais interessante.[12] Você precisa de uma série de objetivos futuros que ache intrinsecamente motivadores para neles pendurar suas responsabilidades atuais. Se você quebrar essa cadeia motivacional em qualquer lugar, ela fica sem chão; seu compromisso com os objetivos passa a ser insignificante e, como se fosse um balão de gás, a atenção muda de rumo a cada lufada de vento.

O fator relevância é uma das grandes razões pelas quais os adiamentos diminuem com a idade. À medida que amadurecemos, passamos a ligar os pontos cada vez mais rapidamente, vendo as razões para aquilo que um dia pensávamos que não fazia sentido. Se você não tem metas que o toquem fundo – tarefas para a sua vida –, então seu objetivo agora é encontrá-las. O mundo é grande e você tem de experimentar pelo menos uma parte dele. Enquanto isso, vou lhe dar um objetivo genérico, que vai injetar significado em qualquer trabalho. Enquadre o que quer que você esteja adiando como um teste da sua vontade e, para azeitar ainda mais a aposta, conte aos amigos que você pretende começar cedo. O objetivo de honrar a palavra e demonstrar sua consistência aos outros vai aumentar o prazer de se aferrar ao trabalho e resistir às alternativas tentadoras.[13] Por exemplo, o comunicado ao público de Barack Obama dizendo que pretendia parar de fumar ajudou-o a abandonar o cigarro, com apenas um ou outro lapso.[14]

Para maximizar ainda mais sua motivação intrínseca, pense nos seus objetivos de longo prazo em termos do sucesso que quer alcançar – uma meta de *aproximação* –, em vez do fracasso que quer evitar – uma meta a se *evitar*. As pessoas que criam objetivos de longo prazo costumam adiar menos e ter um desempenho melhor.[15] Conselhos como "Não vá cair!" a quem está se equilibrando precariamente, ou "Não se esqueça da letra!" a um cantor aumentavam exatamente a probabilidade dos resultados que eles gostariam de evitar. Consequentemente, frases como "Eu realmente desejo que este livro tenha boas críticas" é melhor do que "Espero não ser achincalhado abertamente pelo que eu escrevi". Pensar "Eu quero que ela goste de mim" é melhor do que "Eu não quero ser rejeitado de novo". Praticamente qualquer objetivo pode ser reformulado de uma meta a se evitar para uma meta de aproximação, do que você não quer que aconteça para aquilo que realmente deseja.[16] Basta olhar a tabela abaixo:

Metas a se evitar são...	Metas de aproximação são...
1. *Não* ficar em casa	Conhecer o mundo
2. *Não* sentir cansaço	Ter energia
3. *Não* ficar preso a um trabalho monótono	Encontrar sua vocação
4. *Não* me debater com as contas	Ganhar mais dinheiro
5. *Não* deixar o copo vazio	Encher o copo
6. *Não* chegar atrasado	Começar cedo

Em que lado da tabela você costuma estar? Você se concentra em não comer docinhos enquanto está de dieta (uma meta a se evitar) ou fazer refeições saudáveis (uma meta de aproximação)? Você pensa em não adiar (uma meta a se evitar) ou em começar mais cedo (uma meta de aproximação)? Foi o que eu pensei. Portanto, sua lição é: pare de encontrar metas para se evitar!*

---

* Ops! Crie metas de aproximação!

1. *Pontos de Ação para Jogos e Objetivos*. As pessoas que leram Shakespeare costumam dizer que não há nada de bom ou de ruim neste mundo; nós é que pensamos assim. O Bardo está exagerando um pouco, mas, essencialmente, ele está certo. Enquadre as suas tarefas de maneira apropriada; a maneira como você as vê vai determinar significativamente o valor delas.

- Evite a monotonia fazendo as tarefas serem mais desafiadoras. Os jogos podem desempenhar um papel importante aqui, com as regras sendo limitadas apenas pela sua imaginação e pelo bom senso. Por exemplo, quando estiver competindo com os seus colegas, praticamente qualquer tarefa pode virar uma corrida para terminar primeiro ou trabalhar mais. Ao competir consigo mesmo, você também pode tentar terminar o trabalho em menos horas.
- Ligue as tarefas aos seus objetivos de longo prazo, àquilo que acha ser intrinsecamente motivador. Por exemplo, se você for uma pessoa sociável, pode ver o trabalho de limpar a casa como "preparar um ambiente acolhedor para a minha família e para os meus amigos".
- Enquadre os seus objetivos em termos do que você quer atingir, em vez de aquilo que está tentando evitar. Por exemplo, pense "Eu quero ser bem-sucedido" em vez de "Eu não quero errar".

Crise de energia

Quando me mudei para Minnesota para fazer meu Ph.D., minha mulher Julie e eu conseguimos encontrar um apartamento dos sonhos: um armazém convertido em *loft*. O aluguel era barato – algo muito importante para um estudante – e ele ficava perto da minha universidade e do trabalho dela. Mais do que isso, apenas um enorme campo dourado nos separava do rio Mississippi. Mas nada, no entanto, é totalmente bom. Aquele campo era cheio de ambrósias, que me fizeram contrair a febre do feno. Minhas alergias nunca foram tão ruins a ponto de precisarem ser tratadas com medicação, mas depois de acabar com três caixas de lenços de papel eu rapidamente escolhi um remédio de farmácia. De repente, não conseguia mais me levantar da cama de manhã sem que a minha esposa me puxasse várias vezes. Trabalhar se transformou numa tarefa extremamente árdua, como andar com a neve até os joelhos. O que havia de errado comigo? Será que eu estava deprimido? Sobrecarregado? Finalmente, li a caixa do remédio: "Pode causar sensação de tontura." Depois fui descobrir que a maioria dos remédios contra alergia contém anti-histamínicos, que têm o mesmo composto ativo do *Nytol*, um remédio para dormir. Eu estava tomando o equivalente a pílulas para dormir, portanto, não era de surpreender que não estivesse dando conta do trabalho.

Seja o cansaço induzido por remédios ou não, estar cansado demais é apontada como a Razão n. 1 para se adiar as coisas. Vinte e oito por cento das pessoas alegam que "Não tinham energia suficiente para começar o trabalho".[17] Quando está cansado ao fim do dia, depois que o seu emprego já consumiu sua melhor parte, limpar a garagem é a última coisa que você quer fazer. A fadiga aumenta a aversão ao trabalho, diminui o interesse e faz aquilo que já é difícil se tornar insuportável.[18] Seja um músculo ou uma mente exausta, você pode bem sentir a sensação de estar esgotado. Quando está cansado, fica ainda mais difícil se obrigar a enfrentar os trabalhos que você odeia. O esgotamento acaba com sua vontade, porque o exercício da vontade – o autocontrole e a automotivação – requer energia. Sempre que você tem de suprimir um impulso concorrente, exaure os seus estoques de energia e o seu livre-arbítrio. Se tem de se obrigar a não comer aquele biscoito, você exaure sua força de vontade. Se está lidando com o estresse, sua força de vontade também se esgota. Essa redução do autocontrole também acontece quando você tem de fazer escolhas difíceis, que é a razão pela qual comprar roupas pode ser um sacrifício terrível se você não tiver um olho inato para a moda. Aquelas roupas bizarras que entopem o seu guarda-roupa provavelmente foram compradas no final de uma ida ao shopping.

Até certo ponto, nós devemos aceitar que não dispomos de uma energia mental infinita e reconhecer nossas limitações motivacionais, e também as físicas. Todo mundo entende por que você não é capaz de correr uma maratona toda, mas não é muito óbvio que dilemas internos podem ser igualmente estressantes. Talvez tenhamos um problema com os adiamentos porque exigimos demais de nós mesmos num dia só, e é possível que buscar uma vida menos estressante e num ritmo mais lento ajudaria a nos manter energizados. Infelizmente, nem sempre dispomos dessa escolha. Então, o que é que podemos fazer quando o nosso "levante-se e vá em frente" se transforma em "já foi"?

Reconhecendo que as nossas reservas de energia são limitadas, podemos nos reabastecer estrategicamente e melhor alocá-las. Você não quer estar sempre se exaurindo; quando está desgastado, você é mais propenso a se entregar aos impulsos. É por isso que quem está de dieta não deve ficar com fome, porque torna-se mais fácil se saciar com as combinações simples de carboidratos e gorduras que saturam o nosso mundo. Ironicamente, os doces vão restabelecer sua vontade só pelo tempo suficiente de você se arrepender dessa indulgência.[20] Portanto, proteja-se das distrações utilizando os momentos de força para pôr em prática outras técnicas de autocontrole mais duradouras, especialmente se distanciando das tentações.[21] Essa é a beleza dos escritórios. Uma vez que as tentações tenham sido banidas, um escritório pode se tornar um templo de produtividade, um lugar onde seguir a vontade de trabalhar exige muito menos força de vontade.

Encarar o desafio de escrever um relatório no fim do dia, quando você já está mais do que exausto, também não é uma boa ideia. Você quer enfrentar essa tarefa quando está no auge da força, e isso vai depender do seu ritmo cicardiano.[22] Algumas pessoas são ratos da manhã, totalmente ariscas e ativas bem cedo, enchendo as academias antes de o sol nascer. Outras são corujas da noite, pessoas que começam devagar e cuja energia chega ao auge mais tarde, no correr do dia. Corujas têm mais chance de serem proteladoras, já que a sua cronobiologia é mais adequada para as realizações depois do pôr do sol; obrigando-se a um horário que não é natural, elas se enchem de cafeína pela manhã para acordar e de álcool à noite para relaxar.[23]

Qualquer que seja o seu ritmo, deixe para escrever aquele relatório algumas horas depois que você acordar; é aí que a sua mente opera no auge da eficiência, um período que dura aproximadamente quatro horas.[24] Se você acordou às 7 horas, por exemplo, seu máximo de desempenho provavelmente acontece das 10 às 14 horas, o que não é uma janela muito grande. Mas se você limpar sua mesa, desligar o e-mail e fechar a porta nesse período, vai poder realizar uma quantidade impressionante de trabalho. Você pode esticar essa fase de eficiência com um rápido cochilo, de cerca de 20 minutos, mas, se estiver num ambiente de escritório, provavelmente isso não vai ser possível. Mesmo assim, um rápido passeio pelo quarteirão pode refrescar sua cabeça na hora do almoço. De qualquer modo, é mais inteligente passar os trabalhos de rotina e menos criativos para o fim da tarde; a essa altura o seu QI já estará perdendo alguns pontos a cada hora que passa. Quando você finalmente chegar em casa, a única decisão que vai conseguir tomar eficientemente é se deve encerrar o dia com um copo de vinho ou uma caneca de cerveja. A boa notícia é que esse timing é perfeito. Doze horas depois de acordar é o melhor momento que o fígado tem para metabolizar o álcool.

Finalmente, um padrão típico em que muitos caem quando estressados é diminuir as horas de sono e de exercícios e substituí-las por alimentos e estimulantes, geralmente açúcar, cafeína e nicotina. No curto prazo, essa pode ser uma estratégia eficaz, mas, em longo prazo, você vai ficar pior. Não só os estimulantes vão perdendo o efeito depois de um uso muito prolongado, como também tornam ainda mais difícil fazer exercícios e dormir. Como a qualidade da concentração vai sendo gradativamente trocada pela quantidade de esforço, você trabalha mais horas produzindo menos e acaba trabalhando até de madrugada, quando devia estar dormindo. Esses são péssimos hábitos de energia.

Você provavelmente já sabe o que devia estar fazendo para resolver esses problemas. Comprometer-se com um ritmo regular de exercícios é uma maneira comprovada de diminuir a quantidade de adiamentos.[25] Como muita gente nos Estados Unidos também não consegue dormir bem, recomendo que você comece a aprender sobre a higiene do sono, que evita que as pessoas poluam seus quartos com coisas que lembrem o estresse do dia, conservando-o, em vez disso, como se fosse um santuário, um retiro.[26] A higiene do sono foi a única coisa que deu certo para a minha mulher, que vem de uma família de insones crônicos.

2. *Pontos de Ação para Crises de Energia.* Estar cansado demais é a maior razão para a procrastinação. Suas reservas de energia são, ao mesmo tempo, limitadas e um recurso renovável, portanto, esteja sempre se reabastecendo e aloque os seus esforços com sabedoria.

- Reserve suas horas de maior desempenho, de manhã e no meio do dia, para os trabalhos mais difíceis.
- Não se permita ficar com fome. Coma pequenas poções nutritivas de alimentos, quando necessário.
- Separe um tempo para malhar vários dias por semana.
- Faça o seu sono ser previsível, indo para a cama toda noite na mesma hora e com uma rotina regular para se desligar do dia.

- Respeite os seus limites. Se, depois de tudo isso, você continuar muito cansado para enfrentar suas responsabilidades, tente diminuir o número de seus compromissos ou peça ajuda a alguém para completá-los.

Você deveria ver o que eu estou evitando

O sol se põe e sombras extensas desaparecem na escuridão. Os olhos se dilatam para se ajustar, mas a escuridão continua: a incerteza toma conta de nós e de qualquer coisa que possa surgir. Agora que estamos vulneráveis a um desconhecido infinito, sentimos um medo sufocante. Com a noite vem a hora dos monstros. Puxe os lençóis por cima da cabeça e não diga nada: essa é uma questão de sobrevivência... pelo menos, costumava ser. Como três em cada quatro crianças, eu cresci com medo do escuro, um horror que me foi passado principalmente pelos meus ancestrais.[27] Quando a noite era realmente perigosa, esse medo de fantasmas e espíritos maléficos fazia as crianças ficarem em silêncio, quietas em seus lugares e seguras. Medos imaginários eram parte de qualquer cultura adaptativa.[28] Os Inuit do Norte ensinavam aos filhos a ter medo do Qallupilluit, que raptava as crianças que andavam perto demais das rachaduras do gelo, enquanto os japoneses tinham o Kappa, uma criatura aquática que comia garotinhos.* Talvez nós possamos invocar nossos próprios monstros para espantar os adiamentos.

A técnica do adiamento produtivo pode se utilizar de um monstro como esse. É um truque bem conhecido, defendido por ninguém menos que Sir Francis Bacon, filósofo e estadista do século XVII. Ele propôs que nós tentássemos "jogar afeição contra afeição, e dominar uma coisa com seu igual; até mesmo caçar animais com animais". Nós vemos adiamentos produtivos em ação quando as pessoas perdem horas preciosas apontando lápis, limpando o fogão ou os quartos de dormir enquanto um prazo fatal paira sobre elas. Embora, para todas as aparências exteriores, elas pareçam estar consumidas pelo transtorno obsessivo compulsivo, esse tipo de adiamento não é um desperdício absoluto de tempo.[29] Os trabalhos estão sendo realizados – mas não exatamente o que se

---

* Que eles começavam a comer pelo ânus, o que fazia essa história de fim de noite ser muito mais eficaz.

deve.[30] Os psicanalistas diriam que isso é um exemplo de deslocamento, em que nós direcionamos um impulso para uma válvula parecida, mas menos ameaçadora, como comprar briga com um amigo depois de ser humilhado pelo chefe. Os psicólogos behavioristas diriam que estamos dispostos a fazer qualquer tarefa escabrosa desde que ela evite que tenhamos de fazer algo pior.

Os adiamentos produtivos não são perfeitos – eles reduzem o custo da perda de tempo, mas não a eliminam. Em vez de não fazer nada de útil enquanto evita o grande projeto, você pelo menos está cuidando dos pequenos detalhes, "roubando de Pedro para pagar a Paulo". Não é tão construtivo quanto encarar a verdadeira tarefa, mas pelo menos isso limpa o seu prato e coloca você numa posição muito melhor para começar a cavar quando estiver pronto. Porém, mais cedo ou mais tarde, você vai ter que encarar aquele monstro que você estava evitando.

3. *Pontos de Ação para Você que Deveria Ver o Trabalho que eu Estou Evitando*: Não deixe que a perfeição (não adiar) se intrometa no caminho do bom (adiar produtivamente). Ao se dedicar ao adiamento produtivo você adia uma tarefa só para se motivar a enfrentar outra.

- Identifique um trabalho que, idealmente, você deveria estar fazendo agora, mas está adiando.
- Identifique tarefas periféricas que você também deveria fazer e que são *relativamente* mais divertidas do que o trabalho-alvo. Você também pode as estar adiando.
- Aceite a troca de evitar o trabalho-alvo e fazer as tarefas periféricas. Quando você acabar chegando ao trabalho-alvo, vai estar numa posição melhor para completá-lo.

O dobro ou nada

Todos nós conhecemos aqueles prazeres que nos provocam um sentimento de culpa. Sabe como é, aqueles aos quais você se dedica depois de um dia inteiro fazendo as coisas pelos outros, depois que as crianças já comeram e foram dormir e você, finalmente, tem uma horinha só para você. Você tira a roupa do trabalho, veste um robe, se serve uma bebida e assiste... oh, sim, a um reality show na TV. Ah, o doce abismo cerebral do entretenimento dado na boquinha! Todos nós temos a capacidade de nos recompensar, seja com um livro horroroso, um pote de sorvete ou uma compra de luxo. Portanto, vamos fazer um bom uso desse talento.

Um dos grandes problemas com os proteladores é que eles costumam não se premiar depois de concluir uma tarefa, geralmente deixando de apreciar seu próprio trabalho duro.[31] Eles não se dão um sussurro amigo ou um presente planejado depois de um trabalho benfeito. Isso é muito ruim, já que essas recompensas são as mais fáceis de se praticar e de se personalizar. A conversa relaxante que uma pessoa tem consigo mesma ou uma merecida indulgência vai variar de pessoa para pessoa, mas o efeito continua sendo o mesmo. Seja a sua frase favorita um silencioso "Garotão!" ou "É isso aí, menina!", um pequeno elogio interno é um incentivo gratuito por ter superado uma tarefa desafiadora. Da mesma maneira, seja uma boa refeição ou uma temporada completa de férias, uma recompensa a si mesmo pode nos tirar da monotonia de um trabalho e nos botar rumo à realização de um projeto. Mais que isso, elas oferecem dividendos motivacionais, que serão recebidos nos trabalhos posteriores.

Essa técnica é chamada de industriosidade aprendida: as pessoas podem aprender a amar seu trabalho.[32] Veja você que as emoções agradáveis geradas pelos cumprimentos a si mesmo tendem a ficar incutidas no próprio esforço. Isso quer dizer que as atividades assumem as características dos objetivos e podem se tornar, por si só, compensadoras. O dinheiro é sempre o principal exemplo desse fenômeno, pelo valor das coisas que mais tarde você poderá comprar. O trabalho árduo, pelas realizações que ele pode gerar, pode ser igualmente incutido, fazendo com que o próprio esforço seja compensador no momento. Consequentemente, pessoas bem-sucedidas se veem num círculo vicioso: as recompensas antecipadas da vitória tornam o trabalho mais divertido e essa diversão as ajuda a ganhar. Com o futuro dando um gostinho ao presente, elas podem sentir o sabor da vitória muito antes dela ser alcançada. É um acerto muito bonito, mas o truque é como começar. Pode ser necessária uma série de ciclos de esforço e recompensa antes que o próprio trabalho adquira o gosto da contrapartida futura.

Enquanto espera a industriosidade aprendida fazer parte da sua vida, você pode aumentar o prazer do trabalho de uma maneira mais direta: misture um remédio amargo com a doçura do mel.[33] Tente encontrar um casamento compatível entre um interesse de longo prazo e um impulso de curto. Se você combinar um trabalho desagradável com um que você considere mais divertido, a mistura pode ser o bastante para fazer você seguir em frente. Fazer dupla com um parceiro de academia pode estimular a malhar. Oferecer um café especial a si mesmo pode ajudá-lo a manter o foco no cronograma ou no orçamento. Mas esse método também tem seus riscos. Arranjar um parceiro para ajudá-lo a terminar um relatório ou se preparar para uma prova pode se transformar num falatório de abobrinhas que se arrasta a noite inteira, sem nada de útil para se mostrar em troca. Mesmo assim, a ideia é excelente. No filme *Billy Madison, um Herdeiro Bobalhão*, com Adam Sandler, o personagem-título tem de refazer toda a sua educação, 12 matérias em 24 semanas, para receber uma vultosa herança. Desesperado, ele contrata uma atraente professora que para cada resposta certa que ele dá tira uma peça de roupa.

4. *Pontos de Ação para o Dobro ou Nada.* Tire um tempo para reconhecer e recompensar seu progresso. Apesar do sucesso – no fim das contas – fazer seu trabalho ser mais divertido, nesse momento você pode incluir um pouco de prazer na maioria das suas tarefas.

- Faça uma lista das recompensas que você pode se dar, como autoelogios ou uma compra mais frívola, ou uma noite fora.
- Prometa essas recompensas a si mesmo, depois de completar as tarefas que andou evitando.
- Pense em maneiras de fazer as tarefas mais agradáveis, como ouvir música, tomar um café especial ou trabalhar com um amigo.
- Certifique-se de que aquilo que torna o trabalho mais divertido, como trabalhar em dupla, não acabe tomando o lugar do próprio trabalho.

Deixe sua paixão ser sua vocação

Existe o trabalho perfeito – aquele que as pessoas estão dispostas a fazer mesmo sem receber um salário. Um exemplo é "garimpar ouro".[34] Garimpeiros são jogadores de video games profissionais que se tornaram especialistas em RPGs eletrônicos para milhares de jogadores simultâneos [Massive Multiplayer Online Role-Playing Games – MMORPG], como *World of Warcraft, RuneScape* ou *Star Wars Galaxies*. Com toda a técnica apurada que eles têm e horas e horas jogando – em certos casos, até 18 horas por dia –, eles ganham ouro virtual e objetos raros que depois vendem aos outros jogadores em troca de dinheiro de verdade. Como foi documentado por Ge Jin, um aluno de Ph.D. da Universidade da Califórnia e cineasta independente, esses jogadores profissionais derrubam a fronteira entre trabalho e diversão de uma maneira construtiva. Jin confessa que ficou "assustado com o espírito positivo que eles têm; os garimpeiros são muito apaixonados pelo que fazem e existe muita camaradagem entre eles".[35] O mais revelador é o que a maioria dos garimpeiros faz nas horas vagas – eles continuam a jogar.

Além do problema de quem compraria todo esse dinheiro de mentirinha, ser garimpeiro não é nem pode ser para todo mundo. Mesmo assim, ele captura o Santo Graal do emprego perfeito, casando a alta performance com a satisfação no emprego. E ilustra que encontrar um trabalho que você goste é um grande passo para evitar os adiamentos. Ser intrinsecamente motivado pelo seu emprego significa que você se sente recompensado simplesmente por fazê-lo; não é preciso adiar a gratificação nesse caso. Essa combinação pode fazer o trabalho ser quase um vício; a motivação sobe até a estratosfera, levando com ela a criatividade, o aprendizado e a perseverança.[36] Falando por mim, eu adoro aprender sobre motivação e dou muito duro para aprender mais. Encontrar um trabalho que você ame nem sempre é fácil, mas não custa tentar.

Encontrar o seu trabalho perfeito é, no mínimo, tão difícil quanto encontrar sua alma gêmea. Com quase 50% dos casamentos na nossa cultura terminando em divórcio, o desafio é bem grande. No amor, nós procuramos a pessoa que nos complementa; no trabalho, procuramos o ofício que pode ser a nossa vocação. Em todo caso, um casamento satisfatório é chamado de congruência e pode ser muito difícil de se conseguir. O melhor fator para prever o amor é a familiaridade de estar fisicamente próximo à pessoa* – o que é uma

---

* Como disse Sir Peter Ustinov: "Ao contrário do que as pessoas pensam, eu não acredito que os amigos sejam as pessoas de quem você mais goste; são apenas as pessoas que chegaram primeiro."

boa receita, pois diminui os custos de viagem na hora do namoro.[37] Também no trabalho, nós somos atraídos pela melhor das opções disponíveis, e não pelo melhor emprego possível. Ampliar nosso mundo e melhorar nossas chances na carreira não é um assunto simples. Nós precisamos entender melhor a nós mesmos e o que empregos diferentes podem nos oferecer e, então, encontrar uma ligação entre os dois.[38]

Para a maioria das pessoas, encontrar sua verdadeira vocação é uma luta permanente. Se todos nós seguíssemos nosso primeiro impulso, o mundo profissional seria composto principalmente de bombeiros e bailarinas. Se seguíssemos os nossos sonhos de adolescência, seríamos principalmente atletas profissionais, estilistas ou cantores de rap. Pergunte a qualquer universitário e muitos querem fazer carreira no cinema. Por outro lado, fazer a escolha sensata de ser médico ou advogado nem sempre dá certo; essas foram as carreiras iniciais de Graham Chapman e John Cleese, antes de formarem o Monty Phyton's Flying Circus. A maioria de nós tem de escolher uma vocação enquanto já está trabalhando, aumentando o compromisso com uma carreira já existente e, às vezes, inadequada. Pode ser necessária a ajuda de um cupido, ou, como chamamos no mundo do trabalho, um conselheiro ou psicólogo vocacional. Esses profissionais avaliam sua personalidade em relação ao trabalho, geralmente se baseando numa ferramenta de aferição que divide os interesses em seis grupos: realista (fazer), investigativo (pensar), artístico (criar), social (ajudar), empreender (convencer) e convencional (organizar).[39] Os trabalhos também são agrupados, com bombeiros sob o guarda-chuva "realista" e bailarinas colocadas sob o manto "artístico". Os conselheiros profissionais vão lhe indicar uma série de opções de carreira, embora vá depender de você pelo menos tentar "namorá-las". A avaliação abaixo é a minha, completada quando eu tinha 17 anos. Uma profissão claramente domina o meu perfil, um ofício que exige uma combinação de interesses investigativos e artísticos: professor. Na época, eu não levei essa avaliação a sério, e precisei ficar vagando por uns dez anos até chegar à mesma conclusão. Tudo culpa da minha forte necessidade de autonomia.

Assim como na hora de encontrar o amor, existem mais coisas envolvidas no momento de encontrar sua profissão do que ao identificar o que você de-

INVESTIGATIVO

		30	40	50	60	70
TEMA	MODERADAMENTE ALTO				**58**	

INTERESSES BÁSICOS							
CIÊNCIA	MÉDIA			**52**		
MATEMÁTICA	MÉDIA			**49**		
CIÊNCIA MÉDICA	MÉDIA			**54**		
SERVIÇO MÉDICO	MÉDIA			**50**		

CÓD.	ESCALAS OCUPACIONAIS	Escore padrão M	Escore padrão F	Muita Aversão 12	Aversão 21	Aversão Mediana 27	Meio-Termo 39	Propen. Mediana 45	Propensão	Alta Propensão 54
I R	Veterinário	RI	43							
I R	Químico	25	31							
I R	Físico	36	26							
I R	Geólogo	39	39							
I R	Tecnólogo médico	21	28							
I R	Odontologista		32							
I R	Dentista	44	37							
I R	Optometrista	47	34							
I R	Terapeuta	33	44							
I R	Médico	40	46							
I R S	Enfermeira	43	SI							
I R S	Professor de matemática	28								
I R C	Professor de matemática		24							
I R C	Analista de sistema	15	35							
I R C	Programador	33	32							
I R E	Quiroprárico	34	37							
I R	Farmacêutico	28								
I	Farmacêutico		38							
I	Biólogo	39	35							
I	Geógrafo	31	43							
I	Matemático	32	25							
I A	Professor universitário	52	49							
I A	Sociólogo	40	45							
I A S	Psicólogo	34	36							

seja. Embora uma certa profissão possa ser a ideal para você, seus sentimentos podem não ser bem-correspondidos. Alguns trabalhos estão fora do seu alcance porque já estão sendo disputados por um número grande demais de candidatos. As leis da oferta e da procura são rígidas e pode não haver demanda para aquilo que você oferece. Felizmente, existem muitas outras profissões das quais você também pode gostar. Nos Estados Unidos, o programa O*NET cataloga mais de mil profissões, identificando aquelas que têm sido mais procuradas pelos empregadores com aquelas que preencham o seu perfil.*

Depois de contabilizar a sua personalidade e o mercado de trabalho, você também vai ter de considerar seus talentos.[40] Você consegue fazer aquilo que o emprego exige? Bombeiros e bailarinas precisam ter capacidade atlética, estando nas mais altas posições de exigência física. Se você quiser ser astrofísico ou cirurgião do cérebro, é bom você ser um poço de inteligência. Fazer a ligação entre as habilidades individuais, como garra e capacidade mental, com o mundo do trabalho não é fácil.[41] Por exemplo, eu posso lhe dizer que, se você só tiver 1,65m de altura, não deveria nutrir a aspiração de jogar na NBA, a liga americana de basquete. Mas, na maioria das vezes, não é tão óbvio se você está correndo atrás de um sonho ou de uma causa perdida. Apenas tenha em mente que você procura um trabalho que você não só ame, como também tenha a capacidade de se destacar.

5. *Pontos de Ação para Deixar a sua Paixão Ser a sua Vocação*. Nem todo mundo tem a possibilidade de mudar de emprego. Algumas pessoas estão presas a obrigações e limitações econômicas e têm de fazer suas escolhas com base na segurança ou na oferta de empregos. Se você tiver a felicidade de escolher, não a desperdice! Daqui para a frente, encontrar a combinação certa entre aquilo que você faz e quem você é deve ser uma ocupação permanente.

- Procure carreiras que envolvam atividades que você gosta ou adora fazer.
- Elimine aquelas profissões para as quais você não tem o devido talento ou habilidade, nem quer aprender.
- Faça uma lista das profissões que sobraram por ordem de demanda. Quanto pior for a situação econômica, menos escolhas você vai ter.
- Se você precisar de ajuda para responder a qualquer uma dessas perguntas, procure um serviço de aconselhamento profissional de boa reputação.**
- Comece a procurar emprego!

---

* Entre em http://online.onetcenter.org/find/descriptor/browse/Interests/. Se você for verificar, verifique a minha profissão, psicólogo industrial-organizacional. Você vai ver que, além de pesquisar motivação, nós também aconselhamos os trabalhadores sobre suas carreiras. (N. do A.)
** Uma sugestão é a Career Vision, que enfatiza tanto o sucesso como a satisfação no trabalho: http://www.careervision.org/ (N. do A.)

No Capítulo 2 Valerie Sem Valor odiava escrever e adiou tanto o artigo sobre política municipal que o que ela acabou produzindo foi um trabalho de segunda categoria. Em vez de trabalhar, ela gastou seu tempo na atividade muito mais prazerosa de mandar mensagens de texto para as amigas e se empanturrar de vídeos pela internet. Infelizmente, essa é uma história muito comum, especialmente entre escritores.* Para parar de adiar, Valerie precisa encontrar uma forma de aumentar o valor do seu trabalho. Ligá-lo aos objetivos principais de sua carreira já seria um bom começo. Ao identificar que tipo de coisas ela gostaria de escrever e enquadrar suas tarefas atuais como um degrau em direção a esse objetivo, ela pode dar à sua estratégia elementos tanto de *Deixe a sua Paixão Ser a sua Vocação* como de *Jogos e Objetivos*. Além disso, ela poderia ter começado a trabalhar mais cedo, quando estava com mais energia, em vez de deixar para o fim de sua jornada, quando sua força de vontade já estava minguando (ver *Crise de Energia*). E, no mínimo, ela poderia ter tentado *O Dobro ou Nada* e usar o artigo sobre política municipal para motivá-la a fazer outros trabalhos, adiando produtivamente, em vez de perder tempo na internet.

Se você marcou 24 pontos ou mais na escala de Valerie, no Capítulo 2, provavelmente consegue se identificar com a situação dela, mesmo que o seu problema não seja exatamente escrever.[42] Se for assim, seria uma boa ideia reestudar as técnicas deste capítulo, porque existe espaço de sobra no mundo para encontrar um trabalho que seja mais adequado para nós e transformar essa ocupação em algo que amamos (ou, pelo menos, gostamos). Vamos transformar aquelas tarefas cansativas e que não motivam ninguém em gols de ouro que possam incentivá-lo. Pense só: pode até ser divertido!

---

* Por exemplo, Douglas Adams, autor do best-seller *O guia do mochileiro das galáxias*, tinha uma capacidade lendária de evitar escrever. Ele dizia: "eu adoro prazos. Adoro o barulho que eles fazem ao vento quando passam por mim."

9

Tudo a seu tempo: administrando os impulsos de curto prazo com os objetivos de longo prazo

$$motivação = \frac{expectativa \; x \; valor}{impulsividade \; x \; demora}$$

Aquele que não tem o domínio sobre as suas tendências, aquele que não sabe como resistir à importunidade da dor ou do prazer atual, em favor do que a razão lhe diz que tem de ser feito, quer saber o verdadeiro princípio da virtude e da industriosidade e corre o risco de nunca ser bom para coisa alguma.

– JOHN LOCKE

A impulsividade é a última causa dos adiamentos sobre a qual nós vamos nos debruçar, apesar de seu desejo incorrigível de vir sempre em primeiro lugar. Seu mantra é "Agora, agora, eu quero agora!". Se nós tivermos uma criança interior, ela está aí e ela vai querer a bala imediatamente. A impulsividade perpassa todos os vícios que envolvem a fraqueza da vontade. Não só a impulsividade forma o núcleo dos adiamentos, mas ela está fortemente ligada a relacionamentos problemáticos, péssima liderança, suicídio, abuso de substâncias químicas e violência. Num livro revelador chamado *A General Theory of Crime* [Teoria geral da criminalidade], os criminologistas Michael Gottfredson e Travis Hirschi argumentam que a maioria dos crimes e contravenções se devem, exclusivamente, à impulsividade.[1] O que inevitavelmente acontece quando o vício dá mais satisfação imediata do que as virtudes? A pessoa mais impulsiva vai ser a mais corrupta.

Consequentemente, a impulsividade está no meio de campo dos adiamentos e tem uma relação muito mais intensa com os adiamentos do que com qualquer outra característica de personalidade. Enquanto uma baixa autoconfiança (expectativa) e uma propensão ao aborrecimento (valor) têm papéis definitivos na criação de adiamentos, eles não estão no mesmo patamar da impulsividade. A impulsividade multiplica o efeito da demora, tornando-o determinante de peso no resultado da equação de deixar para depois. Uma pessoa com o dobro de nível de impulsividade de uma pessoa média geralmente vai deixar que o prazo chegue à metade do normal antes de começar a trabalhar. Infelizmente, se você for impulsivo, sempre vai ser, de alguma maneira, suscetível a adiar a vida. Embora você vá experimentar uma singela redução na sua impulsividade quando envelhecer,[2] e nem todas as situações vão disparar uma ação impulsiva,[3] você não pode escapar do seu destino. A impulsividade não é uma característica que você tem, mas algo que você é.

Então, o que é que se pode fazer com uma crônica falta de autocontrole? Nossa civilização já vem ruminando sobre esse problema há milhares de anos, imaginando como atenuar o sistema límbico e fortalecer mais o córtex pré-frontal.[4] Como cada geração tem que redescobrir essas soluções com suas próprias palavras, está na hora de visitarmos de novo e reenquadrar uma antiga aula de sabedoria. Voltemos ao início do Império Grego, ao lendário poeta Homero e seu épico *Odisseia*.

Comprometa-se agora a se amarrar, se saciar e envenenar

Conhecido como Odisseu ou Ulisses, esse rei de Ítaca comandou seu povo há mais de 3 mil anos, mas até hoje é lembrado. Numa batalha para recuperar a bela Helena, foi Ulisses quem bolou o famoso Cavalo de Troia, uma gigantesca estátua de madeira, dentro da qual se esconderam 40 gregos. Como a frase "Cuidado com os gregos e seus presentes" ainda estava a algumas horas de ser cunhada, Troia aceitou a oferta de paz, só para ver Ulisses e seus homens descerem da barriga do cavalo atrás de suas linhas. Para nós, a história mais importante de Ulisses acontece depois, na viagem de volta pelo mar. Num itinerário muito malplanejado, ele tem de lutar contra dúzias de monstros – os Ciclopes, hippies gigantes e drogados conhecidos como comedores de lótus –, mas, o que é mais importante, com as Sereias. Essas belas mulheres, apesar de estarem perpetuamente nuas e disponíveis, têm uma boa razão para não terem se casado. Elas cantam e suas vozes são tão puras e cativantes que são irresistíveis; maravilhado com aquela melodia, você não quer fazer nada a não ser escutar, morrer e apodrecer. Então, o que é que se faz? Felizmente, numa escala anterior, Ulisses se encontrou com a deusa Circe, que lhe deu um conselho que veio bem a calhar: encha as orelhas dos seus homens com cera para deixá-los surdos e amarre-se ao mastro do navio para que possa ouvir a canção irresistível, e não se renda pela força do desejo. O truque funcionou, e Ulisses seguiu viagem.[5]

E como é que isso se aplica ao nosso caso? Pense na situação de Ulisses em termos da equação de deixar para depois na tabela a seguir. No eixo vertical, temos o desejo de Ulisses, mostrando que ele sempre age a favor do que mais quer. No eixo horizontal fica a dimensão do tempo, começando da esquerda com a maneira como ele se sente agora e, então, se movendo para a direita, acompanhando o jeito como seu desejo muda com o tempo, especialmente quando se aproxima das Sereias e, depois, de Ítaca. Inicialmente, ele quer voltar para Ítaca e surpreender sua mulher, Penélope, depois de uma ausência de 20 anos e matar todos os homens que desejam sua mão – representada pela linha entrecortada. Note que seu entusiasmo por morrer nas mãos das Sereias é muito menor, e isso é representado pela linha preta. No entanto, suas preferências mudam quando ele chega à ilha das Sereias, onde a linha preta se ergue sobre a linha entrecortada. Se ele não tivesse seguido o conselho de Circe e protegido a si mesmo e a sua tripulação, todos teriam ancorado e morrido na ilha. E isso é exatamente o que prevê a equação de deixar para depois. Quando você se aproxima de uma tentação, seu desejo por ela chega ao auge, permitindo que a tentação se sobreponha a opções melhores que ainda estão por vir. Provavelmente, isso acontece com você o tempo todo.

Neste exato instante eu tenho certeza de que você não sofre de uma escassez de metas de longo prazo: quer perder cinco quilos, parar de fumar, sair mais ou trabalhar mais. Talvez você queira começar a economizar dinheiro para a aposentadoria ou apenas para uma viagem. Entre nós e as nossas aspirações estão as Sereias. Mas, em vez de garotas lindas e seminuas, elas são o carrinho de sobremesa, a televisão ou um videogame alucinante. Nós acordamos de manhã com um desejo claro de ir de tarde à academia, só para sucumbir ao demônio do que está imediatamente disponível. Nós queremos fazer regime, mas quando uma torta de maçã passa debaixo do nosso nariz nossa força de vontade também diminui. Mas se você puder prever essas tentações poderosas, poderá agir antecipadamente e desviá-las. Você pode adotar o conceito do *pré-compromisso*.[6]

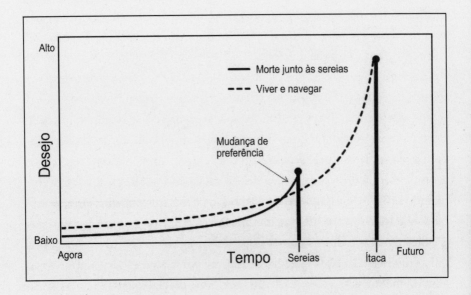

Ao seguir o conselho com relação às Sereias, Ulisses agiu antes que o desejo o atingisse, se comprometendo antecipadamente a evitar uma fraqueza posterior. Como seguiu o conselho de Circe, Ulisses sobreviveu e continuou navegando. Infelizmente, não temos nossas deusas particulares para nos advertir sobre as nossas Sereias; é extremamente difícil antecipar nossas próprias tentações no momento presente. Para usar uma terminologia mais econômica, os *sofisticados* compreendem seus problemas de autocontrole, enquanto os *ingênuos* são pegos de surpresa por mudanças repentinas em suas inclinações.[7] A maioria de nós é *ingênua*, incapaz de prever completamente como vamos nos sentir quando os desejos começarem a se agitar dentro de nós.[8] Em termos biológicos, nosso córtex pré-frontal e nosso sistema límbico simplesmente não se entendem, e por isso tendemos a subestimar o poder da nossa própria excitação no calor dos acontecimentos – seja uma questão de fome, de medo ou de excitação sexual. E nos esquecemos do grau de arrependimento que vamos sentir depois de agir sobre esses anseios. Olhando zonzos no espelho na manhã seguinte, ficamos abismados pelo que nosso sistema límbico andou pensando na noite anterior.

Embora possamos ter um aprendizado um pouco lento a respeito do poder das nossas tentações, acabamos aprendendo. Pense um pouco a respeito. Quando você está adiando, o que está fazendo? São algumas distrações que vêm à sua mente? Você pode dar nome a essas sereias? Se puder, comece a se comprometer antecipadamente. Manter-se fiel aos seus objetivos pode ser uma atitude de curta duração, portanto, essa é a maneira de agir agora.

Jogue fora a chave

Uma estratégia militar bem comum para impedir que os seus navios sejam capturados é destruí-los, mas essa destruição se presta também a outro objetivo. O conquistador espanhol Hernán Cortés danificou seus próprios navios ao chegar ao México enchendo-os de água, mesmo com o inimigo não estando à vista.[9] Da mesma forma, Guilherme, o Conquistador, queimou alguns de seus barcos simbolicamente e desmontou os outros depois de ancorar na Inglaterra.[10] Nos dois casos, esses homens lucraram com a sua decisão e conseguiram estabelecer novos domínios. Cortés destruiu o Império Asteca e se apoderou do líder deles, Montezuma. A conquista da Inglaterra por Guilherme garantiu que a nobreza local fosse substituída por pessoas de origem normanda por vários séculos. Ao eliminar a rota de saída, eles não deixaram nenhuma alternativa a seus soldados a não ser vencer, uma estratégia que data de milhares de anos. Sun Tzu resume isso em seu texto do século VI, *A arte da guerra*: "Coloque seus soldados numa posição de onde não possam escapar e, mesmo enfrentando a morte, eles não vão fugir. Pois, se estiverem preparados para morrer, o que é que eles não vão conseguir? Assim, soldados e oficiais se esforçam juntos e dão o máximo de si."

Aplicando esse princípio aos adiamentos, nós também podemos proteger nossos objetivos de longo prazo das tentações mais imediatas. Nossos navios, nesse caso, são as outras alternativas, que nós procuramos eliminar. Conta-se que Herman Melville teria pedido para que sua esposa o acorrentasse à sua mesa de trabalho enquanto ele escrevia *Moby Dick*. Para continuar escrevendo, Victor Hugo fez com que seu empregado o deixasse nu em seu estúdio e não trouxesse as roupas de volta até uma determinada hora.[11] Sabendo que vou devorar metade dos doces de Halloween antes do momento certo, não compro nada até poucas horas antes da festa e levo o que sobrou para distribuir para os meus colegas no dia seguinte. Fumantes que estejam tentando parar de fumar dão os maços aos outros e pedem aos amigos para não lhes oferecerem cigarros. Baladeiros que vão se divertir num bar deixam os cartões de crédito em casa e levam pouco dinheiro no bolso, para não estourar o orçamento.*

Infelizmente, como acontece com tantas das estratégias que nós já conhecemos, o pré-compromisso pode ser difícil de ser colocado em prática, principalmente se você estiver sozinho. Ulisses tinha sua tripulação para amarrá-lo ao mastro, mas, normalmente, nós nos encontramos sem marinheiros sob o nosso comando. A tecnologia está começando a preencher esse vazio. Há alguns anos, fui entrevistado para um artigo do *Newsday*, que comemorava os 50 anos do botão de soneca.[12] O botão de soneca é a própria armadilha do demônio, uma tecnologia capacitadora de adiamentos que permite que você adie tranquilamente seu objetivo original de acordar, de maneira a conseguir mais alguns minutos de uma sonolência de baixa qualidade. Para se contrapor a essa tentação, as pessoas colocam os despertadores do outro lado do quarto, ou usam o Clocky, um relógio sobre rodas que, depois que você aperta o botão de soneca, sai correndo pela sua mesa de cabeceira estrilando e se iluminando como um robô temperamental. Uma série de aplicativos semelhantes foram desenvolvidos para os computadores. O Google tem o botão de "Take a break" [dê um tempo], que desliga o seu e-mail por 15 minutos. Outro aplicativo é o Mail Googles, que evita que você, bêbado, mande um e-mail de madrugada, exigindo que resolva problemas simples de matemática depois das 22 horas.[13] E outras ferramentas como essas estão sempre sendo desenvolvidas, inclusive uma ampla série de adicionais para o browser Firefox (*MeeTimer*, *LeechBlock*); para usuários do Apple, existe o programa *Freedom*, que bloqueia o seu acesso à internet por até oito horas. Infelizmente,

---

* Outro grande exemplo vem do filme *A Festa Nunca Termina*, com Tony Wilson. No filme, Tony é um empresário poderoso do meio musical e fanático por punk rock. Apesar de todo o seu sucesso, ele nunca conseguia ficar com muito dinheiro. Sua explicação é o mais puro compromisso antecipado: "Eu evito ter de vender minhas coisas não tendo nada para vender."

os softwares de controle do tempo mais sofisticados, como o *Chronager*, se baseiam na ideia de controle pelos pais e não do autocontrole. Uma vez que você tenha o sistema de pesos e contrapesos instalado, vai precisar de um amigo para mudar a senha sem você saber e manter a nova em segredo.

Apesar de sua utilidade, esses pré-compromissos nem sempre são totalmente eficazes. A maioria desses exemplos apenas dificulta ainda mais sucumbir à tentação, mas não torna isso impossível. A raiz do problema é que a mesma inteligência que você utilizou para preparar tudo agora se volta contra você; aliás, você é o seu pior inimigo. Você sempre pode correr até a loja e comprar outro docinho, reformatar seu computador para despistar o software que o controla e jogar travesseiros no despertador para sufocá-lo. Samuel Coleridge contratava gente barra-pesada para impedi-lo de frequentar antros de consumo de ópio, mas os despedia quando a vontade voltava a ser grande demais. No filme *Trainspotting – Sem Limites*, o personagem de Ewan McGregor se pregava no chão para tentar se curar do vício em heroína, só para se soltar dali com a mesma determinação.[14] Falando de maneira mais realista, o mecanismo que está em ação aqui é atrasar – e não evitar – o seu acesso às tentações. Quando a demora se estende, com sorte o seu desejo pela tentação vai perdendo força. Um pote de sorvete pode ser chamativo se estiver ao alcance da sua mão, mas sua voz fica abafada se ele ficar quietinho no freezer. Evidentemente, quanto maior o desejo pelo vício, maior a distância necessária para silenciá-lo.

Saciedade

Você já foi a um supermercado com fome? É uma péssima ideia. Você, provavelmente, saiu com seu carrinho pelos corredores, enchendo-o de besteiras que não estavam na sua lista. Ao desempacotar tudo em casa, você abarrotou o armário e o freezer com doces que passou semanas comendo e que só acrescentaram alguns quilinhos à barriga. Na verdade, tudo o que você precisava era de um docinho, mas no seu estado de privação você acabou comprando impulsivamente um considerável banquete. A sabedoria diz que, além de "nunca fazer compras de estômago vazio", as preocupações mais básicas precisam ser atendidas antes de se concentrar em outras coisas.[15] Abraham Maslow, o pai da psicologia humanista, baseou sua teoria da autorrealização nesse insight, argumentando que nós temos uma hierarquia de necessidades, na qual os desejos mais básicos e viscerais, como comida e segurança, precisam ser atendidos primeiramente.[16]

Para se comprometer antecipadamente usando saciedade, nós procuramos atender nossas necessidades de um jeito seguro e controlado, antes que elas se intensifiquem e assumam o controle. Se o seu apetite se tornar extremado, você vai se empanturrar para tentar satisfazê-lo. Duas estratégias comuns de pré-compromisso são tomar um copo d'água e uma salada verde antes de uma refeição e comer barrinhas de cereais durante o dia.* Um jeito mais divertido de se garantir fidelidade é transar com seu parceiro antes que ele, ou ela, parta para uma longa viagem, uma tática chancelada por ninguém menos que São Paulo, o apóstolo.** Os fumantes usam o adesivo de nicotina para reduzir seu desejo, enquanto os usuários de heroína utilizam metadona. Uma utilização mais ampla dessa estratégia é marcar, primeiro, suas atividades recreativas na agenda. Então, em seguida, anote os trabalhos mais chatos. Isso se chama de "agenda às avessas" e pode jogar um pouco de energia no sufoco da vida diária.[17] Em todos esses casos, a ideia é deixar sair um pouco do vapor antes de a chaleira explodir.

Tente um pouco de veneno

Apesar dos prazos de inscrição serem postados com vários meses de antecedência e incentivados ainda mais com descontos para quem se inscrever cedo, a maior parte das inscrições para qualquer coisa, de cursos e treinamentos até corridas de 10 quilômetros, geralmente acontece um pouco antes da data fatal.[18] Nenhuma novidade. Fazendo uma apresentação num congresso em

---

* A cirurgia de redução ou grampeamento do estômago é uma forma mais drástica de compromisso antecipado com a saciedade, no sentido de que ela diminui a quantidade de comida necessária para alguém se sentir satisfeito. O fato de que existe uma chance bastante razoável de se morrer durante esse procedimento dá uma ideia das medidas desesperadas que as pessoas estão dispostas a tomar para combater seus desejos.

** "Não se prendam um com o outro, a não ser que concordem em fazer isso por determinado período de tempo, para se dedicar às orações. Depois, vocês devem voltar a se unir, para que satã não os tente, por meio da falta de autocontrole." (1 Coríntios 7:5)

Nova York, há alguns anos, eu conheci Victor Vroom, um especialista em liderança e motivação. Atravessando a Times Square com ele, percebi que nenhum de nós tinha conseguido lugar no melhor hotel, porque tínhamos tentado marcar quando já era tarde demais. Mas, paradoxalmente, os proteladores nem sempre são os últimos a se inscrever para alguma coisa; às vezes, são até os primeiros. Num esforço para se comprometer antecipadamente, eles assinam contratos de longa duração com as academias, compram assinaturas para a temporada inteira numa sinfonia, ou pedem que DVDs disputados nos clubes sejam entregues com muita antecedência.[19] Agindo agora, eles esperam obrigar irrevogavelmente que suas personas futuras façam aquilo que a persona atual não está disposta a correr atrás, mesmo que isso signifique descartar outras alternativas.

Uma forma que já foi muito popular desse instrumento de pré-compromisso era o Clube do Natal.[20] Criado pela Carlisle Trust Company em 1909, os bancos ofereciam contas de poupança com juros baixos que impunham uma penalidade se você sacasse o dinheiro antes da hora. Apesar do acesso ao crédito hoje ser muito mais fácil, as variantes do Clube do Natal ainda existem.[21] Por que alguém utilizaria uma coisa dessas? Porque elas querem estar sob a ameaça de uma punição. Sem a penalidade no horizonte, elas temem que vão sacar e gastar todo o dinheiro antes da hora e não ter nada a não ser boas intenções sob a árvore de Natal. O mesmo princípio pode ser bastante útil para evitar o aumento de peso. Os Vigilantes do Peso são uma empresa internacional desenhada para punir pessoas que ganhem quilos. Ela oferece assistência e aconselhamento para se atingir e manter um peso ideal. Depois que você estiver firmemente estabelecido na sua forma ideal, você recebe um título de membro vitalício. Mas tem um senão. Você precisa ir se pesar pelo menos uma vez por mês, e se estiver mais de 1 quilo acima do peso, as mensalidades são reinstituídas até você perder os tais quilos. Eu também já ouvi falar de uma rede dinamarquesa de academias que oferece mensalidades gratuitas se você aparecer para malhar uma vez por semana.[22] Se você para de se exercitar regularmente, tem que pagar.[23]

Com a ajuda de um amigo impiedoso ou de um inimigo simpático, você também pode aumentar os riscos de qualquer empreendimento. Basta fazer uma aposta bem alta que você vai perder apenas se deixar de lutar pelo objetivo que quer atingir. Os economistas John Romalis e Dean Karlin, por exemplo, bolaram sua própria versão mais apimentada dos Vigilantes do Peso. Para estarem sempre em forma, qualquer um dos dois pode pedir que o outro se pese a qualquer momento. A multa pelo ganho de peso é de 10 mil dólares.[24]

Karlin depois se juntou a outro professor de economia, Ian Ayres, para criar o *stickK.com*, um site que ajuda as pessoas a bolar seus próprios contratos de pré-compromisso. Uma tentativa semelhante e anterior a essa é o website "Covenant Eyes", fundado por Ronald DeHass. Para diminuir o consumo de pornografia, ele monitora e manda um e-mail de todos os sites que você visita na internet para um "parceiro que cobra responsabilidade" que você escolher. Pode ser um amigo, sua esposa ou talvez até um pastor. Para uma solução tecnológica do mesmo perfil do Clocky, existe um despertador chamado SnūzNLūz. Toda vez que você aperta o botão de soneca, ele doa 10 dólares ou mais para a instituição de caridade que você mais detesta; um pouquinho de sono extra vem à custa de ajudar um grupo que representa a antítese da sua posição política, orientação sexual ou atitude ambiental.

Como todos os métodos de pré-compromisso, esses instrumentos não são infalíveis. Para começar, eles são inflexíveis, por isso você não pode mudar de ideia, mesmo que os motivos sejam legítimos. Onde estaria Ulisses se o barco dele começasse a afundar ou fosse atacado por piratas enquanto ele ainda estivesse preso ao mastro? Você pode estar precisando desesperadamente do dinheiro amarrado nos Clubes de Natal, ou ficar doente e não poder usar sua matrícula de longa duração na academia. Por outro lado, se os compromissos não forem suficientemente fortes, os desestímulos podem ser driblados. Como diz o ditado, "Aqueles que fogem da tentação geralmente deixam um endereço onde podem ser encontrados".[25] Por isso, cuide para que a sua persona futura não seja mais inteligente e determinada que a persona atual. Se houver força de vontade – e, com toda certeza, ela *existe* –, então é melhor não haver um jeito fácil de driblá-la. Adultos que roem unhas cobrem os dedos com a mesma geleia amarga usada para evitar que as crianças chupem o dedo, mas acabam aprendendo a aguentar o gosto ou inventam modos criativos de lavá-los.[26] Da mesma maneira, no romance de Mordecai Richler, *Joshua Then and Now*, Joshua Shapiro ajuda o amigo Seymour a driblar uma estratégia de pré-compromisso trocando de cueca com ele: Seymour estava vestindo "calcinhas pretas de cetim com delicados lacinhos" para evitar descambar para o adultério.[27] Afinal, que tipo de mulher iria querer dormir com você depois que descobrisse que você cobria sua masculinidade com uma calcinha de lacinhos? Bem, eu acho que isso vai depender do tipo de pessoa com quem você anda, mas isso não vem ao caso.

1. *Pontos de Ação para se Comprometer Agora a se Amarrar, se Saciar e Envenenar.* Manter-se fiel aos seus objetivos pode ser uma oferta com tempo limitado, exigindo que você aja antes que a tentação se sobreponha a você. Primeiro, você tem de identificar as suas tentações, o que o distrai quando você deveria estar trabalhando. Se você precisar de ajuda, peça à família e aos amigos. Depois de identificar suas tentações, você tem três opções sobre o que fazer com elas. Escolha.

- *Distância.* Ponha essas tentações fora do seu alcance, ou, pelo menos, bem longe de você. Por exemplo, apague os seus videogames, ou desligue a conexão para a internet. Tire a bateria do seu Palm Top ou a televisão da tomada.
- *Saciedade.* Satisfaça suas necessidades antes que elas se tornem intensas demais e o distraiam do seu trabalho. Ironicamente, você geralmente consegue trabalhar com mais afinco se antes programar alguns momentos de lazer.
- *Envenenamento.* Acrescente desestímulos às suas tentações para torná-las pouco atraentes. Por exemplo, uma aposta em dinheiro com alguém de que você não vai cair em tentação pode se aplicar a praticamente qualquer coisa.

Fazendo a atenção se pagar

Mais ou menos na época em que eu nasci o premiado psicólogo Walter Mischel começava a fazer experiências com crianças usando marshwmallow para testar sua força de vontade.[28] Numa série de estudos, ele oferecia um marshmallow às crianças, mas dizia que, se elas esperassem um pouco, ganhariam dois. Algumas esperavam um pouco, outras muito mais, com a média ficando em cinco minutos. A capacidade das crianças de adiarem as gratificações e ganhar o prêmio mais demorado, porém maior, se mostrou fundamental quando elas cresceram. O autocontrole que elas exibiram quando crianças serviu para prever tudo, desde o resultado no vestibular (o SAT americano) até suas habilidades sociais quando adultos.[29] Caráter é destino. Subsequentemente, Mischel tentou mudar o destino de uma nova legião de crianças melhorando suas estratégias ao lidarem com tentações, geralmente triplicando o autocontrole delas, fazendo com que esperassem três vezes mais do que seria normal. Que mágica foi essa? Ele simplesmente lhes mostrou como prestar atenção.

A abordagem de Mischel para se sobrepor à falta de atenção pode parecer muito familiar. Do mesmo modo que eu faço para a equação de deixar para depois, Mischel enfatiza a natureza dupla da nossa mente: os adiamentos surgem do jogo de forças entre o nosso sistema límbico e o nosso córtex pré-frontal. Para dominar o controle da atenção como maneira de melhorar o autocontrole, primeiro, nós precisamos ir de dentro para fora, mudar o que vemos e como vemos o mundo. Depois disso, nós vamos de fora para dentro, para remover ou reforçar as pistas externas, mudando o mundo que nós vemos.

De dentro para fora: preste atenção, por favor!

Está na hora de fazer uma brincadeira chamada "O Animal Incomum". Vai levar só um minutinho. Pegue o seu relógio para marcar o tempo e durante um minuto inteiro não pense num *elefante cor-de-rosa*. Nenhum elefante cor-de-rosa, nem unzinho. Entendeu? Como você provavelmente não pensou em nenhum elefante cor-de-rosa hoje, deve ser bem fácil. Se você conseguir passar mais 60 segundos sem pensar num elefante cor-de-rosa, a vitória é sua. Está pronto? Valendo.

Insira, aqui, sessenta segundos

Você ganhou? Duvido. Segundo Daniel Wegner, que escreveu um livro sobre a supressão do pensamento, esse jogo é totalmente armado contra você.[30] Para ter certeza de que você não vai pensar num elefante cor-de-rosa, você tem de ter pelo menos uma ideia deles na sua cabeça, senão não pode procurar por algo que viole esse padrão. Ironicamente, ao suprimir ativamente os pensamentos, você ajuda a mantê-los. Esse mecanismo forma a base dos atos falhos freudianos; tentar reprimir um trauma ou uma tentação parece trazer à tona a maldita ideia. Para as poucas pessoas que conseguiram ter êxito em não pensar no referido animal por 60 segundos, perceberam o repique pós-supressão? Sua mente, num suspiro de alívio, provavelmente passou a pensar numa série de elefantes cor-de-rosa assim que o tempo se esgotou.[31] Apesar desse péssimo histórico, a supressão do pensamento é uma técnica muito popular utilizada para combater – sem a menor eficiência – tudo, desde desejos homossexuais até estereótipos raciais. Se você deparar com uma tentação tentando invadir sua vida, seja por um amor que você não tem o direito de ter, ou um novo programa de televisão, você pode pensar em maneiras melhores de lidar com isso. É assim que funciona.

Em vez de evitar pensar na sua tentação, você pode se distanciar mentalmente dela enquadrando a sua tentação em termos de características simbólicas e abstratas. Por exemplo, Mischel fez com que as crianças demorassem a comer pretzels, conseguindo que elas se concentrassem na cor e no formato ("os pretzels são compridos e finos como palitinhos"), em vez de no gosto e na textura.[32] Da mesma maneira, o antropólogo Terrence Deacon conseguiu que chimpanzés escolhessem seus alimentos de maneira mais estratégica utilizando uma forma de representação simbólica chamada lexigramas.[33] Os chimpanzés deviam escolher entre duas porções de frutas, kiwis e morangos, e recebiam aquela *que eles não haviam escolhido*. Só os chimpanzés que aprendiam os lexigramas equivalentes a kiwis e morangos (respectivamente, um quadrado preto com um "Ki" azul *versus* um quadrado vermelho com duas linhas brancas na horizontal) eram capazes de adotar a estratégia vencedora de apontar para a fruta que eles menos queriam e, em contrapartida, receber a mais desejada. Como concluiu Deacon, ver o mundo em símbolos joga o peso dos pratos da balança do sistema límbico (guiado por estímulos) em favor do córtex pré-frontal, que adora abstrações, permitindo que as escolhas sejam melhores.* Para tirar vantagem dessa técnica nós precisamos

---

* Ou, para usar as palavras de Deacon, os chimpanzés precisaram da representação simbólica, porque, sem ela, "se concentrando totalmente naquilo que eles queriam, eles eram incapazes de se afastar da situação, por assim dizer, e forçar seu desejo a se enquadrar num contexto pragmático."

manter nossos pensamentos o mais aéreos e disformes possível, como se estivéssemos vendo as tentações de uma longa distância. Como o espadachim japonês do século XVII Miyamoto Musashi escreveu em *O livro dos cinco anéis*: "A percepção é forte e a visão é fraca. Na estratégia, é importante ver as coisas distantes como se fossem próximas e ter uma visão afastada do que está próximo."

Sua segunda linha de defesa é lançar uma "campanha difamatória" em qualquer característica que o sistema límbico achar que é desejável. Você pode atribuir qualidades e consequências negativas a toda e qualquer tentação para se contrapor às características instigantes. Aqueles pretzels, por exemplo, podem estar mofados ou alguém pode ter espirrado em cima deles. Para cada possibilidade nojenta que você gerar, mais desagradável a indulgência vai parecer.[34] Além do mais, ao imaginar alguns resultados tenebrosos, você se dedica à chamada *sensitização coberta*.[35] Trata-se de uma técnica de casar a tentação com uma imagem desagradável, de preferência misturando a primeira com a segunda. Aqui está uma, bem genérica, que eu criei especificamente para lidar com adiamentos:

Eu quero que você imagine que acabou de adiar um grande projeto, para o qual você pensava que ainda tinha bastante tempo. Você está fazendo outros trabalhos, menos importantes, navegando pela internet, vendo televisão em casa – enfim, adiando. Finalmente, chega aquela hora em que não pode mais adiar e, embora isso seja estressante, você deve ser capaz de lidar com a situação – a não ser pelo fato de que está morto de dor de cabeça. Considerando-se todo o tempo de sobra que tinha pelo projeto, você não pode usar isso como desculpa sem parecer preguiçoso e incompetente. Você começa a analisar o trabalho, mas a dor de cabeça piora cada vez mais, como se fosse uma faca lhe cortando os olhos. Você não está produzindo nada de valor, apesar da dor lancinante que sente quando tenta trabalhar. Como os seus olhos estão quase rachando de agonia, você toma algum analgésico só para descobrir que ele o deixa ainda mais cansado e, de fato, você acaba dormindo. Quando acorda, é de manhã, e você está atrasado para o trabalho. Apressando-se para chegar, você descobre que sua chefe decidiu juntar todos os seus companheiros na sala da diretoria para ver você apresentar o projeto. O presidente da empresa dá uma passadinha e decide que também vai ouvir. Já atrasado, você é empurrado às pressas até o palanque e todo mundo espera você começar. Quando tenta explicar que não conseguiu fazer nada por causa de uma dor de cabeça, você tropeça nas palavras e fica parecendo um completo imbecil. Segue-se um longo silêncio, quebrado apenas por umas risadinhas, com os seus colegas olhando para o outro lado, constrangidos de se verem ligados a você. Depois disso, sua chefe explica que estava pensando em promovê-lo, mas que, em vez disso, agora, vai ter de despedi-lo – o que você fez é indesculpável. Uma das pessoas na sala de reunião gravou sua "apresentação" com o telefone celular e colocou no YouTube, onde gente do mundo todo vai rir de você. Ninguém no seu ramo de atividade vai aceitar sequer fazer uma entrevista de emprego com você, e sua carreira está arruinada.[36]

Fique à vontade para mudar a cena de um jeito que seja adequado à sua situação, talhando-a sob medida para as suas distrações específicas. Seymour, o amigo de Joshua Shapiro, por exemplo, poderia ter mais sorte em matéria de fidelidade se se concentrasse nas possibilidades negativas, como engravidar uma estranha, pegar uma doença ou destruir seu casamento. No seu caso, basta se lembrar de que, quando deixa as tarefas para a última hora, você pode ficar doente, ou outras situações de emergência podem aparecer e o trabalho sempre demora um pouco mais do que o imaginado. Quanto às consequências trágicas que possam resultar do seu adiamento, imagine sempre o pior. A empresa de consultoria *Opera Solutions* perdeu um concurso de 1 milhão de dólares ao enviar sua solução com 20 minutos de atraso.[37] Elisha Gray perdeu o crédito pela invenção do telefone para Alexander Graham Bell porque enviou sua ideia para o escritório de patentes com um dia de atraso. Os atrasos fazem coisas feias acontecerem. Por que elas não aconteceriam a você?

No entanto, o controle da atenção e a sensibilização coberta não são técnicas perfeitas. Elas exigem esforço e, com o tempo, vão exaurir seus estoques de energia – você não pode desviar os olhos para sempre. Como o trabalho de Mischel mostrou, a capacidade das crianças de deixar passar mais tempo para receber um agrado aumentou, mas continuou sendo limitada. No entanto, certa quantidade de atraso pode ser suficiente para os seus propósitos. Muitas tentações são só uma questão de tempo, como uma sobremesa ao fim de um jantar; se você puder evitá-la por uma hora ou coisa parecida, o desejo e a tentação vão desaparecer. Não é perfeito, mas é muito melhor. Porém, se você estiver em busca de soluções mais duradouras, continue lendo.[38]

De fora para dentro: uma hora você vê, na outra você não vê

Aqui vai um truque que vai fazer você ganhar um mês inteiro de eficiência a cada ano. É muito fácil de implementar, prontamente eficaz e não custa um único centavo. Primeiro, entre no seu programa de e-mail. Segundo, desligue todos os alertas de áudio de e-mail e pop-ups da caixa de correio. No Microsoft Outlook eles ficam bem escondidos sob a rubrica "Opções Avançadas de E-Mail", mas os controles estão lá, com certeza. Basta desligar tudo que estiver embaixo de "Quando novos itens chegarem na minha caixa de entrada". E pronto, não precisa de um terceiro passo. Banir as notificações de e-mail vai fazer com que você seja cerca de 10% mais eficiente num ano, e isso se traduz em um mês de produtividade.* O melhor trabalho acontece quando você se dedica intensamente a uma única tarefa. Toda vez que interrompe o seu fluxo, você tem de decidir trabalhar de novo e leva algum tempo para voltar a ficar totalmente ligado. Infelizmente, nós somos condicionados a responder os e-mails instantaneamente, respondendo ao toque sonoro do computador como cães de Pavlov. A não ser que tenha uma razão muito urgente, verifique o seu e-mail na hora que for conveniente para você, durante os intervalos naturais da sua produção.

O que nós estamos fazendo aqui, ao mudar as marcações do e-mail é retomar o *controle dos estímulos*. Parte da nossa tomada de decisão acontece no subconsciente, no nosso sistema límbico. Essa não é a parte mais brilhante da nossa mente; ela recebe boa parte de sua orientação a partir das pistas do ambiente, ou seja, dos *estímulos* da visão, do aroma, do som ou do tato.[39] Uma imagem provocadora aparece e nós pensamos em sexo, um cheiro gostoso passa pelo nosso caminho e nós ficamos com fome, ou ouvimos o trechinho

---

* Um mês, no mínimo. Veja o Capítulo 5.

de uma canção e começamos a assobiar a melodia. Essas pistas associativas fazem nossa mente viajar e nós esquecemos da tarefa original. Com um simples empurrãozinho, nossa imaginação desce pelo buraco do coelho e nos vemos pensando num assunto que seja mais relevante para nós, como, por exemplo, o que comer no almoço. E com isso fomos distraídos.

As pistas que nos distraem são poderosas e invasivas e são bombardeadas ativamente em nosso mundo. John Bargh, chefe da Automacity in Cognition, Motivation and Emotion (ACME) [Automaticidade na Cognição, Motivação e Emoção], da Universidade de Yale, passou décadas demonstrando como é preciso muito pouco para influenciar nossas mentes.[40] Nós podemos ser preparados – condicionados – para praticamente qualquer coisa, tudo sem nos darmos conta.[41] Uma pequena diminuição na luz aumenta a sensação de medo. Seguramos uma xícara de café e sentimentos de calor passam a fazer parte de nós, deixando-nos mais caridosos. Colocar os *kisses* de chocolate da Hershey na mesa da secretária num pote transparente e não opaco (portanto, tornando-os mais visíveis, mas não mais disponíveis) aumenta o consumo de petiscos no escritório em 46%.[42] O poder dessas pistas é tamanho que elas podem criar desejos que se apoderam de nós – "É só falar no diabo que ele aparece." Viciados geralmente sentem um desejo violento de se drogar quando encontram uma forte deixa, como um local de consumo no bairro ou um antigo usuário.[43]

As grandes empresas tentaram direcionar agressivamente essas deixas cognitivas, nos empurrando milhares de comerciais por dia. Para retomar o controle sobre o nosso ambiente, o que nós precisamos fazer, essencialmente, é gerenciar nosso próprio departamento de publicidade. Do jeito que são, nossas escolas e locais de trabalho são motivacionalmente tóxicos, poluídos de distrações. Precisamos fazer com que sejam santuários de desempenho, tirando vantagem do ditado "Longe dos olhos, longe da mente" para extirpar nossos escritórios e nossas salas de aula de deixas irrelevantes. No início desta seção pedi para que vocês desligassem os alertas de e-mail. Também contei como Ulisses fez com que sua tripulação tampasse os ouvidos com cera para evitar ouvir as Sereias. Esses dois exemplos se baseiam no mesmo princípio, de eliminar as dicas exteriores. Você precisa identificar as suas distrações e varrer as deixas que as acompanham de sua vida. Aposto como você tem mais do que uns poucos sites da internet adicionados a favoritos no seu computador para proporcionar um acesso rápido. Comece deletando esses. E, enquanto estiver fazendo isso, livre-se de ícones que abrem rapidamente os joguinhos, ou, o que é melhor, apague totalmente esses joguinhos. Em casa, esconda o controle remoto da televisão ou feche a porta do armário da TV, se você tiver um. E agora vamos para a parte realmente difícil.

Um ambiente de trabalho bagunçado, desorganizado e atulhado de coisas é um campo minado de distrações. Para cada minuto que você passa à procura de um relatório ou livro fora do lugar, aumenta a possibilidade de algum detalhe periférico o distrair. Todo corpo estranho na sua mesa o distrai e desvia sua atenção, tornando mais difícil que você se concentre em seu objetivo principal.[44] Mas o xis da questão é este: a atividade que as pessoas mais adiam é "limpar os armários, as gavetas e os espaços cheios de coisas".[45] Os proteladores têm mais chance de deixar o ambiente bagunçado, o que, por sua vez, aumenta a procrastinação.[46] Você precisa de ajuda. Você pode combater os entulhos com algumas das técnicas de combate aos adiamentos encontradas neste livro – os adiamentos produtivos ou estruturados que examinamos no Capítulo 8 são particularmente relevantes para você. A hora mais inspiradora para desentulhar sua vida parece ser sempre antes de um prazo apertado. Uma alternativa é procurar ajuda fora deste livro. Entre na internet e procure pela palavra "bagunça" para encontrar livros sobre como organizar sua vida. Você também pode chamar especialistas em organização. Não é mais incomum do que contratar um personal trainer para dar a partida num programa de exercícios.*

Depois de ter banido os sinais da tentação, a outra metade da estratégia de controle dos estímulos é preencher esse vazio. Lembretes exteriores dos nossos objetivos são importantes, mas em vez de pôsteres motivacionais com frases de efeito genéricas os seus lembretes precisam ser pessoalmente relevantes. Eles precisam se comunicar com *você*. O que é que você associa mais fortemente ao trabalho-alvo? Se houver uma citação que você acredite ser particularmente inspiradora, faça a sua tela de computador exibi-la sempre

---

* Aqui vão duas associações: http://www.napo.net/about_napo/; e http://www.organizersincanada.com/.

que estiver no modo de descanso. Se você demorar muito a pagar as contas ou os impostos, coloque-os bem à vista na mesa da cozinha ou do café, onde não seja possível ignorá-las. Até escrever uma lista é um bom lembrete, especialmente num post-it grudado ao lado do seu monitor de computador.[47] Todas essas dicas se solidificam numa estratégia inacreditavelmente eficaz e concentrada, focando sua atenção na meta.[48]

Para enfatizar o quanto essa estratégia concentradora pode ser eficiente, considere o auxílio que ela pode dar ao consumo eficiente de energia em sua casa. O problema do consumo de energia é que ele é vago e distante, e só é percebido numa conta mensal muito tempo depois de os quilowatts terem sido detonados. Se nós fizéssemos uma pequena mudança e colocássemos o medidor de energia *dentro* em vez de *fora* da casa, esse lembrete visível e permanente do custo da energia ajudaria a coordenar seu sistema límbico com o seu córtex pré-frontal, motivando-o a desligar as lâmpadas que não estiverem sendo usadas e substituir as ligadas por lâmpadas fluorescentes.[49] Mark Martinez, da Southern California Edison, por exemplo, fez seus clientes usarem um *Ambient Orb* que ficava vermelho sempre que o consumo de eletricidade começava a ficar caro.[50] Em semanas o consumo no horário de pico diminuiu voluntariamente em 40%. Outras experiências parecidas indicaram uma economia de cerca de 10% nas contas de energia elétrica.[51]

No trabalho, as deixas de estímulo não precisam ser compradas em loja. Qualquer coisa que se associe a uma tarefa pode motivá-lo a completá-la: a hora do dia, a atividade anterior e os companheiros – tudo pode ser transformado em gatilho para um trabalho.[52] Para ser ainda mais útil, você pode transformar o seu próprio lugar de trabalho numa deixa, de modo que você se concentre automaticamente assim que se sentar. Essa estratégia exige dedicar o ambiente exclusivamente ao trabalho. Para que isso aconteça, trabalhe no seu escritório até a motivação abandonar você e for impossível não se dispersar. Nessa hora, navegue pela internet, pelo seu site de relacionamentos, e jogue os seus jogos *em outro lugar.* Pode ser que seja necessário um segundo computador, só para se divertir, mas quando o aumento de produtividade aparecer, essa aquisição vai se pagar. Se você mantiver o trabalho e a diversão em territórios diferentes, as associações vão se formar e você não vai precisar se esforçar tanto para prestar atenção – seu ambiente já vai levantar todo o peso motivacional. Três estudos analisaram a eficácia dessa técnica com alunos, e descobriram que o uso de áreas exclusivas para o trabalho diminuía os adiamentos significativamente em questão de semanas.[53] Atitudes semelhantes, como usar contas bancárias separadas para evitar gastos impulsivos, também podem ser eficazes quase que instantaneamente.[54] Sem essa divisão entre trabalho e diversão, você fica recebendo deixas contraditórias toda vez que se senta à sua mesa, uma indicando que você deve pesquisar o seu relatório e a outra pedindo para você dar uma espiadinha na sua página do Facebook.

Para deixar mais nítidos os limites entre as duas áreas da vida que se digladiam – normalmente a família e o trabalho –, precisamos manter a linha de fronteira bem delimitada.[55] Se você não tiver condições de comprar um segundo computador, então pelo menos crie um segundo perfil que exija que você faça um log out da sua identidade de trabalho antes de passar para o alter ego mais preguiçoso. Se perceber que o seu Blackberry permite que o trabalho polua a vida familiar, arranje um segundo celular bem simples para usar depois que você se desligar. Você também pode criar um ritual de transição para ajudá-lo a passar de um domínio para o outro, como relaxar com uma música de rádio enquanto volta para casa, ou tirar a "roupa de trabalho" quando chegar em casa. Se você precisar trabalhar em casa, tenha um escritório só para isso, independentemente de quanto ele seja pequeno ou meramente simbólico. Esses estímulos do ambiente em que se está vão servir como uma cerca para proteger-se das tentações que o distraem, permitindo que você esteja *verdadeiramente* em cada lugar.

2. *Pontos de Ação* para *Fazendo a Atenção se Pagar*. As distrações são um grande capacitador dos adiamentos, portanto, aprender a lidar eficazmente com elas é um *must*. Suas opções são denegrir, eliminar ou substituir as deixas que fazem você se lembrar delas.

- Marque as alternativas tentadoras utilizando-se de uma sensibilização coberta, pensando em maneiras nojentas de como elas possam ser manchadas ou imaginando possíveis resultados desastrosos como consequência do adiamento. Quanto mais viva você puder imaginar a contaminação ou a catástrofe, mais eficaz será a técnica.

- Ao se confrontar com tentações que o distraiam, concentre-se nos aspectos mais abstratos. Um cheesecake triplo de chocolate pode ser visto apenas como mais uma mistura de gordura e açúcar.

- Quando possível, elimine inteiramente as deixas que façam você se lembrar de alternativas que o distraiam. Manter o seu espaço de trabalho livre de entulhos vai ajudá-lo a fazer isso.

- Após você ter esvaziado todo o espaço de trabalho das deixas que distraiam você, substitua-as com mensagens ou imagens que o façam se lembrar de por que está trabalhando. Para algumas pessoas, uma foto de mesa das pessoas que elas amam pode ser uma lembrança eficaz.

- Abrace essas deixas compartimentalizando bem onde é lugar de diversão e onde é de trabalho, mantendo-os o mais separado possível.

Cumprindo as metas

Centímetro por centímetro, a vida é mole; metro a metro, a vida é dura. Quanto esse ditado pode ser poderoso? Joe Simpson o utilizou para salvar sua vida, numa das maiores histórias de sobrevivência do alpinismo. Considerado morto no fundo de uma fenda numa isolada montanha do Peru e com a tíbia estilhaçada, ele tinha três dias para chegar até o acampamento, se arrastando por uma geleira absolutamente traiçoeira ou então morrer de verdade. Ele já estava totalmente exausto da árdua maratona que foi a subida, sem comida e só com um pouquinho de água, portanto, essa viagem deveria ser considerada impossível, se não fosse por um instrumento crítico para a sua sobrevivência: seu relógio. Com ele, Joe começou a traçar metas. Ajustando o despertador para cada 20 minutos, ele se punha a caminho de uma pedra ou sedimentação – ficava maravilhado quando chegava a tempo e se desesperava quando não conseguia. Lutando contra a exaustão, a dor e, mais tarde, com uma sensação de delírio, ele repetiu esse procedimento centenas de vezes e chegou ao perímetro do acampamento de base poucas horas antes do horário marcado para a partida de sua turma.

A história de Simpson, contada no livro *Tocando o vazio*, ressalta o poder de se ter metas de resultado. Como escreveu Mark Twain: "O segredo de se ir em frente é começar. O segredo de se começar é quebrar aquelas tarefas complexas e arrebatadoras em pequenas tarefas administráveis e então dar início à primeira." Porém, outras ideias sobre como construir objetivos de modo a maximizar os benefícios motivacionais continuam envoltas em confusão. Apesar de milhares de estudos científicos sobre como estabelecer metas, muito pouco desse know-how penetrou na literatura de massa.[56] Desde meados da década de 1980 mais de 500 livros sublinharam as metas SMART, um acrônimo que tem ao mesmo tempo letras de mais e de menos. SMART significa: Específicas [*Specific*], Mensuráveis, Atingíveis, Realistas e ancoradas no Tempo. Há letras demais, no sentido de que *Específicas* é supérflua tanto em relação a *Mensuráveis* como *ancoradas no Tempo*, enquanto *Atingíveis* é redundante por causa de *Realistas*.[57] E há letras de menos, no sentido de que certos conceitos significativos não aparecem. Deixe-me contar o que você realmente precisa saber.

Já tocamos numa parte do assunto do que faz uma meta ser boa. No Capítulo 7 comentamos que fazer com que as metas sejam desafiadoras inspira mais do que fazê-las atingíveis. Metas fáceis são atingíveis. Sabe o que acontece depois que você alcança uma meta fácil? A mesma coisa que acontece quando você cruza a linha de chegada de qualquer corrida: você para.[58] No Capítulo 8 nós focamos em tornar as metas significativas, ligando-as a aspirações pessoais que sejam relevantes.[59] Se você perceber como tarefas presentes levam a resultados futuros, você vai dar mais valor a elas. Neste capítulo vamos dar os toques finais ao estabelecimento de metas fazendo o tempo correr do seu lado.

A linha de chegada está logo ali adiante

Quase que invariavelmente, jornalistas entram em contato comigo sobre a matéria que estão escrevendo sobre adiamentos horas antes do prazo de entrega. A revista *Slate*, por exemplo, que fez uma edição especial sobre adiamentos, confessou: "a data original prevista era a semana do dia 5 de maio. É sério. Nós tínhamos um plano de publicar na segunda de manhã, só que tinha um problema: só alguns articulistas conseguiram mandar seu trabalho a tempo."[60] Na minha opinião, o Quarto Poder está cheio de proteladores inveterados, que se sentem atraídos pela profissão porque esse é um dos poucos lugares onde eles se encaixam. Todo dia a própria profissão gera um prazo próximo e específico: são tantas palavras sobre tal assunto, a serem entregues até a hora tal, senão...! Esse é exatamente o tipo de meta que os proteladores são ótimos para alcançar. Para se motivarem eles precisam de uma linha de chegada bem próxima e nítida. A sua curva de ação deriva diretamente da equação de deixar para depois; à medida que o espaço para demora diminui, sua motivação aumenta.

Para aplicar esse princípio à sua vida você precisa de uma ideia concreta e exata do que precisa ser feito, porque metas vagas e abstratas (como "Dê o melhor de si!") raramente levam a qualquer coisa excelente. O nível de detalhe que se exige varia de pessoa para pessoa, mas você deve ser capaz de sentir quando é o suficiente. As metas devem dar uma sensação mais corpórea do que etérea – você deve ser capaz de poder enfiar os dentes nelas. "Fazer meu testamento antes de pegar o avião no dia 15" é uma meta atingível. "Pôr a minha vida financeira em ordem", nem tanto.

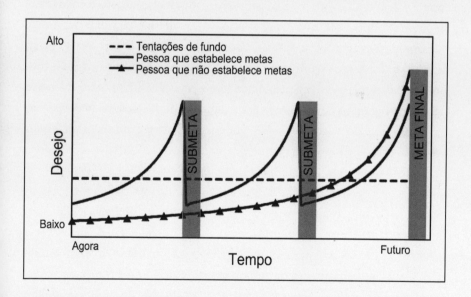

Depois de criar uma linha de chegada específica, marque algo para perto. Você talvez tenha de quebrar um projeto de longa duração numa série de passos menores. Observe a tabela seguinte, que representa a maioria das situações de trabalho. No fundo, há sempre uma série de ruídos e tentações e, apesar de sempre existirem os altos e baixos, nós podemos, em média, representar isso como uma linha horizontal pontilhada. Até o nosso desejo de trabalhar ultrapassar essa constante, nós não vamos trabalhar. Geralmente, permitimos que o ambiente estabeleça as metas para nós, e ela é representada por uma única meta: o prazo. A linha de triângulos representa uma pessoa que não estipula as próprias metas e cuja motivação é reservada, principalmente, para logo antes do prazo. O que fazer? Que tal aproximar o prazo artificialmente? A linha preta comum representa uma pessoa que dividiu a tarefa em duas submetas anteriores, permitindo que sua motivação se erga mais cedo acima da linha da tentação. Como se pode perceber, a soma das partes pode ser maior do que o todo, já que a pessoa que cria submetas trabalha duas vezes mais do que a pessoa que não faz isso.

Não existem regras fixas sobre o quanto as suas metas precisam ser próximas ou específicas. O seu sucesso vai depender do quanto você é impulsivo, o quanto acha a tarefa desagradável e contra que tentações está se debatendo. Mas tenha em mente, também, que metas muito próximas e frequentes podem ser uma complicação. Metas diárias geralmente proporcionam um bom equilíbrio; são eficazes e práticas. No entanto, muita gente acredita que a casca de um trabalho duro, aqueles primeiros minutos, continua sendo o obstáculo inicial. Quantas vezes você já adiou um trabalho só para perceber que a coisa não era tão feia assim, depois que começou? Limpar a casa, malhar e até escrever geralmente são difíceis no começo. É mais ou menos como nadar no lago que fica ao lado da cabana dos meus sogros, perto de Winnipeg (a cidade mais fria do mundo, com mais de 600 mil habitantes). A água é maravilhosamente revigorante, mas para a maioria das pessoas o choque térmico inicial é uma barreira efetiva em relação à recompensa que vem depois. Ao me concentrar apenas no pulo inicial do deque eu posso mergulhar e, depois de alguns segundos muito intensos, curtir a situação. Assim, uma minimeta ou uma meta de curtíssimo prazo é excelente para passar por cima desse tipo de tensão motivacional de superfície. Metas de dez minutos são uma aplicação dessa técnica, como, por exemplo, uma limpeza geral de dez minutos da casa inteira. Consequentemente, se você tiver algum problema para escrever, basta se sentar e digitar algumas palavras. Se você não estiver com vontade de malhar, pelo menos pegue as suas roupas de ginástica e vá até a academia. Depois de ter completado essa minimeta, reavalie como se sente e veja se não está disposto a se comprometer a ficar mais tempo. Depois de quebrar essa tensão motivacional de superfície e ter imergido no projeto, você, como a maioria das pessoas, vai querer continuar.

Sua escolha final é como estruturar suas metas. Você prefere aquilo que você *investe*, o tempo, ou o *resultado*, aquilo que é produzido? Na hora de malhar, você quer correr uma hora ou 8 quilômetros? As duas são boas opções. Uma agenda modesta, mas regular – se ela for mesmo regular – produz verdadeiras maravilhas. B. F. Skinner pensava que "15 minutos por dia [escrevendo], todo dia, acaba fazendo um livro por ano" – embora a maioria dos escritores profissionais almejem escrever muito mais do que 15 minutos.[61] Para outros, a meta é o número de palavras; o escritor de ficção científica Robert Sawyer, por exemplo, escreve 2 mil palavras por dia, incluindo o seu blog. Ernest Hemingway combinava investimento e resultado, trabalhando seis horas ou produzindo 500 palavras, uma estratégia útil. Se você tiver um dia produtivo e atingir sua cota bem cedo, sejam palavras ou objetos, dê uma recompensa a si mesmo e vá pescar; se a produtividade não vier na medida desejada, o investimento de tempo vai assegurar que alguma coisa terá sido produzida. Para ajudá-lo a se manter honesto quanto à sua produtividade, tente utilizar um software livre como *ManicTime* ou *RescueTime*.[62] São aplicativos bem legais que monitoram automaticamente os hábitos de trabalho do seu computador, permitindo que você controle facilmente suas atividades. Quanto tempo você gasta com os seus e-mails? E navegando na internet? Quanto tempo você gasta efetivamente trabalhando? Esse tipo de choque de realidade vai deixar você ciente da sua produtividade e eu posso jurar, pessoalmente, que ele ajuda muito a diminuir o hábito de jogar pela internet.

Em piloto automático

De vez em quando, voltando para casa, fico incumbido de passar no supermercado para comprar leite ou fraldas. Esse pequeno desvio significa que tenho de sair da estrada uma saída antes – que eu invariavelmente perco. Depois disso, tenho de negociar uma série de correções no trânsito para chegar onde eu já deveria estar. O problema é que já fiz o caminho para casa tantas vezes que já estou no piloto automático. Nós possuímos dezenas dessas rotinas automáticas em nossas vidas, que podemos realizar mesmo se estivermos mortos de cansados. Com a mente ainda sonolenta, tomamos o café da manhã, escovamos os dentes e amarramos os sapatos. Apesar de parecermos uns zumbis nessa hora, essas rotinas têm um poder que nós podemos utilizar – a força do hábito.

A força e a fraqueza da rotina está na falta de flexibilidade. A fraqueza é que, uma vez que adotemos um hábito, costumamos mantê-lo mesmo que uma mudança de ritmo seja benéfica. Costumamos ir aos mesmos restaurantes, pedir a mesma comida, ver os mesmos programas de televisão, sem realmente pensar em qualquer alternativa melhor.[63] Por outro lado, rotinas são fáceis de serem mantidas, e podemos adotá-las mesmo se estivermos exaustos.[64] Ao adotar deliberadamente uma rotina nós podemos ir atrás das metas de longo prazo, mesmo quando nossa força de vontade estiver cansada e as tentações forem muitas. Nós vamos em frente sem dar atenção às outras opções – opções que podem significar parar, descansar e fazer outra coisa. Quanto menos momentos de escolha você tiver, menor será a probabilidade de adiar as coisas.[65] Isto é, se você tiver os hábitos certos. Rotinas são como os moinhos de Dom Quixote; podem levá-lo até o paraíso ou afundá-lo na lama. Apesar de todos nós termos a nossa cota de maus hábitos, como ligar a TV num reflexo ou comer um pacote de batata frita até o fim, nós podemos criar alguns hábitos bons. Podemos transformar as atividades físicas, a limpeza da casa e o trabalho no mínimo em rotinas semiautomáticas. Estudos científicos confirmam o benefício desse tipo de esforço. Os proteladores produzem tanto quanto as demais pessoas quando o trabalho está dentro de uma rotina.[66]

Criar uma rotina exige muitos dos mesmos preceitos das deixas de estímulo. O que você quer é *previsibilidade*. Imagine rituais para a sua performance, mantendo o máximo de variáveis do ambiente o mais estável possível, principalmente no que se refere a tempo e lugar.[67] Programas de exercícios, por exemplo, devem acontecer regularmente nos horários marcados, deixando pouco espaço para se pensar sobre o lugar e qual será a atividade física. Como um relógio, toda terça-feira às 17 horas você vai levantar peso e toda quinta-feira, às 6 horas, você vai sair para correr. Pegue o que quer que você esteja adiando e especifique onde e como você pretende implementar isso. Por exemplo, prometa a si mesmo: "Quando eu terminar de tomar café no sábado de manhã, vou limpar o depósito." Isso parece ser uma coisa tão simples e fácil que não pode dar certo, mas funciona. Quando você expressa uma intenção explícita de agir, o comportamento desejado simplesmente acontece. O especialista em psicologia das intenções, Peter Gollwitzer, descobriu que forjar uma intenção quase dobra a chance de que você vai dar sequência a praticamente qualquer atividade. A eficácia das intenções explícitas já foi confirmada cientificamente de todas as maneiras, de monitoramento da coluna até o autoexame dos testículos, e da reciclagem até escrever um relatório de pesquisa nas férias.[68] Em matéria de poder e de facilidade, isso é o máximo que você pode conseguir. Estipular uma intenção é abrir uma porta traseira incrivelmente acessível para o seu cérebro; ele programa o seu sistema límbico para agir sem esforço quando surgir a deixa. As intenções podem até mesmo ser usadas para implementar outras técnicas autorreguladoras, especialmente se forem expressas nas formas de "Se..., então...". Se você tiver problemas em manter sua energia, forje a intenção *"Se* eu ficar cansado, *então* vou persistir". Se você for uma pessoa que se distrai facilmente, ela seria *"Se* eu perder o foco, *então* vou levar minha atenção de volta ao trabalho". E, é claro, *"se* eu estiver correndo atrás de um objetivo, *então* vou utilizar as intenções de implementação".

Fique sabendo desde já que, quando você tentar criar sua rotina, vai inventar uma quantidade sem-fim de desculpas para não seguir adiante. Você vai ficar doente, sair de férias, se atrasar com outras coisas, e achar sempre muito conveniente furar a agenda. Defenda-se vigorosamente contra essas escapulidas! As rotinas ficam mais fortes com a repetição, por isso, toda vez que relaxar, você enfraquece o seu hábito e fica mais difícil seguir adiante na próxima vez. Se você proteger sua rotina, com o tempo ela vai protegê-lo.[69] No início, esse regime vai exigir constantes cuidados.[70] Um pouco de assistência profissional temporária pode ser um bom investimento; afinal de contas, você está investindo em si mesmo. Um personal trainer para cuidar da sua rotina de exercícios ou um organizador profissional para ajudar você na limpeza podem ajudar a colocá-lo no caminho certo.[71] Para redigir seu testamento, contrate um planejador de sucessões ou um advogado de direito sucessório.[72] Eles proporcionam tanto uma ajuda motivacional quanto aconselhamento jurídico, estruturando o processo para maximizar a sua participação. Mas o auxílio profissional não vai fazer tudo sozinho, nem este livro ou qualquer outro. No fim das contas, a responsabilidade está onde sempre esteve – com você.

3. *Pontos de Ação* para *Cumprindo as Metas*. Isso é que é guardar o melhor para o final. Estipular as metas – adequadamente – é a coisa *mais inteligente* que você pode fazer para lutar contra os adiamentos. Apesar de todas as outras técnicas debatidas até aqui terem a sua importância, o simples fato de estabelecer metas pode ser tudo o que você precisa. Além de tornar as suas metas mais desafiadoras (Capítulo 7) e significativas (Capítulo 8), siga os passos a seguir. Independentemente do que digam os outros livros, isso é o que provou levar sua motivação ao máximo.

- Enquadre as suas metas em termos específicos, de modo que saiba exatamente quando terá de atingi-las. O que, exatamente, você terá de fazer? E mais ou menos até quando? Em vez de dizer "Fazer meu relatório de despesas" a meta deve ser "Juntar todos os meus recibos, agrupá-los e registrá-los até amanhã, na hora do almoço".
- Divida os objetivos de longo prazo numa série de objetivos de curto prazo. Para tarefas particularmente avassaladoras, comece com uma minimeta para quebrar a tensão motivacional de superfície. Por exemplo, a meta de simplesmente encarar as primeiras páginas de qualquer livro que você seja obrigado a ler pode ser o suficiente para se ler o texto inteiro.
- Organize suas metas em rotinas que aconteçam regularmente na mesma hora e lugar. A previsibilidade é sua amiga, portanto, abra a sua agenda e marque as tarefas que você sempre vai ter que fazer. De preferência, use uma caneta que não possa ser apagada.

Olhando para a frente

Se Tom Sensível ao Tempo pudesse ler este capítulo! Ele adiou marcar o hotel e acabou tendo férias para se esquecer em vez de férias para se lembrar. Ele, provavelmente, nem precisaria de todas as técnicas deste capítulo para ter mudado o seu destino. Talvez fosse o suficiente estabelecer um prazo específico para si mesmo, digamos na próxima quinta à noite, e enquadrar sua intenção de agir em termos explícitos, como: "Logo depois do jantar, vou pesquisar os hotéis da região e reservar um quarto." Ajudaria muito se ele tivesse pensado no que poderia acontecer na pior das hipóteses, como: se ele continuasse a adiar, então seu quarto ficaria muito longe da praia e precisando urgentemente de uma mudança de decoração. Aqueles de vocês que marcaram 24 pontos ou mais na escala de impulsividade do Capítulo 2 devem prestar atenção especial às técnicas aqui descritas, mas quase todo mundo se beneficia delas. Embora algumas pessoas sejam mais impulsivas que outras, somos todos capazes de fazer escolhas impulsivas que vamos lamentar depois.

O desafio fundamental ao se implementar esses passos é que tentativas de aumentar o autocontrole, em geral, precisam de algum autocontrole, para início de conversa. Esse obstáculo é semelhante ao que enfrentamos ao fazer musculação; para dar início ao processo nós precisamos ser capazes de, pelo menos, levantar a menor quantidade possível de peso. Em matéria de adiamento, quanto pior for o hábito, mais difícil vai ser remediá-lo. Os mesmos deficits motivacionais que criam o adiamento também dificultam suas tentativas de mudança. Se você for incapaz de adiar uma gratificação, por exemplo, os métodos para aumentar a paciência precisam inicialmente ser, por si só, compensadores. Se não for assim, qualquer conselho será uma gritaria inútil vinda da linha lateral, irritantemente conclamando-o a "fazer primeiro o que é mais importante". Se você simplesmente conseguisse fazer isso, nem iria precisar do conselho. Felizmente, a maioria dessas técnicas são fáceis de serem adotadas, como desligar o barulhinho do e-mail ou forjar uma intenção explícita para agir. Esses sucessos imediatos vão lhe dar a confiança e o autocontrole para aumentar seus esforços, e tudo isso vai ficar ainda mais fácil com a prática. Daqui em diante, a vida vai ser melhor, não mais difícil.

10

Fazendo tudo dar certo: juntando as peças e praticando

Faça ou não faça. Não existe essa história de tentar.

– Mestre Yoda

Antes de eu começar este capítulo quero agradecer a você por ter insistido e chegado até aqui. As pessoas que adiam as coisas costumam se distrair e se voltar para outras coisas. Portanto, se chegou ao Capítulo 10 – e eu estou partindo do princípio de que você não pulou capítulos para chegar onde estamos –, você merece um pequeno elogio. Afinal de contas, a tendência para adiar é tão imbricada no nosso ser que chama mais a atenção quando nós *não* adiamos do que quando adiamos. Agora que você já leu o livro todo, já tem uma boa ideia das bases dos adiamentos, como ele decorre da arquitetura do nosso cérebro, das maneiras como o mundo moderno só piora as coisas e o que você pode fazer para diminuir esse hábito. Você tem de acreditar no que está lendo.

Eu realmente não posso culpá-lo se você estiver meio desconfiado. Se você já conhece os livros de autoajuda, provavelmente é meio cético. São tantas as informações equivocadas no campo da motivação – tantas coisas que não cumprem o que prometem – que "E se alguém escrevesse um livro de autoajuda que realmente funcionasse?" é a premissa do best-seller internacional de Will Ferguson, *Ser feliz*. Satirizando a indústria da autoajuda, Ferguson cria o personagem Tupak Soiree, que escreve *O que eu aprendi na montanha*, um livro que realmente ajuda você a perder peso, ganhar dinheiro, ser feliz e transar muito bem.* Bem, quanto a este último item, eu não posso garantir, mas *A equação de deixar para depois* se propõe a fazer do resto de *O que eu aprendi na montanha* uma realidade. Todas as técnicas deste livro se baseiam nos alicerces de estudos científicos, portanto, ele tem de funcionar. Apenas olhe algumas páginas mais adiante e veja toda a pesquisa que eu descrevo nas Notas.

A equação de deixar para depois, assim como *O que eu aprendi na montanha*, vai ser apenas um livro inconsequente se as técnicas ficarem guardadas dentro destas páginas. No romance de Ferguson, o desafio era simplesmente fazer as pessoas lerem. Por algum tempo, a potencial eficácia de *O que eu aprendi na montanha* foi desviada, como você pode muito bem adivinhar, pelos adiamentos. Como Edwin, o editor do livro, conclui: "Eu me esqueci dos proteladores. Você não percebe? Toda aquela gente que comprou o livro, ou que ganhou de presente, simplesmente ainda não o leu." No caso deste livro, minhas exigências são um pouco mais altas, mas, como pode ver, você já está quase terminando. Para fazer o que está lendo se tornar eficaz, você também precisa levar este conteúdo a sério. Você precisa adotar estas técnicas em sua vida e ver sua tomada de decisão em termos de um jogo entre o seu sistema límbico e o seu córtex pré-frontal. Para tirar as ideias deste livro e incorporá-las à sua vida vamos dar uma última olhada em Eddie, Valerie e Tom e imaginar como eles estão se saindo. Você vai ver que eles estão usando uma combinação de todas as técnicas e prosperando por causa disso. E se você conseguir vislumbrar a si mesmo fazendo as mesmas coisas, então será capaz de ficar na ponta dos cascos e logo o hábito de adiar as coisas vai ficar para trás.

Eddie e Valerie

Depois que Eddie perdeu seu emprego de vendedor passou um bom tempo deprimido – quer dizer, até encontrar Valerie. Ela sempre encontrava um jeito de fazê-lo sorrir, e nada mais natural que os dois se casassem. Agora, com cerca de 30 anos, com dois empregos em tempo integral e uma linda filhinha chamada Constance, eles estão vivendo uma vida maravilhosa. Mas estão sempre com pressa, e ultimamente as exigências aumentaram.

---

* Mais ou menos. Eu não quero estragar a história.

Valerie está sempre deparando com prazos apertados, e suas responsabilidades em casa ficam em segundo plano quando ela está com a corda no pescoço. Ela sabe o quanto tem sorte por ter um emprego no jornal local, mas houve cortes de custos e agora ela está fazendo o trabalho de duas pessoas, talvez até mais. A pressão para dar conta de todos os seus prazos é considerável – não é uma questão de avançar na carreira, mas, sim, de permanecer no seu emprego. Eddie tem de viajar como parte do seu emprego na área de marketing, o que significa que ele sai antes de o sol nascer e passa vários dias na estrada, deixando Valerie num grande aperto. Quando Constance fica doente, é como se tudo se transformasse num verdadeiro inferno. Ela faz todo mundo passar a noite inteira acordado e alguém tem de ficar em casa com ela. Quando a máquina de lavar quebra, alguém tem de esperar pelo rapaz do conserto. Valerie e Eddie têm a sensação de que não dormem bem há vários anos. E eles estão certos. Eles sabem o quanto têm sorte de ter seus empregos e sua menininha, mas estão mais estressados do que podem expressar.

Valerie e Eddie vêm e voltam do trabalho como dois bonequinhos mecânicos, sempre atrasados, dando um beijo rápido ou comprando um donut no caminho. Quando estão em casa, se preocupam com o trabalho que estão deixando de fazer e, assim, eles geralmente se dirigem ao computador depois de o bebê dormir, trabalhando pela madrugada até caírem exaustos. Se a filhinha está doente, quem vai trabalhar passa longos momentos pensando em como ela está, e quando ela está bem, os dois ficam controlando a filha pela webcam da creche – perdendo minutos preciosos de trabalho enquanto monitoram o bem-estar da menina. Eles mal conseguem pagar todas as contas e ainda levá-la ao pediatra para tomar vacinas e fazer os check-ups. Eles trocam e-mails dezenas de vezes ao dia e Eddie tem de se controlar para não mandar mensagens de texto a Valerie enquanto está dirigindo e a caminho da próxima reunião.

Eddie prometeu a si mesmo que limparia a garagem no último verão, mas já é outubro e toda a bagunça ainda está lá. Valerie perdeu o controle que tinha sobre a horta, que ela começou como um projeto altruísta para a família, mas que acabou se transformando num infeliz amontoado de verduras murchas. Eles estão pensando em cancelar a matrícula de casal que têm na academia – os dois ficam cansados demais para malhar no fim do dia e, de manhã, o caos chega a um nível tão alto que os deixa malucos – vestir o bebê, trocar instruções sobre suas várias tarefas, fraldas que de repente ficam sujas e outros momentos difíceis... é só preencher as lacunas para você imaginar como é.

E essa até que é a melhor das hipóteses. As coisas podem piorar facilmente. Eles não estão diante de nenhuma doença repentina, nenhuma perda de emprego, nenhuma dificuldade financeira e nenhuma tragédia pessoal. Mas as vidas de Eddie e Valerie estão fora de controle e eles se veem diante dos conflitos que todo casal jovem e trabalhador defronta. Recentemente, Valerie começou a ter a impressão de que nunca está no lugar certo – no trabalho, ela acha que deveria estar em casa; em casa, ela pensa no trabalho que deveria estar fazendo. Está se sentindo fragilizada e desgastada, começando a odiar sua vida. Para tentar melhorar o astral, ela liga para a irmã, que ouve tudo de maneira bastante empática, e então dá um pequeno conselho:

– Tem um livro que eu li que tem algumas ideias que podem ajudá-la. Quer que eu o empreste?

Como todos os outros livros que são oferecidos assim, esse também foi aceito com gratidão e logo posto de lado. Isto é, até uma noite insone e estressante, quando uma desesperada Valerie decidiu abri-lo. Depois de folhear algumas páginas, ela viu toda a pesquisa em que o livro se embasava. "Bem, nesse caso", ela pensou, "tudo isso aqui realmente já foi testado no campo de batalha. Vamos ver o que posso encontrar que sirva para Eddie e para mim." Com lápis e papel na mão, ela se acalmou um pouco e fez algumas anotações do que seria capaz de utilizar.

Na noite seguinte, quando Eddie voltou para casa, Valerie se sentou ao lado dele e lhe disse abertamente:

– Eu não estou bem. As coisas vão ter de mudar.

Eddie suspirou e, revelando suas baixas expectativas, comentou:

– Eu também não estou feliz, mas assim é a vida. Não se pode mudar isso.

– Você sempre diz isso, e geralmente está errado – retorquiu Valerie. – Acho que aqui tem algumas medidas que nós podemos tomar para melhorar as nossas vidas. Minha irmã me emprestou um livro que se baseia numa pesquisa científica. Dizem que já ajudou um monte de gente, e nós podemos utilizá-lo para ajudar a nós mesmos. Acho que devíamos pelo menos experimentar algumas ideias. Para começar, precisamos estabelecer alguns objetivos.

Eddie estava cansado demais para discutir com ela, então simplesmente ficou ouvindo.

– Eu tenho uma meta – disse com um sorriso. – Eu quero ser feliz.

– As metas têm de ser *específicas* – comentou Valerie, pacientemente. – Precisam ser concretas e factíveis, alguma coisa que nos deixe animados.

– E que tal eu quero ser feliz hoje?

Valerie procurou com os dedos uma página relevante do livro.

– Vamos começar pelos objetivos mínimos que precisamos estabelecer para manter nossa sanidade. Eu preciso ver minhas amigas com mais frequência. Eu não falo direito com elas desde o chá de bebê de Constance e comentar esses assuntos com elas sempre faz com que eu sinta que os meus problemas são mais administráveis.

Afundando numa poltrona, Eddie respondeu, meio de cara amarrada:

– E o meu objetivo é ir à academia toda noite, durante a semana.

Valerie insistiu na mensagem.

– Você tem de ser realista. Acho que você pode separar uma noite para mim a cada duas semanas. E em troca eu estou disposta a lhe dar cobertura todo sábado de manhã, se você quiser malhar.

– Isso seria bom – concedeu Eddie. – Mas não sei se vou conseguir lidar com Constance sozinho uma noite inteira.

Valerie observou que ele frequentemente dava banho em Constance e a colocava na cama.

– Quero que você se imagine indo à academia, Eddie, e como os seus músculos vão ficar depois disso. E, também, imagine o quanto eu vou ficar mais feliz na minha casa, se puder ter algum tempo com as minhas amigas. Dá para imaginar isso? Pare um momento e pense em como vai ser bom. Ótimo! Agora abra os olhos e volte à realidade. Isso o motivou?

– Tudo bem – cedeu Eddie, até gostando da ideia. – Vamos em frente.

Com um pouco de contraste mental para incentivá-los, as técnicas de estipulação de metas e de "agenda às avessas" (agendar primeiro um tempo realista para o lazer) de Valerie e Eddie acabaram dando certo. Valerie está se encontrando com as amigas e, depois de compartilhar seus problemas e ouvir as outras lidarem com os seus de uma maneira eficiente, está ganhando um pouco mais de perspectiva. Ela se sente mais segura de que Constance vai crescer bem e que a economia vai melhorar. É impressionante o que um pouco de apoio social (veja *Vitórias Indiretas*) pode fazer por uma pessoa. O próprio Eddie se sente feliz em ir à academia de vez em quando. A malhação ajuda a aliviar boa parte do seu estresse. Ele dorme um pouco melhor e tem mais energia para lidar com as outras coisas da vida (veja *Crise de Energia*). Ainda assim, algumas semanas depois, ele comunica que tem de trabalhar até tarde e diz para Valerie cancelar seus planos. Quando ele finalmente chega em casa, ela está muito aborrecida.

Eddie ainda tenta argumentar:

– Olha, sei que você perdeu sua noite com as amigas, mas eu tinha de trabalhar, e isso vem em primeiro lugar.

– Noite com as amigas? – reclamou Valerie. – É mais do que uma noite com as amigas. Eu preciso estar com elas. Eu não me incomodaria se você tivesse de viajar, mas você me mandou 15 e-mails hoje enquanto estava no escritório.

– Mas eu pensei que você gostasse!

Recompondo-se, Valerie respondeu:

– O que eu quero é o seguinte: quero poder ter tempo para passar pessoalmente com você e com as minhas amigas. Para cada minuto que você gasta para me enviar um e-mail ou uma mensagem de texto, são dez minutos a menos que nós temos em casa. E demora pelo menos dez minutos até você voltar a trabalhar depois de um intervalo.

Isso surpreendeu Eddie, mas ele não ia abandonar suas mensagens de texto sem uma briga.

– Pode até ser assim, mas você também me manda e-mails. Além do mais, eu não posso trabalhar como uma máquina no escritório. Preciso dos intervalos.

– E por que, então, você fica cansado?

– Bem, é impossível dormir cedo com todo o trabalho que tenho que fazer de noite... – Então ele parou, percebendo a ligação com o que Valerie disse. – Ah, claro! Talvez dê certo.

– Se nós pararmos de mandar mensagens de texto na hora do trabalho, parar de navegar na internet e parar de ficar checando os nossos e-mails, isso vai significar pelo menos duas horas extras em casa para nós dois. Horas que podemos usar para dormir.

– A minha cabeça vai fundir de tanta concentração.

– O livro traz algumas ideias de como fazer isso dar certo. Para começar, crie uma segunda configuração no computador para você, com um layout e um fundo diferente. Desconecte a pessoa que você é no trabalho e entre nessa persona de jogos quando precisar de um descanso. Se você não quiser gastar um minuto para fazer isso, é sinal de que não precisa do descanso. Olha só, eu trouxe um presente para ajudar você a se comprometer.

– Eu gosto de presentes. O que é?

Valerie tirou um porta-retrato prateado da bolsa.

– Um porta-retrato com minha foto e de Constance. Toda vez que você pensar em se desligar, isso vai lembrá-lo da razão pela qual nós dois estamos batalhando tanto. Lembre-se, tudo isso é para podermos passar mais tempo juntos, como uma família. Promete que vai fazer isso?

– Tudo bem. Se você fizer, eu também faço.

E, evidentemente, funciona. Ao limpar o local de trabalho de grandes tentações (ver *Fazendo a Atenção se Pagar*), eles se tornaram mais produtivos nas horas em que estão trabalhando e mais descansados em casa. Eles estão começando a se desligar antes de ir se deitar e estão dormindo melhor, de modo que podem render ainda mais (ver *Crise de Energia*). Para ajudá-los a chegar onde precisam estar e lembrá-los do por que de tudo isso, Eddie mantém a foto da família em cima da mesa de trabalho (ver *Jogos e Objetivos*), especialmente porque isso o lembra do que ele realmente quer fazer – passar mais tempo em casa, e não mandando mensagens de texto do escritório (estabelecendo metas de aproximação, e não metas a se evitar). E ajudou muito que Valerie tivesse aumentado a aposta arrancando dele um pequeno compromisso verbal. No fim das contas, eles acabaram ficando com um pouquinho mais de tempo do que imaginavam, com os dois indo à academia pelo menos uma ou duas vezes por semana. Doenças, surpresas e outras obrigações ainda fazem com que eles saiam da rotina, mas agora eles estão aprendendo a se afirmar. Sabem que estão lutando por uma vida que dá certo. Com o tempo, Eddie até consegue arranjar tempo para uma leitura leve, algo para o qual ele nunca costumava ter energia.

Depois de colocar Constance para dormir, Eddie serviu um chá para ele e Valerie e se aconchegou na poltrona macia.

– Eu dei uma olhada nesse seu livro e vi de onde saíram as suas ideias.

Pegando sua xícara, Valerie respondeu:

– Bem, o segredo foi colocar essas ideias em prática e não ficar só na leitura do livro.

– Você tem razão. Mas eu também tenho uma sugestão a fazer.

– Vamos lá. Estou ouvindo.

– Aqui tem uma técnica chamada *Deixe sua Paixão ser a sua Vocação*.

Com os olhos arregalados de terror, Valerie se espantou.

– Você não está pensando em pedir demissão para ser um jogador profissional de golfe!

– Não, não, não. Não estou pensando em nada disso. Bem, talvez um pouquinho, mas não é o caso – brincou Eddie. – Mas que tal isso? Chegar em casa mais cedo está me lembrando de como eu adorava cozinhar. Lembra-se daqueles jantares românticos que eu fazia para você quando começamos a namorar? Bem, você não se importa de limpar as coisas tanto quanto eu. Por isso, vou lhe fazer uma proposta: vou cozinhar sempre, se você lavar a louça.

Para melhorar o acordo, Valerie sugeriu:

– Se você incluir as compras no supermercado, está combinado.

– Se limpar as coisas incluir lavar roupa, está feito.

– Negócio fechado.

Como o casal sensato que formam, eles agora atribuíram as tarefas de criar a filha e cuidar da casa de acordo com seus diferentes gostos e talentos. Por isso, Eddie cozinha e faz todas as compras. Ele vai ao supermercado no sábado ou no domingo e faz as compras da semana. Para ele, isso é fácil, porque ele adora fazer compras e a tranquilidade e quietude de cortar e organizar tudo na cozinha. Valerie, que nunca se importou muito com comida, cuida do bebê enquanto Eddie está cozinhando. Depois, ela lava a louça e cuida de lavar uma interminável quantidade de roupas. Constance fica numa creche durante a semana, e de manhã um deles a leva até lá e o outro vai buscá-la depois do trabalho. A vida está melhorando. Não está maravilhosamente melhor, não está perfeita, mas está visivelmente melhor. Valerie e Eddie estão começando a viver em harmonia com quem eles são e com aquilo que os motiva.

Tom e sua perspectiva do tempo

Na viagem de volta depois de suas desastrosas férias na República Dominicana, Tom e sua perspectiva do tempo ficaram retidos no aeroporto praticamente por um dia inteiro. Era a estação dos furacões, algo sobre o que ele não pensou ao planejar a viagem. Sentado no saguão, Tom ficou pensando na vida. Ele nunca foi lá um muito bom aluno e vivia lutando contra os prazos. Mas ele sabia que seus amigos na fraternidade sempre se alegravam ao vê-lo. Muito animado, Tom sempre tinha uma palavra de incentivo aos calouros que estavam com problemas de se adaptar à faculdade e viver longe de casa pela primeira vez na vida. Ele gostava de ajudar. Como foi que ele foi parar numa arapuca dessas? Sem ter mais o que fazer, ele passou várias horas refletindo sobre o quanto os seus adiamentos o desviaram de seu sucesso, de suas aspirações e da sua felicidade. Ele pensou em como isso havia afetado não só a sua vida profissional, mas também a sua casa. Percebeu que, mesmo que as suas férias não tivessem sido tão ruins, boa parte de seu tempo livre teria sido gasta pensando em todo o trabalho que o esperava no escritório. Ele ansiava desesperadamente por aquela sensação da infância de um tempo sem limites e de brincadeiras sem culpa, que não era tolhida por obrigações urgentes. Com a mente mais acesa, ele não pôde deixar de ver um livro numa das livrarias do aeroporto, um livro que prometia ajudar. Depois de comprá-lo, ele o leu até o fim durante a espera e no voo de volta para casa. Animado com as possibilidades que o livro oferecia, ele mal pôde esperar para colocar as técnicas em prática – e dessa vez sua impulsividade trabalhou a seu favor.

No primeiro dia de volta ao trabalho, Tom expulsou todas as tentações do escritório. Ele baixou um software para monitorar sua produtividade e começou a estabelecer metas específicas, bem-agendadas e desafiadoras. Os resultados foram imediatos. Em vez de estar sempre atrasado, Tom se viu com tempo de sobra para ajudar os outros em seus projetos. "Melhor ainda", pensou. Ele sempre gostou de falar e ajudar as pessoas com quem trabalhava. Feliz com os resultados, num passe de mágica ele resolveu pegar pesado e fez uso de um pré-compromisso, prometendo ao chefe que se ele não terminasse o relatório em sete dias, eles poderiam reter seu bônus de fim de ano, que já estava chegando. Isso chamou a atenção do chefe. Quando ele entregou o relatório um dia antes do prometido, as pessoas ficaram impressionadas. O que foi que havia acontecido com o Tom na República Dominacana?, se perguntaram. Com o tempo, o interesse de Tom em ajudar os colegas e sua fidelidade aos prazos fez com que seus superiores pensassem que ele estava revelando um verdadeiro potencial de liderança e, assim, o promoveram.

Quando todo o rebuliço sobre a promoção começou a passar, Tom deu a notícia a seu irmão, Tim. Depois de alguns brindes, Tom confessou que nem tudo era um mar de rosas.

– E, agora, onde é que eu fui me meter? O que é que eu sei sobre liderança? Eu não sou líder. Eu mal aprendi como entrar em forma. Você sabe como são essas coisas. Fez aquele curso de liderança na faculdade. O que eu devo fazer?*

Tim riu.

– Bem, acho que é tarde demais para dizer "nada de pânico". Mas você tem razão para se preocupar. Ninguém que você conhecesse há um ano iria pensar que você se sairia tão bem.

– Obrigado por aliviar a pressão, Tim – respondeu Tom, sarcástico. – De qualquer maneira, acho que você já esqueceu tudo o que aprendeu sobre liderança.

Mordendo a isca, Tim colocou a bebida na mesa e se concentrou.

– Desculpe. Você tem razão. Você tem de saber dessas coisas. Liderança é uma coisa importante e não é só para o sucesso da sua organização. A maioria dos funcionários aponta sua relação com o chefe como a sua preocupação principal. Se você fizer besteira, isso pode deixar seus funcionários mais infelizes do que se você arrancar boa parte do salário deles. Você agora tem nas mãos o poder de atingir um número considerável de espíritos humanos.[1]

---

* Além de aparecer como referência em dezenas de livros de faculdade, a equação de deixar para depois é utilizada em programas de treinamento de gerentes. A empresa Intulogy, por exemplo, baseia o treinamento motivacional dos gerentes neste livro, e funciona. Como testemunha um dos clientes: "Quando você me disse que queria apresentar mais uma teoria motivacional, eu achei que seria uma grande perda de tempo. Mas o fato é que funcionou na aula. Depois, passei o verão inteiro pensando na teoria. E percebi o quanto ela se aplica a quase tudo na vida. Ela é extremamente poderosa."

– E é por isso que eu quis falar com você.

– Bem, fico feliz em poder ajudar – respondeu Tim. – Eu andei lendo aquele livro que você me emprestou e as técnicas mais básicas de liderança estão descritas nele. Você só precisa aplicá-las em relação aos outros, da mesma maneira que as aplicou na sua vida. Você pode praticar a liderança juntamente com a autoliderança.

– Ótimo, porque eu não pretendo voltar à faculdade. Vamos ao que interessa.

Tim olhou para o teto, tentando se lembrar dos detalhes.

– Existem, basicamente, dois estilos de liderança: o *transformacional*, que é uma abordagem orientada para as pessoas, e o *transacional*, que é uma abordagem orientada para tarefas.[2] Como você é alguém interessado nas pessoas, comece a usar sua habilidade com as pessoas. Seja um líder transformacional!

– Isso quer dizer ficar amigo delas?

– Não – disse Tom. – A primeira coisa a fazer é se concentrar em criar confiança. O que você precisa é de um sucesso rápido, para ajudá-las a confiar em você e na capacidade delas de ser bem-sucedidas trabalhando com você. É um princípio básico que você crie metas realizáveis que as pessoas possam reconhecer e comemorar. Mais tarde isso vai ajudar a dar a todo mundo a confiança para insistir e atingir os objetivos mais difíceis.

– Ah, sim. Criar uma espiral de sucesso! – exclamou Tom, fazendo a ligação.

– Exatamente! – disse Tim. – Eu conheci uma professora que fazia exatamente isso. Ela gerava confiança em nós começando o semestre com alguns testes fáceis, antes de passar para os trabalhos mais difíceis. Eu realmente gostava dela. Um dia depois da aula eu me lembro que...

– Você está se desviando do assunto.

– Onde é que eu estava mesmo? – disse Tim, terminando a bebida. – Bem, você também pode usar o princípio da vitória indireta para dar o tom. Articule claramente e com confiança uma visão de onde você quer estar, transpire otimismo, esteja sempre animado e seja um exemplo, em geral. É o básico.

– Eu? Um exemplo? O que você está pensando? – reclamou Tom.

– A coroa pesa... É claro que você sempre pode pedir demissão ou ficar ganhando o dinheiro da empresa e esperar que eles o demitam. Para mim, isso parece um pouco como roubar, mas eu acho que você tem a sua própria bússola moral...

Tim olhou com expectativa para Tom, deixando a ideia no ar.

– OK, OK, eu vou fazer isso – respondeu Tom. – Só estava pensando como.

E assim, em seu primeiro dia como chefe, ele juntou toda a equipe e falou sobre o que ele pretendia realizar. Disse que, embora houvesse áreas de excelência no trabalho que estavam fazendo, eles estavam demorando tempo demais para preparar os relatórios financeiros, apesar de todas as horas extras. Então, ele estipulou seu primeiro objetivo atingível:

– Para começar – falou entusiasticamente para a equipe –, quero diminuir o tempo médio que nós levamos para preparar os relatórios em um dia, este mês. Acho que dá para fazer isso. Aliás, *sei* que podemos fazer isso.

E ele sabia. Era um objetivo bem fácil. Mesmo assim, ele continuou batendo na mesma tecla na reunião semanal, percebendo que o entusiasmo podia ser contagiante. E no fim do mês a equipe, efetivamente, diminuiu seu tempo de produção em um dia. Exatamente um dia. "Já é um começo", pensou ele, "mas, para falar a verdade, temos de diminuir o tempo de produção em uma semana." Ele telefonou para Tim, comentando sobre o seu êxito e sobre a situação em que estava.

– Bem, essa é uma grande notícia – disse Tim.– Uma coisa é você pedir um conselho, mas colocá-lo em prática é absolutamente impressionante.

– Para começar, foi um bom conselho – respondeu Tom. – Mas chega de bajulação. Não tenho certeza se a equipe vai continuar nesse ritmo, apesar do fato de eles poderem ter conseguido facilmente um resultado muito melhor. Que mais você tem a dizer?

Pensando no assunto, Tim replicou:

– Vamos pensar na variável do valor. O que você pode lhes dar que eles dão valor? Como você pode recompensá-los?

– Você quer dizer aumentar o salário deles?

– Você pode fazer isso?

– Sinceramente, não – confessou Tom. – A não ser que eu esteja disposto a sangrar a minha própria conta bancária.

– Então, nem toque no assunto. Mas não se preocupe. Dinheiro tem poder, mas não é a única voz numa conversa. Tem uma coisa que as pessoas gostam mais do que dinheiro. Reconhecimento. Fique atento para quando elas fizerem algo de bom e reconheça na mesma hora. Não no mês seguinte, nem na semana que vem, mas no mesmo dia. O orgulho de uma pessoa pode se alimentar por muito tempo com uma "maravilha" ou um "bom trabalho" falados com sinceridade, enquanto um troféu com a logomarca da empresa ou até um cheque visado não vai dar o mesmo retorno pelo dinheiro.

– Esse é um excelente conselho, Tim.

– Obrigado – disse Tim calorosamente, sem perceber que a estratégia que ele tinha acabado de recomendar já estava sendo posta em prática.

– Gostei mesmo – disse Tom. – Se isso me afastar um pouco mais da minha sala, vai ser ótimo. Eu gosto mais das conversas individuais do que das reuniões semanais.

– Você é um cara de sorte. Muitos gerentes são promovidos exclusivamente por causa das habilidades técnicas e acham difícil essa parte pessoal do trabalho. E já que você é tão bom nessa hora, comece a usar a estratégia dos jogos e objetivos. Você conhece a história do pedreiro?

– Hmmm... faça eu me lembrar – disse Tom, sem querer entregar que nunca tinha ouvido falar dela.

– É bem rápida. Quando perguntaram a dois pedreiros o que eles estavam fazendo, o primeiro respondeu: "Construindo um muro." O segundo demorou um pouco para responder e, depois de muita reflexão, disse: "Construindo uma catedral." O que você quer é incutir neles uma visão mais ampla, mostrar que o que eles fazem é importante porque, se você fizer isso...

– ... todos os meus sonhos irão se realizar – concluiu Tom. – Já estou vendo o que você está fazendo. Me passando a imagem geral. Entendi. Reconhecer o trabalho das pessoas na hora e criar uma imagem. Comunicar por que o que elas fazem é importante.

Tom separou uma hora por dia para andar pelo escritório e verificar como cada um estava se saindo. Se os funcionários o deixavam impressionado, ele dizia isso a eles e, às vezes, ia até um pouco mais além. Quando uma de suas funcionárias fez um brilhante trabalho de apresentação, ele espontaneamente se ofereceu para lhe pagar o almoço naquele dia. Explicar a importância do trabalho foi um pouco mais difícil. Ele descobriu que os funcionários precisavam que a imagem mais ampla fosse pintada de diferentes maneiras. Para alguns, o negócio era mostrar como isso iria ajudar suas carreiras; para outros, a questão era posicionar uma tarefa como símbolo de responsabilidade; e, para outros, ainda, era como o trabalho deles afetava os seus colegas. Encontrar o quadro certo, para a pessoa certa, era meio enigmático, mas ele acertava mais do que errava. Com um funcionário mais difícil, ele foi enfático:

– Quando você termina o seu trabalho, ele vai lá para Suzanne. Se você se atrasar, ela vai ter de ficar aqui até tarde, o que significa cortar um dobrado para arranjar alguém para pegar os filhos dela na creche, dar comida a eles e colocá-los na cama. Se você terminar cedo, você facilita a vida dela. Se se atrasar, a vida de Suzanne vira um inferno.

E ele nunca mais teve problema com esse funcionário. Como uma medida positiva, ele tentou respeitar a cronobiologia e os níveis de energia dos funcionários instituindo algum *tempo flexível*. Pesquisando um pouco, ele descobriu que, assim como os alunos melhoram um ou dois pontos quando podem dormir mais uma hora, as empresas que instituíam um horário de trabalho flexível, permitindo que os funcionários chegassem mais tarde, mas também ficassem até mais tarde, obtinham um belo salto de produtividade.[3]

Numa noite depois do trabalho Tim passou para pegar Tom e ir jantar num de seus restaurantes favoritos. Depois que se sentaram e pediram a comida, Tim perguntou:

– Como é que você vai em matéria de liderança?

– Tudo ótimo – gabou-se Tom. – Essa liderança transformadora é um achado.

– É liderança transformacional – corrigiu Tim. – Transformador parece um robô, tipo o *Megatron* ou o *Optimus Prime*.

Tom estava brincando, mas se corrigiu.

– Perfeito. Liderança transformacional e transacional. – E logo mudou de assunto: – E, por falar nisso, você nunca me falou nada de liderança transacional.

– Bem, a maioria das pessoas dá preferência a um estilo – disse Tim –, mas os melhores líderes usam uma mistura das duas. Os líderes transacionais são ótimos em fazer planos, atribuir tarefas *e* estabelecer objetivos.

– Aaah! Faz muito sentido. Eu nunca percebi o quanto os meus adiamentos eram um horror para as outras pessoas, até eu mesmo ter que lidar com os proteladores. Estabelecer metas funcionou para mim, e vai funcionar para eles.

– É. É isso o que os líderes transacionais fazem. Eles dividem prazos distantes numa série de metas específicas e de curto prazo para os funcionários. É claro que se você estipular metas demais vai se tornar um gerente que fica em cima o tempo todo, além de um maníaco por controle.

– Eu não corro o menor risco de me tornar uma coisa dessas. Mas, mesmo assim, quantas metas eu preciso estabelecer? – perguntou Tom.

– Não existe uma resposta exata para isso. Basicamente, as pessoas trabalham mais quando o tempo está se esgotando, por isso você deve estabelecer o máximo de prazos que forem práticos. Tenha, no mínimo, algumas reuniões regulares com os funcionários, em que você possa rever o progresso das pessoas e estabelecer novos marcos. Tenha em mente que algumas pessoas já são automotivadas e não precisam de muita motivação de fora, enquanto outras precisam, muita.

– É. Eu estava pensando mesmo em certas pessoas que precisam de uma meta por minuto.

– Só não faça aquilo que eu já vi a sua empresa fazer – disse Tim, e passou a imitar a voz pomposa de um presidente: – "Até o fim do ano queremos aumentar nosso faturamento em 20%!" Isso nunca dá certo. Não sei nem por que se dão o trabalho de falar uma coisa dessas.

– Já entendi o que você quer dizer. É muito distante e abstrato demais. Ninguém se motiva com uma coisa dessas. E, além disso, eu não sei nem se alguém acha que isso é realmente atingível, especialmente com a crise econômica.

Olhando sobre o ombro de Tom para saber se a comida estava chegando, Tim disse:

– No ano passado, a meta da sua empresa foi fácil demais. Quando ela é fácil demais, as pessoas fazem o que sempre fazem quando cruzam qualquer linha de chegada. Elas tiram o pé e deixam de render tudo o que podem.

– Igual ao primeiro objetivo que eu estipulei – disse Tom –, quando todo mundo bateu a meta *exatamente* em um dia. Acho que está na hora de forçar mais a barra.

– Quando fizer isso, e eu sei que você vai adorar ouvir essa parte, tente dar uma festa.

– Estou ouvindo.

– Não se esqueça de dar uma festa no final, quando você atingir o que quer – disse Tim. – As pessoas se lembram de duas coisas num trabalho: o melhor momento e o momento final. Uma festa no fim vai dar a impressão de que tudo valeu a pena.

– Já entendi. É como uma boa comida ao final de uma longa conversa – disse Tom, percebendo que a garçonete finalmente havia chegado com o pedido.

Tom passou a incorporar em sua vida uma maneira eficiente de estabelecer metas. Quando perguntava aos subordinados como estavam se saindo, ele os estimulava a estabelecer metas concretas, de curto prazo e desafiadoras. Quando voltava a encontrá-los, mais tarde, fazia com que dessem atualizações do progresso. Alguns faziam isso com absoluta naturalidade e se aproveitavam da oportunidade para se gabar, o que para Tom era normal. Ele pagava com reconhecimento. Outros precisavam ser mais tutelados. Finalmente, ele estabeleceu uma grande meta para a equipe: eles iam diminuir o tempo de produção em uma semana este mês e, se eles conseguissem – e ele tinha certeza de que conseguiriam –, iriam terminar de trabalhar mais cedo na sexta-feira seguinte para darem uma festa. Serviços de babás para quem fosse pai e o táxi de volta para casa para todo mundo seria por conta da empresa. No resto do mês a equipe trabalhou com um objetivo, e atingiu a meta. A festa foi incrível – uma recompensa tanto para Tom como para a equipe. Ele adorava festas. Aliás, sempre que a sua "tropa", como ele havia começado a chamá-la, estava com cara de que não iria atingir a meta, ele redobrava o esforço para se assegurar de que ela seria atingida e que eles ganhariam sua recompensa. "Na próxima", pensou, "vou programar algum dinheiro para alguma extravagância de caiaque. Acho que dá para lançar como treinamento de equipe. E também um prêmio para quem fizer o maior número de relatórios no mês."

Exatamente quando Tom estava começando a se acostumar com seu papel de gerente e de líder chegaram novas ordens dos escalões superiores. Ao contrário de muitos chefes de departamento, Tom estava apresentando os orçamentos no prazo e fazia suas avaliações de desempenho antes da hora. Seu desempenho era considerado excepcional e seu departamento era regularmente o mais satisfeito e o mais produtivo no grupo de trabalho.[4] Como não podia deixar de ser, ele voltou a ser promovido. O segredo do sucesso de Tom era simplesmente descobrir que o que motivava as outras pessoas era, basicamente, o mesmo que o motivava. Para seguir seus passos e se transformar num líder melhor você tem que fazer o mesmo. Uma boa liderança é uma técnica que o mundo ansiosamente, e até desesperadamente, quer que você possua.

Uma palavra de advertência

Eddie, Valerie e Tom se beneficiaram por ter posto em prática os princípios da Equação de deixar para depois, batendo sempre nas mesmas três teclas da expectativa, do valor e do tempo. Quando você põe em prática as sugestões que fizemos aqui, você também vai se beneficiar. Só não exagere. Embora os adiamentos possam levar a uma vida nada autêntica, na qual os sonhos de longo prazo deterioram dentro de você, o mesmo pode acontecer com nossos esforços de eliminar totalmente os adiamentos.[5] Uma pessoa genuína e autônoma busca uma vida endossada por todo o seu self, não só por uma parte. Tentar abafar inteiramente o seu lado impulsivo acaba sendo uma prática autoderrotista; os desejos e apetites que turbinam uma vida também precisam ser alimentados. O excesso de regulação – buscar a perfeição, acima do que é real – não é saudável, nem vai fazê-lo feliz.[6] Você vai ter que encontrar um ponto de equilíbrio.

Assim como as técnicas da *A equação de deixar para depois* podem funcionar muito bem, o mesmo pode acontecer com as técnicas do fictício livro de autoajuda de Will Ferguson. No romance, depois que as pessoas leram *O que eu aprendi na montanha*, elas ficaram felizes, cheias de vida e livres de seus vícios. Elas substituíram a dependência por álcool e cigarros por abraços e autoaceitação e trocaram seus cheeseburguers tamanho família por outros, de tamanho normal e feitos com tofu. Mas toda essa mudança teve um preço: embora todas tenham ficado igualmente contentes, elas também ficaram brandas, substituíveis e esquecíveis. Suas personalidades foram apagadas pelo desejo intenso de superar todos os seus defeitos e, juntamente com seus vícios, também se foram as sobremesas, o gosto pela moda e os desejos.

Os adiamentos representam um único lado do pêndulo, uma limitação emocional que só vê o presente. Quando o pêndulo balança para o outro lado, a visão racional de longo prazo pode se tornar igualmente problemática; a tendência é se concentrar somente no futuro.[7] Quando são perguntados sobre o que eles mais se arrependem, trabalhadores workaholics dizem que gostariam de ter espairecido um pouco e alunos excepcionalmente zelosos se arrependem de ter ficado estudando durante as férias da primavera.* Consequentemente, o ótimo autocontrole envolve não apenas a negação das emoções, mas um verdadeiro respeito por elas.[8] Nem todos os atrasos indulgentes são irracionais. Você precisa ter momentos de expressão, quando ri livremente com os amigos, ou se permitir ser paparicado e acariciado. Para usar as palavras de W. H. Davies, um poeta galês vagabundo da época em que a minha mãe era jovem: "O que é essa vida, se, cheio de cuidados, não tivermos tempo de olhar e contemplar." Ser frívolo, indolente e mimado – essas qualidades também merecem um lugar em nossa vida.

Olhando para a frente

Há 9 mil anos não existia adiamento. Naquela época, nós trabalhávamos quando tínhamos motivação para isso, dormíamos quando estávamos com sono, agíamos em consonância com as nossas necessidades e fazíamos tudo isso em sintonia com o meio ambiente. Naquela era de ouro, nossas compulsões se encaixavam com as nossas exigências diárias como as peças de um quebra-cabeça. Nós fomos desenhados para este mundo, para a vida antes da

---

* Como dizem os psicólogos Walter Mischel e Ozlem Ayduk: "Força de vontade em excesso pode ser tão derrotista quanto a sua ausência. Adiar uma gratificação pode ser burrice e até mesmo uma opção que sufoca a alegria, mas, a menos que as pessoas desenvolvam a capacidade de suportar a demora e continuem a exercitar sua vontade quando elas quiserem e precisarem fazer isso, a escolha simplesmente estará perdida."

invenção da agricultura. Adiantemos 9 mil anos e aquela mesma natureza humana nos encheu de inclinações que são pouco propícias para o nosso dia a dia. Nós temos agendas cheias de dietas, acordar cedo e programas de exercícios, além de uma série de outros sacrifícios árduos e motivacionalmente difíceis de digerir. Quase todos os aspectos das nossas vidas refletem esse descompasso enlouquecedor entre nossos desejos e nossas responsabilidades, ao enfatizarmos demais o presente e sacrificarmos o futuro. Nós nos abarrotamos demais com os prazeres imediatos de gorduras, açúcares e da televisão e adiamos as dietas e os exercícios físicos. Deixamos a raiva e o ódio escaparem do controle, e adiamos uma reflexão e uma reconciliação muito necessárias. Temos uma predileção pelo prazer fácil da promiscuidade, pondo em risco relacionamentos de longo prazo e nossa saúde reprodutiva, em troca daquilo que é proibido, mas imediato. Cada um desses exemplos reflete uma natureza que um dia se adaptava a um tipo de mundo, mas que hoje não é mais o caso – uma natureza que valoriza o agora assustadoramente mais do que o depois. Mas a história não precisa terminar assim.

Como *A equação de deixar para depois* ressalta, adiar as coisas irracionalmente é uma tendência, não algo inevitável. Se aceitarmos nossa natureza interna poderemos enfrentá-la. Em vez de pensar que temos o temperamento de seres divinos, podemos nos reconciliar com nossa própria humanidade – com o fato de que somos criaturas com falhas e defeitos – e atuar nesse diapasão. Podemos fazer dos adiamentos um atraso irracional do dia de ontem, daquilo que fizemos ou deixamos de fazer, mas só se aceitarmos nossas próprias limitações e adotarmos conselhos condizentes com esse tipo de entendimento. Para colocar tudo isso em prática você não precisa pedir permissão. Não vai haver nenhum convite escrito a mão. Para viver a vida do jeito que você sempre quis, para ser a pessoa que sempre quiser ser, você sabe o que fazer. A resposta está em suas mãos. É só entrar em ação.

Posfácio:
a falência dos adiamentos

A beleza dos adiamentos é que eles estão por toda parte; ir atrás do seu cheiro o levará a dezenas de ramos da ciência. Se você seguir exatamente o meu caminho, vai começar pela psicologia, área em que a maior parte do trabalho foi realizada – mas logo vai se ver metido em economia, que está se tornando uma força dominante no assunto. Você vai dar um passeio pelos tópicos aplicados, como aposentadoria ou adiamento de dívidas, talvez dando uma olhada em suas implicações legais, como as leis propostas para a falência. Da economia você passaria, naturalmente, para a neuroeconomia, e se interessaria pela neurobiologia dos adiamentos, um desvio que, é claro, lhe daria a oportunidade de observar a base de todos os estudos biológicos: a evolução. Você iria aprender que os adiamentos são uma característica humana comum e consistente, que compartilhamos com todas as espécies do mundo animal. E aí, em vez de pensar de onde viemos, você pode inverter o ponto de vista e vislumbrar para onde estamos indo, entrando nas questões da sociedade, especialmente na degradação ambiental de longo prazo. Se você se perguntar por que o governo não age mais, vai descobrir que ele e as outras organizações também têm seus próprios problemas de adiar as coisas.

Tendo sido estudado por tantas disciplinas, os adiamentos se transformaram numa espécie de Pedra de Roseta, em que o mesmo fenômeno é traduzido numa dezena de línguas. Esse conjunto de recursos nos permite não só traduzir as descobertas dos diferentes campos, como da economia para a psicologia, mas também compor uma linguagem comum do comportamento humano, uma espécie de esperanto das ciências sociais. E essa é uma realização importante.[1] Como conclui Christopher Green, escrevendo na revista mais importante de psicologia, "essa [integração] deveria ser considerada, sem sombra de dúvida, a maior vitória científica na história da disciplina", capaz de resgatar a psicologia dos confins de uma "quase ciência".[2] E se você conseguir integrar a psicologia com a economia, a sociologia e até com a biologia, melhor ainda. Esse, aliás, foi o meu objetivo ao criar a equação de deixar para depois – ajudar a integrar as ciências sociais.[3]

Infelizmente para os adiamentos, a maneira como eles penetram em tudo faz deles um alvo muito óbvio. Ter um modelo básico comum, que qualquer disciplina pode adotar e customizar, pode ser extremamente perigoso para o nosso conhecido inimigo. A integração possibilita um progresso exponencialmente maior em todas as disciplinas. Essa compreensão já permitiu às ciências físicas proporcionar uma série de progressos que mudaram o mundo, do laptop que eu estou usando para escrever este livro até a energia nuclear que abastece as linhas de energia elétrica.[4] Ao partir de um modelo comum de realidade as ciências físicas dividem e passam avante o conhecimento entre várias especialidades e focos de pesquisa. Herbert Gintis, emérito professor de economia da Universidade de Massachusetts, que há muito tempo defende a integração, conclui: "O verdadeiro poder da contribuição de cada disciplina para o conhecimento só vai aparecer quando for adequadamente qualificado e aprofundado pela contribuição de outras."[5] Veja bem, tudo é interligado, tudo, já que todos estamos estudando a mesma coisa: as tomadas de decisão e o comportamento das pessoas.[6] Como uma área informa à outra, nossa luta contra os adiamentos, necessariamente, proporciona insights para reduzir a obesidade, criar melhores programas de poupança para a aposentadoria e mais, muito mais.

Quando surgir essa integração interdisciplinar, teremos avançado muito no sentido de realmente dominar as nossas mentes. Do jeito que a situação se apresenta agora, nós, como sociedade, podemos fazer mais. É só levar em consideração que as duas principais maneiras pelas quais as pessoas adiam as coisas se dão por meio da televisão e do computador – cerca de 25% do tempo que estão acordadas, em alguns países do mundo. As pessoas que procuram ajuda para refrear esses vícios confessam abertamente que utilizam essas tentações em excesso.[7] Como a televisão foi associada ao aumento da obesidade e à erosão da família, grandes esforços têm sido feitos para diminuir nosso consumo.[8] Mas nada se mostrou realmente eficiente. As horas de uso e o número de exageros crescem anualmente. Se adotarmos um ponto de vista mais integrado, utilizando alguns princípios de *A equação de deixar para depois*, poderemos mudar isso. Só precisamos aplicar os princípios do autocontrole à nossa própria tecnologia.[9]

Quando eu vejo televisão demais, costumo jogar a culpa no meu gravador de DVD, ou DVR. Fica muito mais fácil encontrar um programa que eu gosto e assisti-lo quando eu quiser. Obviamente, quanto mais fácil for encontrar um programa e quanto mais rápido ele puder ser acessado, mais eu vou utilizá-lo. Você também. Embora os gravadores de DVD sejam parte do problema, eles também vão ser parte da solução, já que formam a plataforma perfeita para viabilizar as técnicas de autocontrole. O autocontrole melhora quando recebemos um feedback preciso sobre o nosso comportamento, que então podemos usar como lembrete e nos ajudar a estabelecer metas (ver *Cumprindo as Metas* e *Fazendo a Atenção se Pagar*). Um aplicativo que se poderia incluir nos DVRs seria um visor digital bem grande que mostra quanto tempo você já assistiu à televisão hoje, ou na semana. À medida que você vê as horas aumentarem rapidamente enquanto assiste à televisão, também vai aumentar o seu desejo de desligá-la. O DVR poderia até monitorar os seus hábitos no longo prazo, calculando quando e o quê você está assistindo.

Além disso, os DVRs poderiam permitir um pré-compromisso. Os aparelhos permitem que pais limitem os hábitos de ver televisão dos filhos, mas existem poucas opções para os próprios pais. Num gravador de DVD, uma série de pré-compromissos poderia ser incorporada. Os primeiros poderiam ser meros artifícios para atrasar uma ação. Um longo código, por exemplo, poderia ter que ser digitado antes de se assistir à televisão. Ou, então, ele poderia desligar a TV sozinho, por alguns minutos, ou talvez exigir confirmação várias vezes, dando-lhe uma chance de mudar de ideia. Com a demora aumentando e impossibilitando uma decisão mais impulsiva, você poderá ser capaz de fazer um uso mais racional do tempo que passa assistindo à televisão. Se isso ainda não for suficiente, você poderia fazer o aparelho desligar a TV sozinho, talvez apenas permitindo que você assista durante certos períodos ou por determinado número de horas por dia. O melhor de tudo é que quaisquer opções que nós, espectadores, desejarmos ativar, a escolha (a intenção), em última instância, é sempre nossa.

Para os adiamentos causados pela internet, soluções semelhantes já estão no mercado. Programas de controle da atenção, como o *RescueTime*, que permitem que você veja exatamente o que fez durante o dia, são gratuitos. Como uma característica adicional, o *RescueTime* também ajuda você a estabelecer seus objetivos e permite a criação de grupos de trabalho para fazer comparações, ativando assim o princípio da *Vitória Indireta*. Poder ver os outros trabalhando arduamente pela internet deveria inspirar ou, pelo menos, disparar o seu espírito competitivo. Além do mais, o *RescueTime* permite que você, deliberadamente, bloqueie o seu próprio acesso à internet pelo período de tempo que escolher, permitindo uma estratégia de pré-compromisso que elimina distrações. Se isso puder ser complementado por um programa de acompanhamento sofisticado e difícil de ser subvertido – como o *Chronager*, só que autoadministrado –, é difícil se imaginar uma plataforma de autocontrole mais eficiente. Nesse momento, as peças estão todas na mesa. Só nos resta juntá-las.

Essas ferramentas para se racionalizar o uso da televisão e do computador podem ser facilmente criadas e implementadas. Apesar de não terem sido totalmente desenvolvidas, elas já estão quase prontas. Quando estiverem finalmente montadas, o mercado será praticamente todo mundo, mas principalmente os 25% da população que são proteladores crônicos. Essas ferramentas teriam efeitos que se espalhariam por toda a sociedade e um impacto mensurável no PIB; se cortarem os adiamentos só pela metade, isso levaria a trilhões de dólares em produtividade adicional por ano, no mundo inteiro. Com outros avanços na integração, mais ferramentas iguais a essa, que lidam com a nossa pouca força de vontade, se tornariam bastante comuns, embrenhadas no tecido social. E, ironicamente, apesar de tudo isso, nós podemos, em parte, agradecer aos adiamentos. Bem a propósito de um atraso irracional e derrotista, ao possibilitar esse trabalho de integração, os adiamentos podem ter contribuído para a sua própria derrota.

Agradecimentos

Este livro começou com um telefonema de uma agente literária extremamente simpática e talentosa, Sally Harding. Depois de ver minhas pesquisas aparecerem na imprensa, ela insistiu, muito antes de qualquer outra pessoa, que eu era o cara certo para escrever um livro sobre os adiamentos. E quem era eu para discutir? A Agência Cooke foi muito sábia em se unir à agência dela, e Sally foi igualmente inteligente ao estabelecer uma parceria com eles. Com Dean Cooke, Suzanne Brandreth e Mary Hu, elas formam uma bela equipe que podem conduzir um livro através de muitos oceanos, nos Estados Unidos e no exterior.

Meus agradecimentos também vão para Louise Dennys, do grupo Knopf Random House do Canadá, que viu o potencial deste livro, e à extraordinariamente erudita Anne Collins, que usa uma caneta de ouro. Ela é a editora dos editores e não havia nada mais inevitável do que ela se tornar a *publisher* da Knopf Random do Canadá. Anne melhorou todas as páginas deste livro. Eu também estou em dívida com Nancy Miller, que defendeu o livro desde o começo, e também a Jonathan Burnham, na HarperCollins dos Estados Unidos, que assegurou que o livro teria um lar. Também sou muito grato à minha editora, Sally Kim, por insistir teimosamente que o que eu achava que já estava bom ainda poderia ser melhorado. Muito talentosa e reflexiva, ela me deu, inclusive, seu próprio guarda-chuva quando fui pego no meio de uma tempestade em Nova York. Um agradecimento especial a Jane Isay por dar a forma final aos originais, proporcionando os últimos retoques e assegurando que a narrativa fluiria. Com sua ampla experiência e familiaridade com psicodinâmica, psicologia e neurobiologia, nós formamos uma excelente dupla. Finalmente, a adorável Jane McWhinney deu a esta obra o polimento final, assegurando que cada frase ficasse reluzente. Como ao educar uma criança, para se escrever um livro é necessário uma aldeia inteira, e eu sou grato por ter tantas pessoas talentosas ao meu redor.

No início da minha vida acadêmica na Universidade de Minnesota tive muita sorte de aprender meta-análise com o Dr. Deniz Ones, e ter o Dr. Thomas Brothen para dar início ao meu fascínio pelos adiamentos, o qual perdurou a vida inteira. Na Universidade de Calgary, onde eu atualmente dou aula, meu grande apreço vai para a minha colega e amiga Dra. Daphne Taras, que lutou para garantir que eu tivesse um período sabático para escrever este livro e mostrando (ou então fingiu muito bem) muito interesse pelo desenvolvimento do original. Embora eu desejasse que o período sabático tivesse sido mais longo, os meses sem interrupção se mostraram valiosos. Também sou grato aos esforços de seu filho, Matthew Taras, em confirmar os fatos históricos. Também daqui vai meu apreço pelas minhas irmãs, Anita e Marion, por ler os primeiros esboços, e ao meu sogro, John Horne, consultor de economia, por seu olhar crítico.

Por tudo mais em geral, agradeço à minha esposa Julie. As condições em que escrevi este livro, como muitas coisas na vida, não foram as ideais, mas ele está aqui. Dar aula, pesquisar e administrar todo um departamento não é nada fácil para quem é pai de um bebê e de um recém-nascido. Com as nossas duas famílias morando em outras cidades, parecia ridículo pensar que eu poderia, além disso, escrever um livro, mas mesmo assim fomos em frente. Minha mulher e eu combinamos dormir em noites diferentes, cuidamos dos nossos filhos e eu confiei inteiramente na fé e no apoio dela. Apesar dos princípios motivacionais descritos aqui se mostrarem valiosos, as reservas de força dela são a verdadeira plataforma sobre a qual este livro foi construído. E em tudo isso eu aprendi que ela é uma revisora muito talentosa, com um olhar muito apurado. O leitor, assim como eu, deve se considerar feliz por termos nos casado.

Notas

Nota do Autor

[1] Até mesmo os filósofos têm verdadeiro fascínio pelos adiamentos. São capazes de ficar sentados e com o olhar perdido por várias horas:

Andreou, C. (2007). Understanding procrastination. *Journal for the Theory of Social Behavior, 37*(2), 183-193.

Gosling, J. (1990). *Weakness of the will.* Nova York: Routledge.

Silver, M. (1974). Procrastinations. *Centerpoint, 1*(1), 49-54.

Sorensen, R. (2006). Originless sin: Rational dilemmas for satisficers. *The Philosophical Quarterly, 56*(223), 213-223.

[2] Katz, I., de Deyn, P., Mintzer, J., Greenspan, A., Zhu, Y., & Brodaty, H. (2007). The efficacy and safety of risperidone in the treatment of psychosis of Alzheimer's disease and mixed dementia: a meta-analysis of 4 placebo-controlled clinical trials. *International Journal of Geriatric Psychiatry, 22*(5), 475-484.

Lee, J., Seto, D., & Bielory, L. (2008). Meta-analysis of clinical trials of probiotics for prevention and treatment of pediatric atopic dermatitis. *The Journal of Allergy and Clinical Immunology, 121*(1), 116-121.

[3] Bowen, F., Rostami, M., & Steel, P. (2009). Meta-analysis of organizational innovation and performance. *Journal of Business Research.*

Caird, J., Willness, C. R., Steel, P., & Scialfa, C. (2008). A meta-analysis of the effects of cell phones on driver performance. *Accident Analysis & Prevention, 40*(4), 1282-1293.

Peloza, J., & Steel, P. (2005). The price elasticities of charitable contributions: A meta-analysis. *Journal of Public Policy & Marketing, 24*(2), 260-272.

Taras, V., Kirkman, B. L., & Steel, P. (em fase de edição). Examining the impact of Culture's Consequences: A three-decade, multi-level, meta-analytic review of Hofstede's cultural value dimensions. *Journal of Applied Psychology.*

Steel, P., & Kammeyer-Mueller, J. (2002). Comparing meta-analytic moderator search techniques under realistic conditions. *Journal of Applied Psychology, 87*(1), 96-111.

Steel, P., & Kammeyer-Mueller, J. (2008). Bayesian variance estimation for meta-analysis: Quantifying our uncertainty. *Organizational Research Methods, 11*(1), 54-78.

Steel, P., & Kammeyer-Mueller, J. (2009). Using a meta-analytic perspective to enhance Job Component Validation. *Personnel Psychology, 62,* 533-552.

Steel, P., & Ones, D. (2002). Personality and happiness: A national level of analysis. *Journal of Personality and Social Psychology, 83*(3), 767-781.

Steel, P., & Taras, V. (em fase de edição). Culture as a consequence: A multilevel multivariate meta-analysis of the effects of individual and country characteristics on work-related cultural values. *Journal of International Management.*

Steel, P., Schmidt, J., & Shultz, J. (2008). Refining the relationship between personality and subjective well-being. *Psychology Bulletin, 134*(1), 138-161.

Capítulo Um

[1] Os astrólogos também dividem os 12 signos do zodíaco em grupos de quatro, sendo que aquele que engloba Gêmeos, Virgem, Sagitário e Peixes é particularmente relevante. Para citar Bertrand Russell, esse grupinho "se empanturra de adiamentos", e tanto Sagitário quanto Peixes são verdadeiramente encharcados dessa característica. Se você acha essa frase confusa, eu tenho de fazer uma

confissão. Na verdade, Bertrand Russell quis que essas palavras fossem um exemplo de uma frase gramaticalmente correta, mas que não fizesse sentido. Entretanto, fui inspirado a dar sentido ao nonsense por Yuen Ren Chao, linguista de Harvard, que foi intérprete de Russell quando ele foi à China, na década de 1920. Ele fez a mesma coisa com a frase "ideias verdes sem cor dormem furiosamente". Por outro lado, esse tipo de jogo de palavras não aumenta a sua popularidade.

[2] Gendler, T. S. (2007). Self-deception as a pretense. *Philosophical Perspectives, 21*(1), 231-258.

Gosling, J. (1990). *Weakness of the will*. Nova York: Routledge.

Martin, M. (1986). *Self-decepction and morality*. Lawrence, KS: University Press of Kansas.

[3] Steel, P. (2007). The nature of procrastination: A meta-analytic and theoretical review of quintessential self-regulatory failure. *Psychological Bulletin, 133*(1), 65-94.

[4] Ver www.43things.com, um site que já ajudou milhões de pessoas a criar suas listas para a vida.

[5] Horn, S. (2001). *ConZentrate: Get focused and pay attention – when life is filled with pressures, distractions, and multiple priorities*. Nova York: Saint Martin's Press.

[6] Como parte da minha pesquisa, documentei as profissões de 20 mil proteladores confessos. Só como exemplo, isso afeta até mesmo as concorrentes dos concursos de beleza. Sara Hoots, ex-ganhadora do concurso Miss Hooters, admitiu em seu teste de vídeo: "Minha pior característica é a tendência a adiar as coisas." Entretanto, astronautas e zoólogos não foram registrados por mim. Em alguns casos, as confissões saíram do artigo "Procrasti-Nation: Workers of the world, slack off!" [Procrasti-Nação: Trabalhadores do Mundo, Descansem!"], da revista *Slate*.

[7] Gröpel, P., & Steel, P. (2008). A mega-trial investigation of goal-setting, interest enhancement, and energy on procrastination. *Personality and Individual Differences, 45*, 406-411.

Silverman, I. (2003). Gender Differences in Delay of Gratification: A Meta-Analysis. *Sex Roles, 49*(9), 451-463.

[8] Pode escolher à vontade:

Burka, J. B., & Yuen, L. M. (1983). *Procrastination: Why you do it, what to do about it*. Reading, MA: Addison-Wesley. [No Brasil, *Procrastinação*. São Paulo: Nobel.]

Fiore, N. (1989). *The now habit: A strategic program for overcoming procrastination and enjoying guilt-free play*. Nova York: Penguin Putnam, Inc.

Knaus, W. (2002). *The procrastination workbook: Your personalized program for breaking free from the patterns that hold you back*. Oakland, CA: New Harbinger Publications, Inc.

Peterson, K. E. (1996). *The tomorrow trap: Unlocking the secrets of the procrastination-protection syndrome*. Deerfield Beach, FL: Health Communications, Inc.

[9] McGarvey, J. (1996). The almost perfect definition. *Research/Penn State, 17*(3). Baixado de http://www.rps.psu.edu/sep96/almost.html.

[10] Além do meu artigo *Nature of Procrastination*, ver também:

Canter, D. (2008). *Self-appraisals, perfectionism, and academics in college undergraduates*. Tese de Ph.D. não publicada, Virginia Commonwealth University, VA.

Yao, M. (2009). *An exploration of multidimensional perfectionism, academic self-efficacy, procrastination frequency, and Asian American cultural values in Asian American university students*. Tese de Ph.D. não publicada, Ohio State University, Columbus, Ohio.

[11] Pullen, F. J. (2003). *Perfectionism, procrastination, and other self-reported barriers to completing the doctoral dissertation*. Tese de Ph.D. não publicada, Universidade de Iowa, Iowa City, IA.

[12] Schouwenburg, H. C. (2004). Academic procrastination: Theoretical notions, measurement, and research. *In*: H. C. Schouwenburg, C. H. Lay, T. A. Pychyl & J. R. Ferrari (orgs.): *Counseling the procrastinator in academic settings* (pp. 3-17). Washington, DC: American Psychological Association.

[13] Arce, E., & Santisteban, C. (2006). Impulsivity: A review. *Psicothema, 18*(2), 213-220.

Bembenutty, H., & Karabenick, S. A. (2004). Inherent association between academic delay of gratification, future time perspective, and self-regulated learning. *Educational Psychology Review, 16*(1), 35-57.

Enticott, P., & Ogloff, J. (2006). Elucidation of impulsivity. *Australian Psychologist, 41*(1), 3-14.

Whiteside, S., & Lynam, D. (2001). The Five Factor Model and impulsivity: using a structural model of personality to understand impulsivity. *Personality and Individual Differences, 30*(4), 669-689.

[14] Bui, N. H. (2007). Effect of evaluation threat on procrastination behavior. *Journal of Social Psychology, 147*(3), 197-209.

[15] Schouwenburg, H. C. (2004). Academic procrastination: Theoretical notions, measurement, and research. *In*: H. C. Schouwenburg, C. H. Lay, T. A. Pychyl, & J. R. Ferrari (orgs.)*Counseling the procrastinator in academic settings* (pp. 3-17). Washington, DC: American Psychological Association.

Capítulo Dois

[1] Overmier, J. B., & Seligman, M. E. P. (1967). Effects of inescapable shock upon subsequent escape and avoidance responding. *Journal of Comparative and Phsysiological Psychology, 63*, 28-33.

Seligman, M., & Csikszentmihalyi, M. (2000). Positive psychology: An introduction. *American Psychologist, 55*, 5-14.

Seligman, M. E. P. & Maier, S. F. (1967). Failure to escape traumatic shock. *Journal of Experimental Psychology, 74*, 1-9.

[2] Quando tive aula sobre a desamparo aprendido, meu professor contou uma história de um grilo capturado. Se você colocar o grilo num vaso, lhe der água e comida e fizer alguns furos para ele respirar, ele vai tentar fugir, pulando e batendo com a cabeça na tampa. Volte alguns dias depois e tire a tampa. O grilo vai pular, mas vai parar mais ou menos na altura em que ele se acostumou a saltar. Ele pode fugir a qualquer hora, mas não está mais adotando o tipo de comportamento que irá levá-lo à liberdade – a gaiola agora está na cabeça dele.

[3] Beck, A. T., & Beck, R. W. (1972). Screening depressed patients in family practice: A rapid technique. *Postgraduate Medicine, 52*, 81-85.

[4] Lamentavelmente, os adiamentos podem ser até a causa de um círculo vicioso que amplifica um desvio chamado de espiral de depressão. Quer dizer, a depres-

são pode levar a adiamentos, que podem gerar culpa e sentimentos de ódio contra si mesmo, que aumentam a depressão, que completa o ciclo gerando mais adiamentos. Uma existência tão vazia pode ser exacerbada ainda mais se as atividades que a pessoa fica adiando se referem à comunidade e às suas realizações, duas coisas que, em princípio, deveriam ajudar a combater a depressão.

Thase, M. E. (1995). Cognitive behavior tehrapy. *In*: I. D. Glick (org.). *Treating depression* (pp. 37-70). São Francisco: Jossey-Bass, Inc.

[5] Lay, C. H. (1986). At last, my research on procrastination. *Journal of Research in Personality, 20*(4), 474-495.

Lay, C. H. (1990). Working to schedule on personal projects: An assessment of person/project characteristics and trait procrastination. *Journal of Social Behavior & Personality, 5*(3), 9-103.

Milgram, N. (1988). Procrastination in daily living. *Psychological Reports, 63*(3), 752-754.

Milgram, N. A., Sroloff, B., & Rosenbaum, M. (1988). The procrastination of everyday life. *Journal of Research in Personality, 22*(2), 197-212.

Sirois, F. M. (2007). "I'll look after my health, later": A replication and extension of the procrastination-health model with community-dwelling adults. *Personality and Individual Differences, 43*(1), 15-26.

Sirois, F. M. (2007). Procrastination and motivations for household safety behaviors: An expectancy-value theory perspective. *In*: L. V. Brown (org.). *Psuchology of Motivation* (pp. 153-165): Nova Science Publishers.

[6] Tullier, L. (2000). *The complete idiot's guide to overcoming procrastination.* Indianápolis, IN: Alpha Books.

[7] Chainey, R. The death of the gym membership. Baixado de http://style. uk.msn.com/getfit/sportandexercise/article.aspx?cp-documentid=9517875

[8] Hershey, R. D. (28/11/1999). Many shoppers won't do today what they can do on Dec. 24. *New York Times.*

[9] Cosmides, L., & Tooby, J. (2000). Evolutionary psychology and the emotions. *In*: M. Lewis & J. Haviland (orgs.). *Handbook of Emotions* (2ª ed., pp. 91-115). Nova York: Guilford Press.

[10] Whiteside, S., & Lynam, D. (2001). The Five Factor Model and impulsivity: using a structural model of personality to understand impulsivity. *Personality and Individual Differences, 30*(4), 669-689.

[11] McCrea, S., Liberman, N., Trope, Y., & Sherman, S. (2008). Construal level and procrastination. *Psychological Science, 19*(12), 1308-1314.

[12] Esse aqui é Hume, refletindo sobre como o que é próximo e concreto parece se sobrepor ao que é abstrato e de longo prazo: "Ao refletir sobre qualquer ato que eu tenha de fazer daqui a 12 meses, sempre me decido pelo bem maior, independentemente de na época ele estar próximo ou distante; e nenhuma diferença neste particular faz a menor diferença nas minhas intenções e decisões atuais. Minha distância da determinação final faz todas essas minúsculas diferenças se evaporarem, nem sou afetado por nada, a não ser pelas qualidades genéricas e mais facilmente distinguíveis do bem e do mal. Mas, à medida que me aproximo, aquelas circunstâncias que no início eu fingi que não vi começam a aparecer e influenciam minha conduta e minhas preferências. Surge uma nova inclinação pelo bem atual, e isso faz com que seja mais difícil eu me ater à minha primeira resolução e ao objetivo inicial. Essa enfermidade natural é algo de que eu posso muito bem me arrepender e devo procurar, de todas as maneiras possíveis, me libertar dela."

[13] Bagassi, M., & Macchi, L. (2007). The "vanishing" of the disjunction effect by sensible procrastination. *Mind & Society, 61*(1), 41-52.

[14] Laven, A. V. (2007). *Freshmen college student mental health and their resource usage.* Dissertação de EdD não publicada, Universidade da Califórnia, Los Angeles, CA.

[15] Cannings, R., Hawthorne, K., Hood, K., & Houston, H. (2005). Putting double marking to the test: a framework to assess if it is worth the trouble. *Medical education, 39,* 299-308.

Newstead, S. (2002). Examining the examiners: Why are we so bad at assessing students? *Psychology Learning and Teaching, 2*(2), 70-75.

[16] Caron, M. D., Whitbourne, S. K. & Halgan, R. P. (1992). Fraudulent excuse making among college students. *Teaching of Psychology, 19*(2), 90-93.

Lambert, E. G., Hogan, N.L., & Barton, S. M. (2003). Collegiate academic dishonesty revisited: What have they done, how often have they done it, who does it, and why did they do it? [Versão eletrônica.] *Electronic Journal of Sociology* 7. Baixado em 11/07/2008 de http://epe.lac-bac.gc.ca/100/201/300/ejofsociology/2004/v07n04/content/vol7.4/lambert_etal.html.

Roig, M., & Caso, M. (2005). Lying and cheating: Fraudulent excuse making, cheating and plagiarism. *The Journal of Psychology, 139*(6), 485-494.

Roig, M., & DeTommaso, L. (1995). Are college cheating and plagiarism related to academic procrastination? *Psychological Reports, 77*(2), 691-698.

[17] O gráfico inclui dois terços dos alunos dos cursos, excluindo aqueles que abandonaram ou que terminaram todos os trabalhos quatro dias antes do prazo e que não poderiam estar potencialmente adiando nessa área da vida. Veja também os seguintes artigos que estabeleceram que os adiamentos se encaixam quase que com perfeição numa curva hiperbólica:

Green, L., & Meyerson, J. (2004). A discounting framework for choice with delayed and probabilistic rewards. *Psychological Bulletin, 130*(5), 769-792.

Howell, A. J., Watson, D. C., Powell, R. A., & Buro, K. (2006). Academic procrastination: The pattern and correlates of behavioral postponement. *Personality and individual differences, 40*(8), 1519-1530.

Schouwenburg, H. C., & Groenewoud, J. T. (2001). Study motivation under social temptation: Effects of trait procrastination. *Personality & Individual Differences, 30*(2), 229-240.

Capítulo Três

[1] Schelling, T. C. (1984). *Choice and consequence. Perspectives of an errant economist.* Cambridge: Harvard University Press.

[2] Baumeister, R. (2005). *The cultural animal.* Nova York: Oxford University Press. [No Brasil, *O animal cultural.* São Carlos, SP: EdUFSCar.]

Bazerman, M. H., Tenbrunsel, A. E. & Wade-Benzoni, K. (1998). Negotiating with yourself and losing: Making decisions with competing internal preferences. *The Academy of Management Review, 23*(2), 225-241.

Bechara, A. (2005). Decision making, impulse control and loss of willpower to resist drugs: A neurocognitive perspective. *Nature Neuroscience, 8,* 1458-1463.

Bernheim, D. & Rangel, A. (2002). Addiction, cognition, and the visceral brain. Mimeo: Stanford University.

Chaiken, S., & Trope, Y. (1999). Dual-process theories in social psychology. Nova York: Guilford Press.

Loewenstein, G., & O'Donoghue, T. E. D. (2005). *Animal spirits: Affective and deliberative processes in economic behavior.* Carnegie Mellon University.

Metcalfe, J., & Mischel, W. (1999). A hot/cool-system analysis of delay of gratification: Dynamics of willpower. *Psychological Review, 106*(1), 3-19.

Redish, A., Jensen, S. & Johnson, A. (2008). A unified framework for addiction: Vulnerabilities in the decision process. *Behavioral and Brain Sciences, 31*(4), 415-437.

Sanfey, A. G., Loewenstein, G., McClure, S. M., & Cohen, J. D. (2006). Neuroeconomics: Cross-currents in research on decision-making. *TRENDS in Cognitive Sciences, 10*(3), 108-116.

[3] Como disse William James, o pai da psicologia, ao discutir a teoria econômica do comportamento: "Nenhum homem em um bilhão, na hora em que está jantando, pensa em utilidade. Ele come porque a comida é boa, e o faz querer mais."

[4] Hariri, A. R., Brown, S. M., Williamson, D. E., Flory, J. D., Wit, H. D. & Manuck, S. B. (2006). Preference for immediate over delayed rewards is associated with magnitude of ventral striatal activity. *The Journal of Neuroscience, 26*(51), 13213-13217.

McClure, S. M., Ericson, K. M., Laibson, D. I., Loewenstein, G., & Cohen, J. D. (2007). Time discounting for primary rewards. *Journal of Neuroscience, 27*(21), 5796-5804.

McClure, S. M., Laibson, D. I., Loewenstein, G., & Cohen, J. D. (2004). Separate neural systems value immediate and delayed monetary rewards. *Science, 306*(5695), 503-507.

[5] Ainslie, G., & Monterosso, J. (2004). A marketplace in the brain? *Science, 306*, 421-423.

Banich, M. T. (2009). Executive function: The search for an integrated account. *Current Directions in Psychological Science, 18*(2), 89-94.

Bechara, A. (2005). Decision making, impulse control and loss of willpower to resist drugs: A Neurocognitive perspective. *Nature Neuroscience, 8*, 1458-1463.

Rudebeck, P. H., Walton, M. E., Smyth, A. N., Bannerman, D. M., & Rushworth, M. F. S. (2006). Separate neural pathways process different decision costs. *Nature Neuroscience, 9*(9), 1161-1168.

Spinella, M., Yang, B., & Lester, D. (2004). Prefrontal system dysfunction and credit card debt. *International Journal of Neuroscience, 114*, 1323-1332.

Walton, M. E., Rudebeck, P. H., Bannerman, D. M. & Rushworth, M. F. S. (2007). Calculating the cost of acting in frontal cortex. *Annals of the New York Academy of Sciences, 1104*, 340-356.

Wood, J. N. & Grafman, J. (2003). Human prefrontal cortex: Processing and representational perspectives. *Nature Reviews, 4*, 139-147.

[6] Carver, C., Johnson, S. & Joormann, J. (2008). Serotonergic function, two-mode models of self-regulation, and vulnerability to depression: What depression has in common with impulsive aggression. *Psychological Bulletin, 134*(6), 912-943.

Fudenberg, D., & Levine, D. (2006). A dual-self model of impulse control. *American Economic Review, 96*(5), 1449-1476.

Inbinder, F. C. (2006). Psychodynamics and executive dysfunction: A neurobiological perspective. *Clinical Social Work Journal, 34*(4), 515-529.

Marcus, G. (2008). *Kluge: The haphazard construction of the human mind.* Nova York: Houghton Mifflin Company.

[7] Como escreve Adam Gifford:

A evolução não pode descartar os desenhos existentes e começar tudo do zero, só pode construir o novo em cima do velho – os mecanismos de preferência de tempo mais antigos e mais calcados na biologia ainda estão embutidos no cérebro humano. Esses mecanismos precisam ser sobrepostos na tomada de decisão por um processo de inibição, que é significativamente melhorado nos seres humanos por meio da linguagem. É essa divergência entre os índices culturais e biológicos da preferência no tempo que cria um conflito potencial entre a natureza interna e a alimentação, levando aos problemas de autocontrole [como os adiamentos]. O sistema de trabalho da memória pré-frontal, mais sofisticado, permite que o agente considere os possíveis acontecimentos num futuro mais amplo e desconte esses acontecimentos a uma taxa adequada ao ambiente atual do indivíduo. O nível inferior [do sistema límbico] não tem acesso a acontecimentos que ainda não foram experimentados e, consequentemente, ignora esses acontecimentos puramente abstratos. Ele também incorpora altas taxas de desconto, semelhantes às usadas pelos primatas não humanos e outros mamíferos, que são um produto da seleção natural.

Gifford, A. (2002). Emotion and self-control. *Journal of Economic Behavior & Organization, 49,* 113-130.

[8] Damasio, A. R. (1994). *Descartes' error: Emotion, reason, and the human brain.* Nova York: G. P. Putnam. [No Brasil, *O erro de Descartes.* São Paulo: Companhia das Letras.]

Gifford, A. (2002). Emotion and self-control. *Journal of Economic Behavior & Organization, 49,* 113-130.

McCrea, S. M., Liberman, N., Trope, Y. & Sherman, S. J. (2008). Construal level and procrastination. *Psychological Science, 19*(12), 1308-1314.

Trope, Y., & Liberman, N. (2003). Temporal construal. *Psychological Review, 110*(3), 403-421.

Wood, J. N. & Grafman, J. (2003). Human prefrontal cortex: Processing and representational perspectives. *Nature Reviews, 4,* 139-147.

[9] Berns, G. S., Laibson D., & Loewenstein, G. (2007). Intertemporal choice – toward an integrative framework. *TRENDS in Cognitive Sciences, 11*(11), 482-488.

[10] Brown, T. E. (2000). Emerging understandings of attention-deficit disorders and comorbidities. *In*: T. E. Brown (org.). *Attention-deficit disorders and comorbidities in children, adolescents, and adults* (pp. 3-55). Washington, DC: American Psychiatric.

Reyna, V. F., & Farley, F. (2006). Risk and rationality in adolescent decision making: Implications for theory, practice and public policy. *Psychological Science in the Public Interest, 7*(1), 1-44.

Rosati, A. G., Stevens, J. R., Hare, B., & Hauser, M. D. (2007). The evolutionary origins of human patience: temporal preferences in chimpanzees, bonobos, and human adults. *Current Biology, 17*(19), 1663-1668.

Rosso, I. M., Young, A. D., Femia, L. A. & Yurgelun-Todd, D. A. (2004). Cognitive and emotional components of frontal lobe functioning in childhood and adolescence. *Annals of the New York Academy of Sciences, 1021,* 355-362.

Rubia, K., Overmeyer, S., Taylor, E., Brammer, M., Williams, S. C. R., Simmons, A. et al. (1999). Hypofrontality in Attention Deficit Hyperactivity Disorder during higher-order motor control: A study with functional MRI. *American Journal of Psychiatry, 156*(6), 891-896.

Stevens, J. R., Hallinan, E. V. & Hauser, M. D. (2005). The ecology and evolution of patience in two New World primates. *Biology Letters, 1*, 223-226.

Wood, J. N., & Grafman, J. (2003). Human prefrontal cortex: Processing and representational perspectives. *Nature Reviews, 4*, 139-147.

Yurgenlun-Todd, D. A. & Killgore, W. D. S. (2006). Fear-related activity in the prefrontal cortex increases with age during adolescence: A preliminary fMRI study. *Neuroscience Letters, 406*, 194-199.

[11] Miller, B. L., Seeley, W. W., Mychack, P., Rosen, H. J., Mena, I. & Boone, K. (2001). Neuroanatomy of the self: evidence from patients with frontotemporal dementia. *Neurology, 57*, 817-821.

[12] Heilman, K. (2002). Matter of mind: A neurologist's view of the brain-behavior relationships. Oxford: Oxford University Press.

[13] Knoch, D., & Fehr, E. (2007). Resisting the power of temptations: The right prefrontal cortex and self-control. *Annals of the New York Academy of Sciences, 1104*, 123-134.

[14] Bechara, A. (2005). Decision making, impulse control and loss of willpower to resist drugs: A neurocognitive perspective. *Nature Neuroscince, 8*, 1458-1463.

Bickel, W. K., Miller, M. L., Yi, R., Kowal, B. P., Lindquist, D. M. & Pitcock, J. A. (2007). Behavioral and neuroeconomics of drug addiction: Competing neural systems and temporal discounting processes. *Drug and Alcohol Dependence, 90*, 85-91.

Gifford, A. (2002). Emotion and self-control. *Journal of Economic Behavior & Organization, 49*, 113-130.

[15] Camerer, C., Loewenstein, G. & Prelec, D. (2005). Neuroeconomics: How neuroscience can infrom economics. *Journal of Economic Literature, 43*(1), 9-64.

Joireman, J., Balliet, D., Sprott, D., Spangenberg, E. & Schultz, J. (2008). Consideration of future consequences, ego-depletion, and self-control: Support for distinguishing between CFC-Immediate and CFC-Future sub-scales. *Personality and Individual Differences, 45*(1), 15-21.

[16] Reyna, V. F. & Farley, F. (2006). Risk and rationality in adolescent decision making: Implications for theory, practice and public policy. *Psychological Science in the Public Interset,* 7(1), 1-44.

Rosso, I. M., Young, A. D., Femia, L. A. & Yurgelun-Todd, D. A. (2004). Cognitive and emotional components of frontal lobe functioning in childhood and adolescence. *Annals of the New York Academy of Sciences, 1021,* 355-362.

Wood, J. N., & Grafman, J. (2003). Human prefrontal cortex: Processing and representational perspectives. *Nature Reviews, 4,* 139-147.

Yurgelun-Todd, D. A. & Killgore, W. D. S. (2006). Fear-related activity in the prefrontal cortex increases with age during adolescence: A preliminary fMRI study. *Neuroscience Letters, 406,* 194-199.

[17] Thompson-Schill, S. L., Ramscar, M. & Chrysikou, E. G. (2009). Cognition without control: When a little frontal lobe goes a long way. *Current Directions in Psychological Science, 18*(5), 259-263.

[18] Garon, N., Bryson, S., & Smith, I. (2008). Executive function in preschoolers: A review using an integrative framework. *Psychological Bulletin, 134*(1), 31.

Jurado, M. & Rosselli, M. (2007). The elusive nature of executive functions: A review of our current understanding. *Neuropsychology Review, 17*(3), 213-233.

[19] Reyna, V. F. & Farley, F. (2006). Risk and rationality in adolescent decision making: Implications for theory, practice, and public policy. *Psychological Science in the Public Interest* 7(1), 1-44.

[20] Jurado, M. & Rosselli, M. (2007). The elusive nature of executive functions: A review of our current understanding. *Neuropsychology Review, 17*(3), 213-233.

[21] Miller, B. L., Seeley, W. W., Mychack, P., Rosen, H. J., Mena, I. & Boone, K. (2001). Neuroanatomy of the self: evidence from patients with frontotemporal dementia. *Neurology, 57,* 817-821.

[22] Dingemanse, N. & Réale, D. (2005.) Natural selection and animal personality. *Behaviour, 142*(9), 1159-1184.

[23] Gosling, S., Kwan, V. & John, O. (2003). A dog's personality: A cross-species comparative approach to personality judgments in dogs and humans. *Journal of Personality and Social Psychology, 85*(6), 1161-1169.

[24] Mazur, J. (2001). Hyperbolic value addition and general models of animal choice. *Psychological Review, 108*(1), 96-112.

Stephens, D. W., Kerr, B., & Fernandez-Juricic, E. (2004). Impulsiveness without discounting: The ecological rationality hypothesis. *Proceedings – Royal Society of London: Biological sciences, 271,* 2459-2465.

Stuphorn, V. (2005). Neuroeconomics: The shadow of the future. *Current Biology, 15*(7), 247-249.

[25] Suddendorf, T. & Corballis, M. C. (2007). The evolution of foresight: What is mental time travel and is it unique to humans? *Behavioral and Brain Sciences, 30*(3), 299-351.

Roberts, W. A. (2007). Mental time travel: Animals anticipate the future. *Current Biology, 17*(11), R418-R420.

[26] Roberts, W. A., Feeney, M. C., MacPherson, K., Petter, M., McMillan, N. & Musolino, E. (2008). Episodic-like memory in rats: Is it based on when or how long ago? *Science, 320*(5872), 113-115.

[27] Mischel, W., & Ayduk, O. (2004). Willpower in a cognitive-affective processing system. *In:* I. Baumeister & K. Vohs (orgs.). *Handbook of self-regulation: Research, theory, and applications* (pp. 99-129). Nova York: Guilford Press.

Rosati, A. G., Stevens, J. R., Hare, B., & Hauser, M. D. (2007). The evolutionary origins of human patience: temporal preferences in chimpanzees, bonobos, and human adults. *Current Biology, 17*(19), 1663-1668.

Stevens, J. R., Hallinan, E. V. & Hauser, M. D. (2005). The ecology and evolution of patience in two New World primates. *Biology Letters, 1,* 223-226.

[28] Gomes, C. M. & Boesch, C. (2009). Wild chimpanzees exchange meat for sex on a long-term basis. *PLoS ONE, 4*(4), e5116.

[29] Osvath, M. (2009). Spontaneous planning for future stone throwing by a male chimpanzee. *Current Biology, 19*(5), R190-R191.

[30] Ainslie, G. (1974). Impulse control in pigeons. *Journal of the Experimental Analysis of Behavior, 21*(3), 485.

Biondi, D. R. (2007). *Procrastination in rats: The effect of delay on response requirements in an adjusting ratio procedure.* Dissertação de M.A. não publicada, Southern Connecticut State University, New Haven, CT.

Mazur, J. E. (1996). Procrastination by pigeons: Preferences for larger, more delayed work requirements. *Journal of the Experimental Analysis of Behavior, 65*(1), 159-171.

Mazur, J. E. (1998). Procrastination by pigeons with fixed-interval response requirements. *Journal of the Experimental Analysis of Behaviour, 69*(2), 185-197.

Rachlin, H. & Green, L. (1972). Commitment, choice and self-control. *Journal of the Experimental Analysis of Behavior, 17*(1), 15.

[31] Na verdade, a razão pela qual os pombos podem adiar é que eles têm um correspondente ao córtex pré-frontal, o *nidopallium caudolaterale* Güntürkün, O. (2005). The avian 'prefrontal cortex' and cognition. *Current Opinion in Neurobiology, 15*(6), 686-693.

[32] Como ressaltou Cesar Millan, para incutir disciplina no seu animal de estimação, você mesmo precisa ter disciplina. "Exercício, disciplina e afeição." Geralmente, falta o ingrediente do meio.

Arden, A. & Dockray, T. (2007). *Dog-friendly dog training.* (2ª ed.) Nova York: John Wiley and Sons.

[33] Jang, K. L., McCrae, R. R., Angleitner, A., Riehmann, R. & Livesley, W. J. (1998). Heritability of facet-level traits in a cross-cultural twin sample: Support for a hierarchical model of personality. *Journal of Personality and Social Psychology, 74*(6), 1556-1565.

Luciano, M., Wainwright, M. A., Wright, M. J. & Martin, N. G. (2006). The heritability of conscientiousness facets and their relationship to IQ and academic achievement. *Personality and Individual Differences, 40,* 1189-1199.

Notavelmente, essa descoberta se coaduna com outros estudos da personalidade, que geralmente estimam que entre 40% e 60% de qualquer característica de personalidade têm origem genética. Bouchard, T., & Loehlin, J. (2001). Genes, evolution and personality. *Behavior Genetics, 31*(3), 243-273.

[34] Dingemanse, N., & Réale, D. (2005.) Natural selection and animal personality. *Behaviour, 142*(9), 1159-1184.

Sih, A., Bell, A., & Johnson, J. (2004). Behavioral syndromes: An ecological and evolutionary overview. *Trends in Ecology & Evolution, 19*(7), 372-378.

[35] Whit, W. (1995). *Food and society: A sociological approach.* Dix Hills, NY: General Hall.

[36] Stevens, J. R., Hallinan, E. V. & Hauser, M. D. (2005). The ecology and evolution of patience in two New World primates. *Biology Letters, 1,* 223-226.

[37] Houston, A. I., McNamara, J. M. & Steer, M. D. (2007). Do we expect natural selection to produce rational behaviour? *Philosophical Transactions of the Royal Society B: Biological Sciences 362,* 1531-1543.

[38] Kalenscher, T. & Pennartz, C. M. A. (2008). Is a bird in the hand worth two in the future? The neuroeconomics of intertemporal decision-making. *Progress in Neurobiology, 84*(3), 284-315.

[39] Davies, D. W. (1983). *Owen Owen: Victorian draper.* Gwasg Cambria: Aberystwyth.

Também tem uma página na Wikipedia: http://en.wikipedia.org/wiki/Owen_Owen

[40] Schmitt, D. (2004). The Big Five related to risky sexual behaviour across 10 world regions: Differential personality associations of sexual promiscuity and relationship infidelity. *European Journal of Personality, 18*(4), 301-319.

Raffaelli, M. & Crockett, L. (2003). Sexual risk taking in adolescence: The role of self-regulation and attraction to risk. *Developmental Psychology, 39*(6), 1036-1046.

Reyna, V. F. & Farley, F. (2006). Risk and rationality in adolescent decision making: Implications for theory, practice and public policy. *Psychological Science in the Public Interest, 7*(1), 1-44.

[41] Silverman, I. (2003). Gender differences in delay of gratification: A meta-analysis. *Sex Roles, 49*(9), 451-463.

[42] Nettle, D. (2006). The evolution of personality variation in humans and other animals. *American Psychologist, 61*(6), 622-631.

Muller, H. & Chittka, L. (2008). Animal personalities: The advantage of diversity. *Current biology, 18*(20), R961-R963.

Nichols, C. P., Sheldon, K. M., & Sheldon, M. S. (2008). Evolution and personality: What should a comprehensive theory address and how? *Social and Personality Psychology Compass, 2*(2), 968-984.

Planque, R., Dornhaus, A., Franks, N. R., Kovacs, T. & Marshall, J. A. R. (2007). Weighting waiting in collective decision-making. *Behavioral Ecology and Sociobiology, 61*(3), 347-356.

[43] Smith, E., Mulder, M., & Hill, K. (2001). Controversies in the evolutionary social sciences: A guide for the perplexed. *Trends in Ecology & Evolution,* *16*(3), 128-135.

[44] Para investigar este tópico tentei localizar um livro de Paul T. Ringenbach, de 1971, *Procrastination through the Ages: A Definitive History.* Ringenbach é um oficial da aeronáutica americana com Ph.D. pela Universidade de Connecticut. Sua obra foi descrita como "uma pesquisa interessante" pelo falecido Albert Ellis na primeira página do livro *Overcoming Procrastination,* fazendo com que ela fosse considerada um livro-chave para qualquer um que se interesse pelo assunto. Depois de passar semanas caçando o livro entre uma penca de bibliotecários, encontrei finalmente uma correspondência com Gil Campbell, da Filter Press, a editora do livro, enterrada no apêndice de uma velha tese de doutorado de 1982, de Margaret Aitken. A carta indicava que *Procrastination through the Ages* acabou nunca sendo escrito. A encomenda foi feita ao coronel Ringenbach, mas ele ficou adiando por tanto tempo que isso acabou se transformando numa elaborada travessura, com Campbell dizendo por 15 anos que o livro estava para sair a qualquer momento. Descobri o paradeiro do coronel Ringenbach num endereço do Texas, onde, depois de uma série de telefonemas e e-mails, arranquei uma confissão completa:

"Pela rapidez da minha resposta você já pode notar que em mim os adiamentos continuam vivos e bem-dispostos. *Procrastination through the Ages: A Definitive History* apareceu na lista de Livros no Prelo na edição de 1971-1972. Ele surgiu porque Gil Campbell, da Filter Press, também era o chefe de compras da Academia da Força Aérea Americana, quando o conheci. [...] Ele me pediu para escrever um breve artigo para ele sobre 'Cowboys Negros' que ele pudesse publicar. Depois de algum tempo sem fazer qualquer progresso, ele sugeriu que eu escrevesse um livro sobre adiamentos, já que eu era tão bom nesse assunto. Os meses se passaram sem qualquer avanço, e então ele finalmente disse: 'Me dê pelo menos um título. Quero incluir no meu próximo catálogo.' Eu lhe dei o título e ele, de propósito, não o incluiu no catálogo, mas como um insert solto em papel colorido, com uma desculpa para os leitores de que não tivera tempo de incluir nas páginas de texto, mas que, de qualquer maneira, a informação estava ali. A essa altura ele já o havia colocado na lista de livros no prelo, sem data definida e sem preço definido. Depois de tudo o que aconteceu, como alguém poderia concluir um livro assim sobre os adiamentos? Ele continuou aparecendo na lista de livros no prelo durante 15 anos, até que Gil finalmente o retirou, porque estava ficando cansado das contínuas perguntas sobre quando o livro sairia, que ele sempre me mandava para responder."

[45] DeSimone, P. (1993). Linguistic assumptions in scientific language. *Contemporary Psychodynamics: Theory, Research & Application, 1*, 8-17. Note que um exemplar em primeira mão do livro de DeSimone já não existe mais. O periódico em que ele apareceu, *Contemporary Psychodynamics*, só foi publicado uma vez e nenhum exemplar foi obtido. O trabalho de DeSimone foi resenhado no livro *Procrastination and Task Avoidance: Theory, Research, and Treatment*, que estou utilizando como substituto.

[46] Também facilmente encontrado na forma de livro, chamado *As catilinárias*.

[47] Olcott, H. S. (1887). *Golden rules of Buddhism*. Londres: Theosophical Publishing House.

[48] Ziolkowoski, T. (2000). *The sin of knowledge: Ancient themes and modern variations*. Princeton University Press.

[49] Diamond, J. (maio de 1987). The worst mistake in the history of the human race. *Discover*, 64-66.

Capítulo Quatro

[1] Embora, oficialmente, não seja "associado, de maneira alguma, ao Risk e à Hasbro".

[2] Steel, P. (2002). *The measurement and nature of procrastination*. Tese de Ph.D. não publicada, Universidade de Minnesota, Minnesota, MN.

[3] Schlinger, H. D., Derenne, A., & Baron, A. (2008). What 50 years of research tell us about pausing under ratio schedules of reinforcement. *The Behavior Analyst, 31*, 39-40.

[4] Czenry, E., Koenig, S., & Turner, N. E. (2008). Exploring the mind of the gambler: Psychological aspects of gambling and problem gambling. *In:* M.

Zangeneh, A. Blaszczynski & N. Turner (orgs.). *In the pursuit of Winning* (pp. 65-82). Nova York: Springer.

[5] Latham, G. & Huber, V. (1992). Schedules of reinforcement: Lessons from the past and issues for the future. *Journal of Organizational Behavior Management,* 12(1), 125-149.

[6] Taras, V., & Steel, P. (2006). *Improving cultural indices and rankings based on a meta-analysis of Hofstede's taxonomy.* Paper apresentado no encontro anual da Academy of International Business em Beijing, na China. Melhor paper em gestão de pessoas além das fronteiras e indicado para melhor paper da AIB/prêmio Temple (melhor de toda a conferência).

Steel, P. (2007). The nature of procrastination. *Psychological Bulletin,* 133(1), 65-94.

[7] Pelman Institute of America (março de 1930). The man with the grasshopper mind. *Popular Mechanics,* 53(3), 336.

[8] Josephs, R. (janeiro de 1962). How to gain an extra hour every day. *Popular Science,* 180(1), 117-130.

[9] Myers, D. G. (1983) *Social Psychology.* McGraw-Hill. [No Brasil, *Psicologia social.* Rio de Janeiro: LTC Editora.]

[10] Glater, J. D. (2008). Welcome, freshmen. Have an iPod. *New York Times.* Baixado de http://www.nytimes.com/2008/08/21/technology/21iphone.html?th&emc=th

[11] Pychyl, T. A., Lee, J. M., Thibodeau, R. & Blunt, A. (2000). Five days of emotion: An experience sampling study of undergraduate student procrastination. *Journal of Social Behavior & Personality,* 15(5), 239-254.

[12] Frey, B. S., Benesch, C. & Stutzer, A. (2007). Does watching TV make us happy? *Journal of Economic Psychology,* 28(3), 283-313.

[13] Kubey, R. & Csikszentmihalyi, M. (2002). Television addiction is no mere metaphor. *Scientific American,* 286(2), 62-68.

Vandewater, E., Bickham, D., & Lee, J. (2006). Time Well Spent? Relating Television Use to Children's Free-Time Activities. *Pediatrics,* 117(2), 181-191.

[14] Harchandrai, P., & Whitney, J. (2006). *Video games are cooler than homework: the role of video games in procrastination.* Paper apresentado na Conference for Undergraduate Research in Communication [Conferência para Pesquisas de Graduação em Comunicação], Rochester Institute of Technology.

[15] Applebome, P. (01/12/2004). On campus, hanging out by logging on. *New York Times.*

[16] Aspan, M. (13/02/2008). Quitting Facebook gets easier. *New York Times.*

[17] Kessler, D. A. (2009). *The end of overeating: Taking control of the insatiable American appetite.* Nova York: Rodale.

[18] Offer, A. (2006). *The challenge of affluence: Self-control and well-being in the United States and Britain since 1950.* Nova York: Oxford University Press.

[19] Dittmar, H. (2005). Compulsive buying – a growing concern? An examination of gender, age, and endorsement of materialistic values as predictors. *British Journal of Psychology, 96,* 467-491.

LaRose, R., & Eastin, M. S. (2002). Is online buying out of control? Electronic commerce and consumer self-regulation. *Journal of Broadcasting and Eletronic Media, 46*(4), 549-564.

Percoco, M. (2009). Estimating individual rates of discount: A meta-analysis. *Applied Economics Letters, 6*(12), 1235-1239.

Verplanken, B., & Herabadi, A. (2001). Individual differences in impulsive buying tendency: Feeling and no thinking. *European Journal of Personality, 15,* 71-83.

Youn, S. & Faber, R. J. (2000). Impulsive buying: Its relation to personality traits and cues. *Advances in Consumer Research, 27,* 179-185.

[20] Baumeister, R. F. (2002). Yielding to temptation: Self-control failure, impulsive purchasing, and consumer behavior. *Journal of Consumer Research, 28,* 670-676.

Baumeister, R., Sparks, E., Stillman, T., & Vohs, K. (2008). Free will in consumer behavior: Rational choice and self-control. *Journal of Consumer Psychology, 18,* 4-13.

LaRose, R. & Eastin, M. S. (2002). Is online buying out of control? Electronic commerce and consumer self-regulation. *Journal of Broadcasting and Eletronic Media, 46*(4), 549-564.

Lynch, J. G. & Zauberman, G. (2006). When do you want it? Time, decisions, and public policy. *Journal of Public Policy & Marketing, 25*(1), 67-78.

Ziglar, Z. (1991). *Ziglar on selling.* Nova York: Thomas Nelson.

[21] Kessler, D. A. (2009). *The end of overeating: Taking control of the insatiable American appetite.* Nova York: Rodale.

[22] Duhigg, C. (13/07/2008). Warning: Habits may be good for you. *New York Times.*

[23] Ji, M., & Wood, W. (2007). Purchase and consumption habits: Not necessarily what you intend. *Journal of Consumer Psychology, 17*(4), 261-276.

[24] Wood, W., & Neal, D. T. (2007). A new look at habits and the habit-goal interface. *Psychological Review 114*(4), 843-863.

[25] Wansink, B. (2006). *Mindless eating: Why we eat more than we think.* Nova York: Bantam-Dell. [No Brasil, *Por que comemos tanto?* Rio de Janeiro: Campus.]

[26] Ariely, D., Loewenstein, G. & Prelec, D. (2006). Tom Sawyer and the construction of value. *Journal of Economic Behavior Organization, 60*(1), 1-10.

Lindstrom, M. (2005). *BRAND sense: Build powerful brands through touch, taste, smell, sight and sound.* Nova York: Free Press. [No Brasil, *Brandsense – A marca multissensorial.* Porto Alegre: Bookman.]

Ramanathan, S., & Menon, G. (2006). Time-varying effects of chronic hedonic goals on impulsive behavior. *Journal of Marketing Research, 43*(4), 628-641.

Wood, W., & Neal, D. T. (2007). A new look at habits and the habit-goal interface. *Psychological Review 114*(4), 843-863.

[27] Caird, J., Willness, C. R., Steel, P. & Scialfa, C. (2008). A meta-analysis of the effects of cell phones on driver performance. *Accident Analysis & Prevention, 40*(4), 1282-1293.

[28] Estritamente falando, havia outras categorias, mas todas do mesmo gênero, como *Shazam* para "música" e *Virtual Zippo Lighter* para "estilo de vida".

[29] Huxley, A. (2004). *Brave New World and Brave New World Revisited.* Nova York: HarperCollins. [No Brasil: *Admirável mundo novo.* São Paulo: Globo; e *Regresso ao admirável mundo novo.* Belo Horizonte: Itatiaia.]

[30] Postman, N. (1985). *Amusing ourselves to death: Public disclosure in the age of show business.* Nova York: Penguin Group.

[31] Offer, A. *The challenge of affluence: Self-control and well-being in the United States and Britain since 1950.* Nova York: Oxford University Press.

Novotney, Al. (jul.-ago./2008). What'$ behind American com$umeri$m? *Monitor on Psychology, 39*(7), 40-42.

Vyse, S. (2008). *Going broke: Why Americans can't hold on to their money.* Nova York: Oxford University Press.

[32] Davenport, T., & Beck, J. (2001). *The Attention Economy: Understanding the new currency of business:* Harvard Business School Press.

Shenk, D. (1997). *Data smog: Surviving the information glut.* Nova York: HarperCollins.

Capítulo Cinco

[1] Ferrari, J. R., Barnes, K. L., & Steel, P. (2009). Life Regrets by Avoidant and Arousal Procrastinators: Why Put Off Today What You Will Regret Tomorrow? *Journal of Individual Differences, 30*(3), 163-168.

Roese, N. J., & Summerville, A. (2005). What we regret most... and why. *Personality and Social Psychology Bulletin, 31*(9), 1273-1285.

[2] Steel, P., Schmidt, J., & Schultz, J. (2008). Refining the relationship between personality and subjective well-being. *Psychological Bulletin, 134*(1) 138-161.

[3] Baer, M. & Oldham, G. R. (2006). The curvilinear relation between experienced creative time pressure and creativity: Moderating effects of support, support for creativity and openness to experience. *Journal of Applied Psychology, 91,* 963-970.

Amabile, T. M., Hadley, C. N., & Kramer, S. J. (2002). Creativity under the gun. *Harvard Business Review, 80*(8), 52-61.

[4] Steel, P. (2007). The nature of procrastination: A meta-analytic and theoretical review of quintessential self-regulatory failure. *Psychological Bulletin, 133*(1), 65-94.

[5] Pychyl, T. A., Lee, J. M., Thibodeau, R., & Blunt, A. (2000). Five days of emotion: An experience-sampling study of undergraduate student procrastination. *Journal of Social Behavior & Personality, 15*(5), 239-254.

[6] Patry, D. A., Blanchard, C. L. M., & Mask, L. (2007). Measuring university students' regulatory leisure coping styles: planned breathers or avoidance? *Leisure Sciences, 29*(3), 247-265.

[7] Bernold, L. E. (2007). Preparedness of engineering freshman to inquiry-based learning. *Journal of Professional Issues in Engineering Education and Practice, 133,* 99-106.

Doherty, W. (2006). An analysis of multiple factors affecting retention in Web-based community college courses. *The Internet and Higher Education, 9*(4), 245-255.

Finck, J., & DeLine, A. (2008). Do students listen to advice from their experienced peers? *College Teaching Methods & Styles Journal, 4*(9).

Laven, A. V. (2007). *Freshmen college student mental health and their resource usage.* Dissertação de EdD não publicada, Universidade da Califórnia, Los Angeles, CA.

Moore, B. (2006). *Goal conflicts, self-regulation, and course completion: A comparison of Web-based learners to traditional classroom learners.* Tese de Ph.D. não publicada, University of South Florida, Tampa, FL.

[8] Bair, C. R., & Haworth, J. G. (2004). Doctoral student attrition and persistence: A meta-synthesis of research. *Higher education: Handbook of theory and research, 19,* 481-534.

Green, G. D. (1981). *Dissertation procrastination.* Tese de Ph.D. não publicada, Universidade de Washington, Seattle, WA.

Muszynski, S. Y., & Akamatsu, T. J. (1991). Delay in completion of doctoral dissertations in clinical psychology. *Professional Psychology – Research & Practice, 22*(2), 119-123.

Mariano, C. M. (1993). *A study of Ed.D.s, Ph.D.s and ABDs in educational administration (dissertation completion, Ed.d candidates, Ph.d candidates).* Tese de EdD não publicada. Boston College, Boston, MA.

Pullen, F. J. (2003). *Perfectionism, Procrastination, and other self-reported barriers to completing the doctoral dissertation.* Tese de Ph.D. não publicada, Universidade de Iowa, New Haven, IA.

[9] Com base na diferença média salarial entre alguém que fez mestrado e alguém que tenha feito doutorado.

Lacey, J. & Crosby, O. (2005). Job outolook for college graduates. *Occupational Outlook Quarterly, 48*(4), 15-27.

[10] Lay, C. H. & Brokenshire, R. (1997). Conscientiousness, procrastination, and person-task charcateristics in job searching by unemployed adults. *Current Psychology: Developmental, Learning, Personality, Social, 16*(1), 83-96.

Senecal, C., & Guay, F. (2000). Procrastination in job-seeking; An analysis of motivational processes and feelings of hopelessness. *Journal of Social Behavior & Personality, 15*(5), 267-282.

[11] Nawrocki, J. (15/jun./2006). When you're a GC, procrastination doesn't work. *Corporate Counsel*, baixado de http://www.law.com/jsp/ihc/PubArticleIHC.jsp?id=1150275918375

[12] Angeletos, G.-M., Laibson, D., Repetto, A., Tobacman, J. & Weinberg, S. (2001). The hyperbolic consumption model: Calibration, simulation, and empirical evaluation. *Journal of Economic Perspectives, 15*(3), 47-68.

[13] Bankston, J. (2001). IRS experts blame procrastination for simple oversights on tax returns. *The Augusta Chronicle, Ga. Knight Rider/Tribune Business News*.

Kasper, G. (2004). Tax procrastination: Survey finds 29% have yet to begin taxes [versão eletrônica], de http://www.prweb.com/releases/2004/03/prweb114250.htm.

[14] (2006). *Compound interest, Manhattan & the Indians*. Baixado de http://www.savingadvice.com/blog/2006/01/15/10341_compound-interest-manhattan-the-indians.html

[15] Byrne, A., Blake, D., Cairns, A. & Dowd, K. (2006). There's no time like the present: the cost of delaying retirement saving. *Financial Services Review, 15*(3), 213-231.

[16] Lazarus, D. (24/abr./2009). Obama scolds card issuers, and their silence speaks volumes. *Los Angeles Times*. Baixado de http://www.latimes.com/business/la-fi-lazarus24-2009apr24,0,6516756.column

[17] Heidhues, P., & Koszegi, B. (2008). Exploiting naivite about self-control in the credit market. *Universidade da Califórnia, Berkeley*.

Shui, H. & Ausubel, L. M. (2005). Time inconsistency in the credit card market. *Universidade de Maryland*.

Spinella, M., Yang, B. & Lester, D. (2004). Prefrontal system dysfunction and credit card debt. *International Journal of Neuroscience, 114*, 1323-1332.

[18] Frontline (2008). *The secret history of the credit card*. Baixado de http://www.pbs.org/wgbh/pages/frontline/shows/credit/view/

[19] Reuben, E., Sapienza, P. & Zingales, L. (2008). Procrastination and impatience: NBER Working Paper.

[20] Judson, L. C. (1848). *The moral probe: Or one hundred and two common sense essays on the nature of men and things, interspersed with scraps of science and history.* Nova York: edição do autor.

[21] Matlin, E. (2004). *Procrastinator's guide to wills and estate planning.* Nova York: Penguin.

[22] Assim como os adiamentos, isso é mais comum do que se pensa. A American Dental Association indica que somente 12% dos americanos usam fio dental diariamente e cerca de metade sequer usa fio dental. Harrison, H. C. (2005). *The three-contigency model of self-management.* Tese de Ph.D. não publicada, Western Michigan University, Kalamazoo, MI.

[23] Arce, E. & Santisteban, C. (2006). Impulsivity: A review. *Psicothema, 18*(2), 213-220.

Bickel, W. K., Yi, R., Kowal, B. P. & Gatchalian, K. M. (2008). Cigarette smokers discount past and future rewards symmetrically and more than controls: Is discounting a measure of impulsivity? *Drug and Alcohol Dependence, 96,* 256-262.

Carver, C. S. (2005). Impulse and constraint: Perspectives from personality psychology, convergence with theory in other areas, and potential for integration. *Personality and Social Psychology Review, 9*(4), 312-333.

Chamberlain, S., & Sahakian, B. (2007). The neuropsychiatry of impulsivity. *Current Opinion in Psychiatry, 20*(3), 255.

Enticott, P., & Ogloff, J. (2006). Elucidation of impulsivity. *Australian Psychologist, 41*(1), 3-14.

Schmidt, C. (2003). Impulsivity. *In:* E. F. Coccaro (org.). *Aggression: Psychatric assessment and treatment* (pp. 75-87). Nova York: Informa Health Care.

Sirois, F. M., (2004). Procrastination and intentions to perform healthy behaviors: The role of self-efficacy and the consideration of future consequences. *Personality & Individual Differences, 37*(1), 115-128.

Sirois, F. M. & Pychyl, T. A. (2002). *Academic procrastination: Costs to health and well-being.* Paper apresentado na American Psychologcal Association, Chicago.

[24] Soble, A. G. (2002). Correcting some misconceptions about St. Augustine's sex life. *Journal of the History of Sexuality, 11*(4), 545-569.

[25] Bland, E. (2008). An appraisal of psychological & religious perspectives of self-control. *Journal of Religion and Health, 47*(1), 4-16.

McCullough, M. E., Willoughby, B. L. B. (2009). Religion, self-regulation, and self-control: Associations, explanations, and implications. *Psychological Bulletin.*

[26] Ou, então, você pode abrir a seção *Panchatantra* do *Mahabharata* e ler as palavras de Vishnu Sharma: "O homem que age tardiamente onde se pedia o máximo de rapidez desperta a ira dos deuses que puseram os obstáculos em seu caminho; pode apostar." Também segundo Sharma: "O tempo bebe a essência de toda ação nobre e grandiosa que precisa ser feita, mas cuja execução é retardada." Gandhi, M. K., Strohmeier, J., & Nagler, M. N. (2000). *The Bhagavad Gita according to Gandhi.* Berkeley, CA: Berkeley Hills Books. [No Brasil: *Baghavad-Gita segundo Gandhi.* São Paulo: Ícone.]

[27] Cosan, M. E. (1996). *Ramadhan and Taqwa training.* (tradução para o inglês de H. H. Erkaya). Baixado de http://gumushkhanawidargah.8m.com/books/ramadhan/

[28] De maneira semelhante, o professor islâmico Dr. Umar Sulaiman al-Ashqar intitula toda uma seção de seu livro "Satan hinders the slave from acting by means of procrastination and laziness" [Satã impede o escravo de agir pela preguiça e pelos adiamentos]. Ele observa que alguns dos mais antigos conselhos religiosos ressaltam a gravidade do hábito de se adiar as coisas: "Cuidado com os adiamentos. São os maiores soldados de satã." Al-Nu'mān, A. (2002). *The pillars of Islam.* (Tradução para o inglês de A. Fyzeem; revisado e comentado por I. Poonawala.) Nova Delhi: Oxford University Press. (Obra originalmente publicada no ano de 960.)

al-Ashqar, U. S. (1998). *World of the Jinn and Devils.* (Tradução para o inglês de J. Zarabozo). Al-Basheer Publications.

[29] Olcott, H. S. (1887). *Golden rules of Buddhism.* London: Theosophical Publishing House.

[30] Também temos o comentário de Tenzin Gyatso, o 14º Dalai Lama: "Você não deve adiar as coisas. Em vez disso, você deve se preparar para, se for morrer hoje à noite, não ter nenhum arrependimento."

Das, S. (2000). *Awakening to the sacred: Creating a spiritual life from scratch.* Londres: Bantam. [No Brasil: *O despertar para o sagrado.* Rio de Janeiro: Rocco.]

[31] Giloviqh, T., & Medvec, V. H. (1995). The experience of regret: What, when, and why. *Psychological Review, 102*(2), 379-395.

Roese, N. J., & Summerville, A. (2005). What we regret... and why. *Personality and social psychological bulletin, 31*(9), 1273-1285.

[32] King, L. A., & Hicks, J. A. (2007). Whatever happened to "What might have been?": Regrets, Happiness and Maturity. *American Psychologist, 62*(7), 625-636.

Capítulo Seis

[1] Hayden, A. (2003). International work-time trends: The emerging gap in hours. *Just Labour, 2,* 23-35.

Wasow, B. (2004). Comparing European and U. S. Living Standards (The Century Foundation). Acessado no site www.tcf.org/list.asp?type= NC&pubid=596.

[2] Malachowski, D. (2005). Wasted time at work costing companies billions. De http://salary.com

[3] Isto está em linha com outras estimativas que colocam o custo dos adiamentos em mais de 9 mil dólares por empregado. D'Abate, C., & Eddy, E. (2007). Engaging in personal business on the job: Extending the presenteeism construct. *Human Resource Development Quartelry, 18*(3), 361.

[4] Wheelan, C. (2002). *Naked economics: Undressing the dismal science.* Nova York: W. W. Norton.

[5] Critchfield, T., & Kollins, S. (2001). Temporal discounting: Basic research and the analysis of socially important behavior. *Journal of Applied Behavior Analysis, 34*(1), 101-122.

[6] Spencer, L. (1995). 10 problems that worry presidents. *Harvard Business Review, 33,* 75-83.

[7] Steel, P. & König, C. J. (2006). Integrating theories of motivation. *Academy of Management Review, 31,* 89-913.

[8] Lavoie, J. A. A. & Pychyl, T. A. (2001). Cyberslacking and the procrastination superhighway: A web-based survey of online procrastination, attitudes, and emotion. *Social Science Computer Review, 19*(4), 431-444.

Johnson, P. R. & Indvik, J. (2003). The organizational benefits of reducing cyberslacking in the workplace. *Proceedings of the Academy of Organizational Culture, Communications and Conflict,* 7(2), 53-59.

Malachowski, D. (2005). Wasted time at work costing companies billions. De http://salary.com

[9] Villano, M. (30/09/2007). It's only a game, but it's played at work. *New York Times.*

[10] Lawler, R. (segunda-feira, 16/09/2008). Cisco sees a zettaflood of IP traffic – driven by video. *Contentinople.* Em http://www.contentinople.com/author.asp?section_id=450&doc_id=156555

[11] Stelter, B. (2008). Noontime web video revitalizes lunch at desk. *New York Times.*

[12] Kelly, E. P. (primavera de 2001). Electronic monitoring of employees in the workplace. *National Forum.* Baixado de http://findarticles.com/p/articles/mi_qa3651/is_200104/ai_n8939300

[13] Ladurantaye, S. (2/04/2008). Corporate crackdown targets employee surfing: Home e-mail accounts, instant messaging, gaming and video-watching websites... they're all on the hit list as employers increasingly restrict what content they permit employees to access. *Globe & Mail.*

[14] Essa mentalidade empresarial de "big brother" pode se tornar extremamente irritante quando você tem um motivo legítimo para acessar esses sites. Meu colega Allen Ponak é árbitro profissional de ações trabalhistas, cujo trabalho exige que ele medie uma ampla gama de litígios entre os sindicatos e a administração das empresas, inclusive quando um empregado é pego fazendo um download de um site pornográfico para o seu computador. Parte de seu trabalho – e eu sou levado a acreditar que ele seja pago para isso – é examinar o conteúdo desses sites. American Management Association (2005). *2007 Electronic monitoring & surveillance survey.* Nova York: edição do autor.

[15] Levin, J. (quarta-feira, 14/05/2008). Solitaire-y confinement: Why we can't stop playing a computerized card game. *Slate.*

[16] Phillips, J. G. & Reddie, L. (2007). Decisional style and self-reported Email use in the workplace. *Computers in Human Behavior,* 23(5), 2414-2428.

Song, M., Halsey, V., & Burress, T. (2007). *The hamster revolution: How to manage your Email before it manages you.* São Francisco: Berrett-Koehler Publishers.

Thatcher, A., Wretschko, G., & Fridjhon, P. (2008). Online flow experiences, problematic Internet use and Internet procrastination. *Computers in Human Behavior, 24,* 2236-2254.

[17] Iqbal, S. T. & Horvitz, E. (2007). Conversation amidst computing: A study of interruptions and recovery of task activity. *Proceeds of User Modeling,* 350-354.

[18] Richtel, M. (14/09/2008). Lost in E-mail, tech firms face self-made beast. *New York Times.*

[19] Alboher, M. (06/10/2008). Attention must be paid. *New York Times.*

[20] Monsell, S. (2003). Task switching. *TRENDS in Cognitive Sciences, 7*(3), 134-140.

Rubinstein, J. S., Meyer, D. E. & Evans, J. E. (2001). Executive control of cognitive processes in task swtching. *Journal of Experimental Pschology: Human Perception and Performance, 27*(4), 763-797.

[21] Akerlof, G. & Shiller, R. (2009). *Animal spirits: How human psychology drives the economy, and why it matters for global capitalism.* Princeton, NJ: Princeton University Press.

[22] Dunleavy, M. P. (2/12/2006). Plan to retire but leave out Social Security. *New York Times.*

[23] Na descrição de Avner Offer, "o padrão de longo prazo mostra que a capacidade geral de poupança diminuiu substancialmente desde a década de 1960, sugerindo um declínio da capacidade de ser prudente".

Offer, A. (2006). *The challenge of affluence: Self-control and well-being in the United States and Britain since 1950.* Nova York: Oxford University Press.

Weber, E. (2004). Who's afraid of poor old-age? Risk perception in risk management decisions. *In:* O. Mitchell & S. Utkus (orgs.). *Pension design and strcture: New lessons from behavioral finance* (pp. 53-66). Nova York: Oxford University Press.

[24] Transamerica Center for Retirement Studies (2008). The attitudes of American workers and their employers regarding retirement security and benefits. *Ninth Annual Transamerica Retirement Survey.* Disponível no site: http://www.transamericacenter.org/resources/BuildingConfidencePresentation%20TCRS%201002-0208.pdf

[25] Brooks, D. (2009). Usury country. *Harper's, 318* (1907), 41-48.

[26] Byrne, A., Blake, D., Cairns, A., & Dowd, K. (2006). There's no time like the present: The cost of delaying retirement saving. *Financial Services Review*, 15(3), 213-231.

[27] Notavelmente, o economista Matthew Rabin, um dos autores do artigo *Procrastination in Preparing for Retirement*, incluiu a si mesmo entre aqueles que não estão poupando o suficiente. O'Donoghue, T., & Rabin, M. (1999). Procrastination in preparing for retirement. *In:* H. J. Aaron (org.). *Behavioral dimensions of retirement economics* (pp 125-156). Nova York: Brookings Institution Press.

Transamerica Center for Retirement Studies (2008). The attitudes of American workers and their employers regarding retirement security and benefits. *Ninth Annual Transamerica Retirement Survey.* Disponível no site: http://www.transamericacenter.org/resources/BuildingConfidencePresentation%20TCRS%201002-0208.pdf

Organisation of Economic Cooperation and Development [Organização para a Cooperação e o Desenvolvimento Econômico – OCDE] (dez./2008). Pension Markets in Focus. *OECD Newsletter, 5*, 1-20.

[28] Byrne, A., Blake, D., Cairns, A. & Dowd, K. (2006). There's no time like the present: The cost of delaying retirement saving. *Financial Services Review*, 15(3), 213-231.

Hewitt Associates (jul/2008). *Hewitt study reveals widening gap between retirement needs and employee saving behaviors.* Baixado de: http://www.businesswire.com/portal/site/google/?ndmViewId=news_view&newsId=20080701005267&newsLang=en

Venti, S. (2006). Choice, Behavior and Retirement Saving. *In:* G. Clark, A. Munnell & M. Orszag (orgs.). *Oxford Handbook of Pensions and Retirement Income* (vol. 1, pp. 21-30). Oxford: Oxford University Press.

[29] O'Donoghue, T. & Rabin, M. (1999). Procrastination in preparing for retirement. *In:* H. J. Aaron (org.). *Behavioral dimensions of retirement economics* (p 125-156). Nova York: Brookings Institution Press.

[30] Armour, P., & Daly, M. (2008). Retirement savings and decision errors: Lessons from behavioral economics. *FRBSF Economic Letter, 16*, 1-3.

Legorano, G. (2009). Automatic enrollment gains ground for DC plans. *Global Pensions.* Baixado de: http://www.globalpensions.com/global-pensions/news/1557589/automatic-enrollment-gains-ground-dc-plans

Mitchell, O., & Utkus, S. (2003). *Lessons from behavioral finance for retirement plan design.* The Wharton School: Universidade da Pensilvânia.

Turner, J. (2006). Designing 401(k) plans that encourage retirement savings: Lessons from behavioral finance. *Benefits Quarterly, 22*(4), 1-19.

[31] Choi, J., Laibson, D. & Madrian, B. (2004). Plan design and 401(k) savings outcomes. *National Tax Journal, 57*(2), 275-298.

[32] Thaler, R. & Benartzi, S. (2004). Save More Tomorrow™: Using Behavioral Economics to Increase Employee Saving. *Journal of Political Economy, 112*(S1), 164-187.

[33] O teto da dívida foi considerado por Robinson como uma "camisa de força sem sentido" já em 1959.

Austin, D. (2008). *The debt limit: History and recent increases.* Congressional Research Service.

Robinson, M. A. (1959). *The national debt ceiling: An experiment in fiscal policy.* Washington, D.C.: Brookings Institute.

[34] Critchfield, T. S., Haley, R., Sabo, B., Colbert, J., & Macropoulis, G. (2003). A half century of scalloping in the work habits of the United States Congress. *Journal of Applied Behavior Analysis, 36*, 465-486.

Weisberg, P. & Waldrop, P. (1972). Fixed-interval work habits of Congress. *Journal of Applied Behavior Analysis, 5*(1), 93. Vai também um agradecimento especial a Tom Critchfield por ter me fornecido os dados pessoalmente.

[35] A história americana é particularmente cheia em adiamentos. Durante a Guerra Civil, as procrastinações do general Longstreet custaram a guerra ao Sul, quando suas demoras impediram que ele garantisse as posições-chaves de Little Round Top e Cemetery Ridge durante a batalha de Gettysburg. Ao mesmo tempo, Abraham Lincoln teve de lutar contra os adiamentos do general George Brinton McClellan, o que fez com que a guerra se arrastasse por mais três anos. Em relação ao adiamento que custou a vida do coronel Rahl, mas que, em troca, deixou os Estados Unidos mais próximos da independência, vão aqui algumas palavras sobre o caso, ditas pelo embaixador britânico Nolbert Quayle: "Uns poucos minutos de atraso custaram a ele [coronel Rahl] sua vida, sua honra e a liberdade de seus soldados. A história da Terra está cheia dos entulhos de planos incompletos e decisões não executadas. 'Amanhã' é a desculpa dos preguiçosos e o refúgio dos in-

competentes." Infelizmente para o próprio Quayle, o único registro que consegui encontrar de sua própria existência é essa citação.

[36] A política de tentar apaziguar Adolf Hitler é geralmente caracterizada como a demora que deu mais tempo ao Führer para se preparar para a batalha. O político mais conhecido por ter capturado esse sentimento foi Winston Churchill, dizendo três anos antes da invasão da Polônia pela Alemanha: "A época dos adiamentos, das meias medidas, do apaziguamento, dos expedientes malogrados e dos atrasos está chegando ao fim. Em seu lugar, estamos entrando numa fase de consequências. [...] Nós não temos como evitar essa fase. Estamos no meio dela." Em seguida à guerra, Dwight D. Eisenhower, ex-comandante supremo das forças aliadas na Europa e 34º presidente dos Estados Unidos, verificou que os adiamentos ainda não haviam sido derrotados. Os soviéticos estavam se preparando para um embate nuclear, com pouca coisa sendo feita para evitar isso na Europa Ocidental. A principal preocupação de Eisenhower era que a Organização do Tratado do Atlântico Norte (OTAN) ainda era apenas uma invenção no papel, sem fundos e sem garra militar. Num discurso que Churchill considerou ter sido o maior que ele ouviu na vida, pelo menos por parte de um americano, observamos que Eisenhower disse: "Esse projeto se depara com o perigo mortal de um adiamento, de medidas tímidas, de passos lentos e estágios cautelosos. Considerando-se que as barreiras da tradição e do hábito são numerosas e rígidas, a maior barreira a ele, assim como a qualquer empreendimento humano, está na mente dos próprios homens. A negação é sempre a saída mais fácil, já que ela defende que não é preciso fazer nada. A negação fica feliz em sua letargia, contemplando com uma satisfação quase complacente as dificuldades de qualquer outro caminho."

[37] Andreou, C. (2007). Environmental Preservation and Second-Order Procrastination. *Philosophy & Public Affairs, 35*(3).

Caney, S. (2008). *Climate Change, Human Rights and Intergenerational Equity.* Oxford: Magdalen College.

Hepburn, C. (2003). Hyperbolic discounting and resource collapse. *Discussion-Paper No. 159.* Departamento de Economia da Universidade de Oxford.

Read, D. (2001). Intrapersonal dilemmas. *Human Relations, 54*(8), 1093-1117.

[38] Hurni, H., Herweg, K., Portner, B., & Liniger, H. (2008). Soil Erosion and Conservation in Global Agriculture. *In:* A. Braimoh & P. L. G. Vlek (orgs.), *Land Use and Soil Resources* (pp. 41-72). Nova York: Springer.

Montgomery, D. (2007). Soil erosion and agricultural sustainability. *Proceedings of the National Academy of Sciences, 104*(33), 13268-13272.

Sample, I. (31/08/2007). Global food crisis looms as climate change and population growth strip fertile land. *The Guardian.*

[39] Hightower, M. & Pierce, S. A. (2008). The energy challenge. *Nature 452,* 285-286.

[40] Editorial. (9/03/2008). Oceans at risk. *New York Times.*

Worm, B., Barbier, E., Beaumont, N., Duffy, J., Folke, C., Halpern, B., Jackson, J., Lotze, H., Micheli, F., & Palumbi, S. (2006). Impacts of biodiversity Loss on Ocean Ecossystem Services. *Science, 314*(5800), 787-790.

Simpson, J. (26/11/2008). Fishng the fish stocks to extinction. *Globe and Mail.*

[41] Lynas, M. (2007). *Six Degrees: Our Future on a Hotter Planet.* Nova York: HarperCollins. [No Brasil: *Seis graus – O aquecimento global.* Rio de Janeiro: Jorge Zahar.]

Spratt, D., Sutton, P. (2008). *Climate Code Red: The case for emergency action.* Melbourne: Scribe Publications.

[42] Bamberg, S. (2003). How does environmental concern influence specific environmentally related behaviors? A new answer to an old question. *Journal of Envirnomental Psychology, 23*(1), 21-32.

Orr, D. W. (2004). *The Nature of Design: Ecology, Culture and Human Intention.* Nova York: Oxford University Press.

[43] Farrand, M. (org.) (1966). *Records of the federal convention* (vol. 3). New Haven, CT: Yale University Press.

[44] Na vedade, tomar chá do pires só se tornou uma gafe social depois da época de Thomas Jefferson e George Washington. Naquele tempo estava muito na moda beber chá no pires, que eram acompanhados de "pratos para xícara", em que os bebedores descansavam suas canecas enquanto bebericavam do pires. Frost, S. (186). *Frost's laws and by-laws of American society.* Nova York: Dick & Fitzgerald.

Titus, S. *Tea: A Brief History.*

http://www.memorialhall.mass.edu/classroom/curriculum_12th/
unit3/lesson8/bkgdessay.html

[45] Cumming, L. (2008). *To Guide the Human Puppet: Behavioural Economics, Public Policy and Public Service Contracting.* Serco Institute.

[46] Cumming, L. (2008). *To Guide the Human Puppet: Behavioural Economics, Public Policy and Public Service Contracting.* Serco Institute.

Capítulo sete

[1] Booth, D., & James, R.(2008). A literature review of self-efficacy and effective job search. *Journal of Occupational Pschology, Employment and Disability, 10*(1), 27-42.

Lay, C. H. & Brokenshire, R. (1997). Conscientiousness, procrastination, and person-task characteristics in job searching by unemployed adults. *Current Psychology: Developemntal, Learning, Personalty, Social, 16*(1), 83-96.

Senecal, C., & Guay, F. (2000). Procrasination in job-seeking: An analysis of motivational processes and feeling of hopelessness. *Journal of Social Behavior & Personality, 15*(5), 267-282.

[2] Sigall, H., Kruglanski, A. & Fyock, J. (2000). Wishful thinking and procrastination. *Journal of Social Behavior & Personality, 15*(5), 283-296.

[3] Scheier, M. F., & Carver, C. S. (1993). On the power of positive thinking: The benefits of being optimistic. *Current Directions in Psychological Science, 2*(1), 26-30.

[4] Apesar disso, todos nós tendemos a subestimar quanto tempo vamos levar numa tarefa. Os proteladores costumam subestimar ainda mais. Buehler, R., Griffin, D. & Ross, M. (1994). Exploring the "planning falacy": Why people underestimate their task completion times. *Journal of Personality and Social Psychology, 67*, 366-381.

Kahneman, D., & Tversky, A. (1979). Intuitive prediction: Biases and corrective procedures. *TIMS Studies in Management Sciences, 12*, 313-327.

Lay, C. H. & Schouwenburg, H. C. (1993). Trait procrastination, time management, and academic behavior. *Journal of Social Behavior & Personality, 8*(4), 647-662.

Roy, M. M., Christenfeld, N. J. S. & McKenzie, C. R. M. (2005). Underestimating the duration of future events: Memory incorrectly used or memory bias? *Psychological Bulletin, 131*(5), 738-756.

Sigall, H., Kruglanski, A., & Fyock, J. (2000). Wishful thinking and procrastination. *Journal of Social Behavior & Personality, 15*(5), 283-296.

[5] Vancouver, J., Moe, K. & Yoder, R. (2008). Self-efficacy and resource allocation: Support for a nonmonotonic, discontinuous model. *Journal of Applied Psychology, 93*(1), 35.

[6] Ehrlinger, J., Johnson, K., Banner, M., Dunning, D. & Kruger, J. (2008). Why the unskilled are unaware: Further explorations of (absent) self-insight among the incompetent. *Organizational Behavior and Human Decision Processes, 105*(1), 98-121.

Kruger, J., & Dunning, D. (1999). Unskilled and unaware of it: How difficulties in recognizing one's own incompetence lead to inflated self-assessments. *Journal of Personality and Social Psychology, 77*(6), 1121-1134.

Russell, B., & Branch, T. (1991). *Second wind: The memoirs of an opinionated man.* Nova York: Simon & Schuster.

[7] Wegner, D. M. (1994). *White Bears and other unwanted thoughts: Suppression, obsession, and the psychology of mental control.* Nova York: Guilford Press.

Wood, J. V., Perunovic, W. Q. E., & Lee, J. W. (2009). Positive self-statements: Power for some, peril for others. *Psychological Science, 20*(7), 860-866. A ilustração mais comovente do perigo potencial dos aforismos é a história de Felix Powell, um sargento do Exército inglês que escreveu a marcha para elevar a moral dos soldados "Pack Up Your Troubles in Your Old Kit Bag and Smile, Smile, Smile" [Empacote seus problemas na sua velha Frasqueira e não pare de sorrir], uma das músicas mais otimistas já escritas. Vestido com o uniforme da guarda municipal de Peacehaven [Peacehaven Home Guard], Powell se suicidou com um tiro de rifle no coração. O fato é que autoafirmaçãoes positivas podem fazer as coisas ficarem piores para quem já tem baixa autoestima.

[8] Na terminologia das faculdades de administração, chama-se de espiral de sucesso um "desvio de eficácia de desempenho que amplifica o circuito". Lindsley, D., Brass, D. J., & Thomas, J. B. (1995). Efficacy-performance spirals: A multilevel perspective. *Academy of Management Review, 20*(3), 645-678.

[9] Nas primeiras etapas de um empreendimento complexo, é melhor ter metas de processo ou de aprendizagem em vez de metas de produção ou de resultado. Isso quer dizer que as metas são adquirir ou refinar novas técnicas ou etapas (o processo), em vez de ganhar ou conseguir o maior resultado (a produção). Não só a confiança será maximizada, mas, no final, o resultado será um melhor desempenho. Schunk, D. & Meece, J. (2006). Self-efficacy development in adolescences. *In:* F. Pajares & T. Urdan (orgs.). *Self-efficacy beliefs of adolescents* (pp. 71-9). Greenwich, CT: Information Age.

Seijts, G. H. (2001). Setting goals when performance doesn't matter. *Ivey Business Journal,* 65(3), 40-47.

[10] Hans, T. A. (2000). A meta-analysis of the effects of adventure programming on locus of control. *Journal of Contemporary Psychotherapy,* 30(1).

Hattie, J., Marsh, H. W., Neil, J. T., & Richards, G. E. (1997). Adventure education and outward bound: out-of-class experiences that make a lasting difference. *Review of Educational Research,* 67(1), 43-87.

Wilson, S. J., & Lipsey, M. W. (2000). Wilderness challenge programs for delinquent youth: a meta-analysis of outcome evaluations. *Evaluation and Program Planning,* 23, 1-12.

[11] Feldman, A. & Matjasko, J. (2005). The role of school-based extracurricular activities in adolescent development: A comprehensive review and future directions. *Review of Educational Research,* 75(2), 159.

[12] Wolrd Organization of the Scout Movement (1998). *Scouting: An educational system.* Genebra, Suíça: Wolrd Scout Bureau.

[13] Gestdottir, S., & Lemer, R. M. (2007). Intentional self-regulation and positive youth development in early adolescence: Findings from de 4-H study of positive youth development. *Developmental Psychology,* 43(2), 508-521.

Jelicic, H., Bobek, D., Phelps, E., Lerner, R. & Lerner, J. (2007). Using positive youth development to predict contribution and risk behaviors in early adolescence: Findings from the first two waves of the 4-H Study of Positive Youth Development. *International Journal of Behavioral Development,* 31(3), 263-273.

Radhakrishna, R. & Sinasky, M. (2005). 4-H experiences contributing to leadership and personal development of 4-H alumni. *Journal of Extension,* 43(6). Baixado de http://www.joe.org/joe/2005december/rb2.php

[14] Zimmermann, B. J. (2002). Becoming a self-regulated learner: An overview. *Theory into Practice, 41*(2), 64-70.

[15] Os primeiros esforços para combater os adiamentos costumavam se concentrar apenas nessa etapa, utilizando a terapia cognitiva para contestar as crenças que as próprias pessoas se imputavam. Foi muito utilizado pelo falecido Albert Ellis, e quem dá continuidade ao método é William Knaus, que foi coautor do livro de Ellis. Ellis, A. & Knaus, W. J. (1977). *Overcoming procrastinations: Or how to think and act rationally in spite of life's inevitable hassles.* Institute for Rational Living.

[16] Schunk, D. & Meece, J. (2006). Self-efficacy development in adolescences. *In:* F. Pajares & T. Urdan (orgs.). *Self-efficacy beliefs of adolescents* (pp. 71-96). Greenwich, CT: Information Age.

[17] Isso inclui tanto os líderes que nós seguimos, como os cônjuges que escolhemos (como, por exemplo, "Atrás de todo grande homem existe sempre uma grande mulher" – e vice-versa). Além dos exemplos das personalidades e dos grupos de comparação serem fatores determinantes da autoeficiência, o que os outros pensam (isto é, as crenças normativas e as normas subjetivas) desempenham um papel de grande importância na formação da intenção de agir. Aarts, H., Dijksterhuis, A., & Dik, G. (2008). Goal contagion: Inferring goals from others' actions – and what it leads to. *In:* J. Y. Shah & W. L. Gardner (orgs.). *Handbook of motivations* (pp. 265-280). Nova York: Guilford Press.

Armitage, C. & Conner, M. (2001). Efficacy of the theory of the planned behaviour: A meta-analytic review. *British Journal of Social Psychology, 40*(4), 471-499.

Rivis, A. & Sheeran, P. (2003). Descriptive norms as an additional predictor in the theory of planned behaviour: A meta-analysis. *Current Psychology, 22*(3), 218-233.

van Knippenberg, D., van Knippenberg, B., De Cremer, D. & Hogg, M. (2004). Leadership, self, and identity: A review and research agenda. *The Leadership Quarterly, 15*(6), 825-856.

[18] Vitale, J., & Hibbler, B. (2006). *Meet and Grow Rich: How to Easily Create and Operate Your Own "Mastermind" Group for Health, Wealth, and More.* Hoboken, NJ: John Wiley & Sons.

[19] Metta, G., Sandini, G., Natale, L., Craighero, L. & Fadiga, L. (2006). Understanding mirror neurons. *Interaction Studies, 7*(2), 97-232.

Weinberg, R. (2008). Does imagery work? Effects on performance and mental skills. *Journal of Imagery Research in Sport and Physical Activity, 3*(1), 1-21.

[20] Achtziger, A., Fehr, T., Oettingen, G. M., Gollwitzer, P., & Rockstroh, B. (2008). Strategies of intention formation are reflected in continuous MEG activity. *Social Neuroscience, 4*(1), 1-17.

Oettingen, G., Mayer, D., Thorpe, J. S., Janetzke, H. & Lorenz, S. (2005). Turning fantasies about positive and negative futures into self-improvement goals. *Motivation and Emotion, 29*(4), 236-266.

Oettingen, G., & Thorpe, J. S. (2006). Fantasy realization and the bridging of time. *In:* L. A. Sanna & E. C. Chang (orgs.). *Judgments over time: the therapy of thoughts, feelings, and behaviors* (pp. 120-143). Oxford: Oxford University Press. Mas também: Kavanagh, D. J., Andrade, J. & May, J. (2005). Imaginary relish and exquisite torture: The elaborated intrusion theory of desire *Psychological Review, 112*(2), 446-467.

Pham, L. B., & Taylor, S. E. (1999). From thought to action: Effects of process- versus outcome-based mental stimulations on performance. *Personality and Social Psychology Bulletin, 25*(250-260).

[21] Também pode ser uma péssima ideia promover um padrão de pensamento que exponha uma pessoa a um risco mais alto de uma ampla gama de doenças mentais. Por outro lado, em compensação, aqueles que são muito propensos a viver de fantasias podem degustar uma comida que eles só imaginam tanto quanto a verdadeira comida e podem chegar ao orgasmo pela imaginação, sem qualquer estimulação física. Levin, R., & Spei, E. (2004). Relationship of purported measures of pathological and nonpathological dissociation to self-reported psychological distress and fantasy immersion. *Assessment, 11*(2), 160.

Rhue, J., & Lynn, S. (1987). Fantasy proneness: The ability to hallucinate "as real as real". *Bristish Journal of Experimental and Clinical Hypnosis, 4*, 173-180.

Schneider, S. L. (2001). In search of realistic optimism. Meaning, knowledge, and warm fuzziness. *American Psychologist, 56*(3), 250-263.

Waldo, T. G., & Merritt, R. D. (2000). Fanatsy proneness, dissociation, and DSM-IV axis II symptomatology. *Journal of Abnormal Psychology May, 109*(3), 555-558.

[22] Johnson, D. D. P. (2004). *Overconfidence and war: The havoc and glory of positive illusions.* Cambridge, MA: Harvard University Press.

[23] Armor, D., & Taylor, S. (2002). When predictions fail: The dilemma of unrealistic optimism. *In:* T. Gilovich, D. Griffin & D. Kahneman (orgs.). *Heuristics and biases: The psychology of intuitive judgment* (pp. 334-347). Nova York: Cambridge University Press.

Asterbro, T., Jeffrey, S. & Adomdza, G. K. (2007). Inventor perseverance after being told to quit: the role of cognitive biases. *Journal of Behavioral Decision Making, 20*(3), 253-272.

Lovallo, D., & Kahneman, D. (2003). Delusions of success. How optimism undermines executives' decisions. *Harvard Business Review, 81*(7), 56-63.

Moore, D., & Healy, P. (2007). *The trouble with overconfidence.* Original não publicado, Universidade Carnegie-Mellon, Pittsburgh.

[24] Baker, W. & O'Malley, M. *Leading with kindness: How good people consistently get superior results.* Nova York: AMACOM/American Management Association.

Whyte, G., Saks, A., & Hook, S. (1997). When success breeds failure: The role of self-efficacy in escalating commitment to a losing course of action. *Journal of Organizational Behavior,* 415-432.

[25] Camerer, C. F., & Lovallo, D. (1999). Overconfidence and Excess Entry: An Experimental Approach. *American Economic Review, 89*(1), 306-18.

Koellinger, P., Minniti, M. & Schade, C. (2007). "I think I can, I think I can": Overconfidence and entrepreneurial behavior. *Journal of Economic Psychology, 28*(4), 502-527.

Hmieleski, K., & Baron, R. (2009). Entrepreneurs' optimism and new venture performance: A social cognitive perspective. *Academy of Management Journal, 52*(3), 473-488.

Shepherd, D. A., Wiklund, J., & Haynie, J. M. (2009). Moving forward: balancing the financial and emotional costs of business failure. *Journal of Business Venturing, 24*(2), 134-148.

[26] Day, V., Mensink, D., & O'Sullivan, M. (2000). Patterns of academic procrastination. *Journal of College Reading and Learning, 30*(2), 120-134.

Sigall, H., Kruglanski, A., & Fyock, J. (2000). Wishful thinking and procrastination. *Journal of Social Behavior & Personality, 15*(5), 283-296.

[27] Apesar de ter muitos críticos, como por exemplo o influente psicólogo Albert Ellis, e acusado de ser um "trapaceiro" da confiança, a popularidade de

Peale continua forte. Hilkey, J. (1997). *Charcater is capital: Success manuals and manhood in gilded age America.* Chapel Hill: University of Northern Carolina Press.

Meyer, D. (1988). *The positive thinkers: Popular religious psychology from Mary Baker Eddy to Norman Vincent Peale and Ronald Reagan.* Middletown, CT: Wesleyan University Press.

Weiss, R. (1988). *The American myth of success: From Horatio Alger to Norman Vincent Peale.* Urbana, IL: University of Illinois Press.

[28] Barbara Held, professora de psicologia no Bowdoin College, descreve isso da seguinte maneira: "A atitude positiva – em algumas de suas manifestações – se transformou em tirania, no sentido de que os americanos começaram a viver não só com uma inclinação histórica e cultural para o otimismo, mas com a expectativa e a demanda de que eles têm de manter uma atitude positiva o tempo todo e a qualquer custo."

De Raeve, L. (1997). Positive thinking and moral oppression in cancer care. *European Journal of Cancer Care, 6*(4), 249-256.

Ehrenreich, B. (2009). *Bright-sided: How the relentless promotion of positive thinking has undermined America.* Nova York: Metropolitan Books.

Fineman, S. (2006). On being positive: Concerns and counterpoints. *The Academy of Management Review, 31*(2), 270-291.

Gilovich, T. (2005). *The perceived likelihood of events that "tempt fate".* Paper apresentado no encontro anual da Society of Personality and Social Psychology, em Nova Orleans.

Held, B. (2002). The tyranny of the positive attitude in America: Observation and speculation. *Journal of Clinical Psychology, 58*(9), 965-991.

Recken, S. L. (1993). Fitting-in: The redefinition of success in the 1930s. *Journal of Popular Culture, 27*(3), 205-222.

Woolfolk, R. L. (2002). The power of negative thinking: Truth, melancholia, and the tragic sense of life. *Journal of Theoretical and Philosophical Psychology, 22*(1), 19-27.

[29] Nenkov, G. Y., Inman, J. J., & Hulland, J. (2008). Considering the future: The conceptualization and measurement of elaboration on potential outcomes. *Journal of Consumer Research, 35*(1), 126-141.

Pearson, C. M., & Clair, J. A. (1998). Reframing crisis management. *The Academy of Management Review, 23*(1), 59-76.

Schneider, S. L. (2001). In search of realistic optimism. Meaning, knowledge, and warm fuzziness. *American Psychologist,* 56(3), 250-263.

Yordanova, G. S. (2006). *Effects of the pre-decision stage of decision making on the self-regulation of behavior.* Tese de Ph.D. não publicada, Universidade de Pittsburgh, Pittsburgh, PN.

[30] Jones, F., Harris, P., Waller, H., & Coggins, A. (2005). Adherence to an exercise prescription scheme: The role of expectations, self-efficacy, stage of change and psychological well-being. *British Journal of Health Psychology,* 10, 359-378.

Nordgren, L. F., Harreveld, F. v., & Pligt, J. v. d. (2009). The restraint bias: How the illusion of self-restraint promotes impulsive behavior. *Psychological Science,* 20, 1523-15289999(9999).

Norcross, J. C., Mrykalo, M. S., & Blagys, M. D. (2002). *Auld lang Syne*: Success predictors, change processes, and self-reported outcomes of New Year's resolvers and nonresolvers. *Journal of Clinical Psychology,* 58(4), 397-405.

Norcross, J. C., Ratzin, A. C., & Payne, D. (1989). Brief report ringing in the New Year: The change processes and reported outcomes of resolutions. *Addictive Behaviors,* 14, 205-212.

Polivy, J., & Herman, C. P. (2002). If at first you don't succeed: False hopes and self-change. *American Psychologist,* 57(9), 677-689.

[31] Aspinwall, L. G. (2005). The psychology of future-oriented thinking: From achievement to proactive coping, adaptation, and aging. *Motivation and Emotion,* 29(4), 203-235.

Aspinwall, L. G. & Taylor, S. E. (1997). A stitch in time: Self-regulation and proactive coping. *Psychological Bulletin,* 121, 417-436.

Baumeister, R. F., Heatherton, T. F. & Tice, D. M. (1994). *Losing control: How and why people fail at self-regulation.* San Diego, CA: Academic Press, Inc.

Klassen, R. M., Krawchuk, L. L., & Rajani, S. (2008). Academic procrastination of undergraduates: Low self-efficacy to self-regulate predicts higher levels of procrastination. *Contemporary Educational Psychology,* 33(4), 915-931. Schwarzer, R. (2008). Modeling health behavior change: How to predict and modify the adoption and maintenance of health behaviors. *Applied Psychology: An International Review,* 57(1), 1-29.

[32] Também conhecido como *efeito da violação da abstinência*.

Larimer, M. E., Palmer, R. S. & Marlatt, G. A. (1999). Relapse prevention: An overview of Marlatt's cognitive-behavioral model. *Alcohol Research & Health, 23*(2), 151-160.

[33] Howard Rachlin faz um relato semelhante sob a rubrica "reestruturação" e Jeog-Yoo Kim considera o mesmo fenômeno de um ponto de vista econômico. Outra dupla de economistas, Bernabou e Tirole, discute qual a melhor maneira de assumir que você não tem autocontrole suficiente para resistir a possíveis vícios, mesmo que haja uma boa chance de você usar a substância sem riscos. É interessante notar que os budistas, efetivamente, utilizam uma forma mais ampliada dessa técnica acreditando que as suas más escolhas (quer dizer, o seu carma) não só vão causar um impacto negativo no seu futuro self, mas também nas suas reencarnações futuras. Ainslie, G. (1992). *Picoeconomics: The strategic interaction of successive motivational states within the person.* Nova York: Cambridge University Press.

Ainslie, G. *Breakdown of the will.* Nova York: Cambridge University Press.

Benabou, R., & Tirole, J. (2004). Willpower and personal rules. *Journal of Political Economy, 112*(4), 848-886.

Kim, J.-Y. (2006). Hyperbolic discounting and the repeated self-control problem. *Journal of Economic Psychology, 27*(3), 344-359.

Rachlin, H. (2000). *The science of self-control.* Cambridge, MA: Harvard University Press.

[34] Gosling, J. (1990). *Weakness of the will.* Nova York: Routledge.

[35] Silver, M., & Sabini, J. (1981). Procrastinating. *Journal for the Theory of Social Behavior, 11*(2), 207-221.

Capítulo Oito

[1] Fried, Y., & Ferris, G. R. (1987). The validity of the Job Charcateristics Model: A review and meta-analysis. *Personnel Psychology, 40*(2), 287-322.

Hackman, J. R., & Oldham, G. R. (1976). Motivation through design of work: Test of a theory. *Organizational Behavior and Human Performance, 16,* 250-279.

Humphrey, S., Nahrgang, J., & Morgeson, F. (2007). Integrating motivational, social, and contextual work design features: A meta-analytic summary and theoretical extension of the work design literature. *Journal of Applied Psychology, 92*(5), 1332.

[2] Outros também estiveram envolvidos, como Frank e Lillian Gilbreth, pioneiros nos estudos do tempo e do movimento. A vida e a obra dos Gilbreth foram relatadas num livro chamado *Cheaper by the Dozen*, escrito por dois de seus 12 filhos (Frank Jr. e Ernestine). Acredita-se que Lillian tenha sido a primeira na minha profissão – uma psicóloga industrial-organizacional – que recebeu um Ph.D. em psicologia da administração (assim como outros 22 títulos honoríficos). O livro virou filme em 1950, que não deve ser confundido com outro filme, de 2003, que tem o mesmo título em inglês [no Brasil: *Doze É Demais*]. Essa versão mais recente, com Steve Martin e Bonnie Hunt nos papéis principais, tem algumas modificações. Em vez de um psicólogo industrial-organizacional, essa adaptação gira em torno de um técnico de futebol, porque aparentemente não existem filmes suficientes produzidos anualmente girando em torno desse assunto. Kanigel, R. (1997). *The one best way: Frederick Winslow Taylor and the enigma of efficiency*. Nova York: Viking Penguin.

[3] Além disso, quanto mais os empregados trabalhavam, menos eles eram pagos por unidade fabricada. Esse é o resultado típico da maioria dos sistemas de pagamento por peça produzida, em que você é pago por aquilo que produz. Paradoxalmente, há uma tentação inerente para os gerentes reduzirem os incentivos, à medida que os trabalhadores vão alcançando exatamente o desempenho a que foram incentivados. Conhecido como o *efeito rachet*, só poucas empresas, como a Lincoln Electric, têm a disciplina para evitá-lo e fazer o sistema de pagamento por peça produzida funcionar. Handlin, H. (1992). The company built upon the golden rule: Lincoln Electric. *Journal of Organizational Behavior Management, 12*, 151-163.

Billikopf, G. (2008). *Designing an effective piece rate*. Baixado de http://www.cnr.berkeley.edu/ucce50/ag-labor/7research/7calag06.htm

[4] Campion, M., Mumford, T., Morgeson, F., & Nahrgang, J. (2005). Work redesign: Eight obstacles and opportunities. *Human Resource Management, 44*(4), 367-390.

[5] Cosmides, L., & Tooby, J. (2000). Evolutionary psychology and the emotions. *In:* M. Lewis & J Haviland (orgs.). *Handbook of Emotions* (2ª ed, pp. 91-115). Nova York: Guilford Press.

[6] A ciência estuda a natureza maleável do valor sob a expressão "psicofísica", com pesquisas que enfatizam, como é o caso aqui, que o valor é construído (quer dizer, depende de como ele for apresentado) e relativo (isto é, depende de a que o objeto está sendo comparado). Weber, E. (2003). Perception matters: Psychophysics for economists. *In:* I. Brocas & J. D. Carrillo (orgs.). *The Psychology of Economic Decisions* (vol. II). Nova York: Oxford University Press.

[7] Sansone, C., Weir, C., Harpster, L., & Morgan, C. (1992). Once a boring task always a boring task? Interest as a self-regulatory mechanism? *Journal of Personality & Social Psychology, 63*(3), 379-390.

[8] Csíkszentmihályi, M. (1990). *Flow: The psychology of optimal experience.* Nova York: Harper and Row. [No Brasil: *A descoberta do fluxo.* Rio de Janeiro: Rocco.]

[9] Johnny Carson, do *Tonight Show*, a convidou e fingiu comer sua valiosa batata com cara de Elvis Presley. CNN (24/jan./2005). Your Johnny Carson memories. Baixado de http://www.cnn.com/2005/SHOWBIZ/TV/01/23/your.memories/index.html

[10] Miller, R. B. & Brickman, S. J. (2004). A model of future-oriented motivation and self-regulation. *Educational Psychology Review, 16*(1), 9-33.

Schraw, G., & Lehman, S. (2001). Situational interest: A review of the literature and directions for future research. *Educational Psychology Review, 13*(1), 23-52.

Wolters, C. A. (2003). Understanding procrastination from a self-regulated learning perspective. *Journal of Educational Psychology, 95*(1), 23-52.

[11] Ryan, R. M. & Deci, E. L. (2000). Self-determination theory and the facilitation of intrinsic motivation, social development, and well-being. *American Psychologist, 55*(1), 68-78.

[12] Lonergan, J. M., & Maher, K. J. (2000). The relationship between job charcateristics and workplace procrastination as moderated by locus of control. *Journal of Social Behavior & Personality, 15*(5), 213-224.

Miller, R. B., & Brickman, S. J. (2004). A model of future-oriented motivation and self-regulation. *Educational Psychology Review, 16*(1), 9-33.

Shah, J., & Kruglanski, A. (2000). The structure and substance of intrinsic motivation. *In:* C. Sansone & J. M. Harackiewicz (orgs.). *Instrinsic and extrinsic motivation: The search for optimal motivation and performance* (pp. 106-130). San Diego, CA: Academic Press.

[13] Nesse sentido, gosto muito da frase de Franklin Jones: "Nada facilita mais resistir às tentações do que uma boa educação, um ótimo conjunto de valores... e testemunhas." Becker, H. (1960). Notes on the concept of commitment. *American Journal of Sociology,* 66(1), 32.

Magen, E., Gross, J. J. (2007). Harnessing the need for immediate gratification: Cognitive reconstrual modulates the reward value of temptations. *Emotion,* 7(2), 415-428.

Powell, D., & Meyer, J. (2004). Side-bet theory and the three-component model of organizational commitment. *Journal of Vocational Behavior,* 65(1), 157-177.

[14] Newmann, T. (20/dez./2008). Barack Obama, I quit smoking – all the time. *Newsday.* Baixado de http://www.newsday.com/news/opinion/ny-op-new205971623dec20,0,6796122.story.

[15] Elliot, A., & Friedman, R. (2006). Approach-avoidance: A central characteristic of personal goals. *In:* B. R. Little, K. Salmela-Aro & S. D. Phillips (orgs.). *Personal project pursuit: Goals, action, and human flourishing* (pp. 97-118). Mahwah, NJ: Lawrence Erlbaum Associates.

Howell, A. J., & Watson, D. C. (2007). Procrastination: Associations with achievement goal orientation and learning strategies. *Personality and Inidvidual Differences,* 43(1), 167-178.

Mogilner, C., Aaker, J., & Pennington, G. (2007). Time will tell: The distant appeal of promotion and imminent appeal of prevention. *Journal of Consumer Research,* 34(5), 670-681.

Polivy, J., & Herman, C. P. (2002). If at first you don't succeed: False hopes of self-change. *American Psychologist,* 57(9), 677-689.

Schneider, S. L. (2001). In search of realistic optimism. Meaning, knowledge, and warm fuzziness. *American Psychologist,* 56(3), 250-263.

Wolters, C. A. (2003). Understanding procrastination from a self-regulated learning perspective. *Journal of Educational Psychology,* 95(1), 179-187.

Wolters, C. A. (2004). Advancing achievement goal theory: Using goal structures and goal orientations to predict students' motivation, cognition, and achievement. *Journal of Educational Psychology, 96*(2), 236-250.

Valkyrie, K. T. (2006) *Self-regulated learing: An examination of motivational, cognitive, resource management, metacognitive components and academic outcomes with open admissions community college students.* Tese de Ph.D. não publicada, Universidade de Houston, Houston, TX.

[16] Além disso, você pode dar um passo a mais nas suas metas de aproximação tornando-se um mestre nelas. A maestria é uma maneira de ver a vida como uma enorme oportunidade de estar sempre melhorando, e viver todo o seu potencial. Cada desafio ganho ou perdido é mais um passo em direção à consumação dessa técnica. As metas de maestria produzem de maneira muito mais confiável a motivação intrínseca que você procura. Da mesma forma, aqueles que já estão no topo podem conseguir um pouco mais de motivação extra enquadrando suas metas de aproximação em termos de prevenção; ou seja, suas realizações vão *evitar* que eles percam sua tão cobiçada posição. Metas que enfatizam proteger e manter o seu sucesso e a sua posição vão fazer você começar um pouco antes de todo mundo. Freitas, A. L., Liberman, N., Salovey, P., & Higgins, E. T. (2002). When to begin? Regulatory focus and initiating goal pursuit. *Personality and Social Psychology Bulletin, 28*(1), 121-130.

Molden, D. C., Lee, A. Y., & Higgins, E. T. (2007) Motivations for promotion and prevention. *In:* W. L. G. James, Y. Shah (orgs.). *Handbook of motivation science* (p. 169-187). Nova York: Guilford Press.

Rawsthorne, L., & Elliot, A. (1999). Achievement goals and intrinsic motivation: A meta-analytic review. *Personality and Social Psychology Review, 3*(4), 326.

Pennington, G. L., & Roese, N. J. (2003). Regulatory focus and temporal distance. *Journal of Experimental Social Psychology, 39*, 563-576.

[17] Steel, P. (2007). The nature of procrastination: A meta-analytic and theoretical review of quientessential self-regulatory failure. *Psychological Bulletin, 133*(1), 65-94.

[18] Gröpel, P., & Steel, P. (2008). A mega-trial investigation of goal setting, interest enhancement, and energy on procrastination. *Personality and Individual Differences, 45*, 406-411.

[19] A baixa de energia é outra razão por que, além da baixa autoconfiança descrita no último capítulo, a depressão se encontra relacionada aos adiamentos. Thase, M. E. (1995). Cognitive behavior therapy. *In:* I. D. Glick (org.). *Treating depression* (pp. 33-70). São Francisco: Jossey-Bass, Inc.

[20] Um esquete cômico do *Kids in the Mall* chamado "Chocolate" mostra essa angústia entre querer fazer uma dieta e a vontade de comer chocolate. Depois de algumas mordidas, o protagonista joga fora a barra de chocolate, só para ficar mudando de ideia muitas e muitas vezes.

[21] Ramanathan, S., & Menon, G. (2006). Time-varying effects of chronic hedonic goals on impulsive behavior. *Journal of Marketing Research (JMR)*, 43(4), 628-641.

[22] Furnham, A. (2002). *Personality at work: The role of individual differences in the workplace.* Nova York: Routledge.

[23] Díaz-Morales, J., Ferrari, J., & Cohen, J. (2008). Indecision and avoidant procrastination: The role of morningness-eveningness and time perspective in chronic delay lifestyles. *Journal of General Psychology,* 135(3), 228-240.

Digdon, N., & Howell, A. (2008). College students who have an eveningness preference report lower self-control and greater procrastination. *Chronobiology International,* 25(6), 1029.

Ferrari, J. R., Harriott, J. S., Evans, L., Lecik-Michna, D. M. & Wenger, J. M. (1997). Exploring the time preferences of procrastinators: Night or day, which is the one? *European Journal of Personality,* 11(3), 187-196.

Hess, B., Sherman, M. F. & Goodman, M. (2000). Eveningness predicts academic procrastination: The mediating role of neuroticism. *Journal of Social Behavior and Personality,* 15(5), 61-74.

[24] Klein, S. (2009). *The secret pulse of time: Making sense of life's scarcest commodity.* Cambridge, MA: Da Capo Lifelong Books.

[25] Oaten, M., & Cheng, K. (2006). Longitudinal gains in self-regulation from regular physical exercise. *British Journal of Health Psychology,* 11(4), 717-733.

[26] Apesar de Jim Horne, do Centro de Pesquisa do Sono da Universidade de Loughborough, discordar, nós estamos, na verdade, dormindo melhor agora do que na maior parte da nossa história. Horne, J. (18/out./2008). Time to wake up to the facts about sleep. *New Scientist,* 2678, 36-38.

Mooallem, J. (2007). The sleep-industrial complex. *The New York Times.*

National Sleep Foundation (2008). Sleep in America Poll [Pesquisa sobre o Sono nos Estados Unidos]. Baixado de http://www.sleepfoundation.org/atf/cf/%7Bf6bf2668-alb4-4fe8-8d1a-a5d39340d9cb%7D/2008%20POLL%20SOF.PDF

[27] Muris, P., Merckelbach, H., Ollendick, T., King, N., & Bogie, N. (2001). Children's nighttime fears: Parent-child ratings of frequency, content, origins, coping behaviors and severity. *Behaviour Research and Therapy, 39*(1), 13-28.

Tooby, J., & Cosmides, L. (1990). The past explans the present: Emotional adaptations and the structure of ancestral environments. *Ethology and Sociobiology, 11*(4-5), 375-424.

[28] Bettelheim, B. (1977). *The uses of enchantment: The meaning and importance of fairy tales.* Nova York: Knopf. [No Brasil: *A psicanálise dos contos de fadas.* São Paulo: Paz e Terra.]

[29] Ferrari, J. R. & McCown, W. (1994). Procrastination tendencies among obsessive-compulsives and their relatives. *Journal of Clinical Psychology, 50*(2), 162-167.

Rachman, S. (1993). Obsessions, responsibility and guilt. *Behaviour Research & Therapy, 31*(2), 149-154.

Kaplan, A., & Hollander, E. (2004). Comorbidity in compulsive hoarding: a case report. *CNS Spectrums, 9*(1), 71-73.

[30] Benton, T. H. (2005). Productive procrastination. *The Chronicle of Higher Education, 52*(1).

[31] Bandura, A. (1976). Self-reinforcement: Theoretical and methodological considerations. *Behaviorism, 4*(2), 135-155.

Febbraro, G., & Clum, G. (1998). Meta-analytic investigation of the effectiveness of self-regulatory components in the treatment of adult problem behaviors. *Clinical Psychology Review, 18*(2), 143-161.

Ferrari, J. R., & Emmons, R. A. (1995). Methods of procrastination and their relation to self-control and self-reinforcement: An exploratory study. *Journal of Social Behavior & Personality, 10*(1), 135-142.

[32] Eisenberger, R. (1992). Learned industriousness. *Psychological Review, 99*, 248-267.

Renninger, K. (2000). Individual interest and its implications for understanding intrinsic motivation. *In:* C. Sansone & J. M. Harackiewicz (orgs.).

Intrinsic and extrinsic motivation: The search for optimal motivation and performance (pp. 373-404). San Diego, CA: Academic Press.

Stromer, R., McComas, J. J., & Rehfeldt, R. A. (2000). Designing interventions that include delayed reinforcement: Implications of recent laboratory research. *Journal of Applied Behavior Analysis, 33*, 359-371.

[33] Tecnicamente conhecido como paridade ou fusão de impulsos. Ainslie, G. (1992). *Picoeconomics: The strategic interaction of successive motivational states within the person.* Nova York: Cambridge University Press.

Murray, H. A. (1938). *Explorations in personality.* Nova York: Oxford University Press.

[34] Embora essa seja a expressão mais comum, alguns proteladores acham que ela é um insulto, porque diminui o valor da técnica que pode estar envolvida.

[35] Dibbell, J. (17/06/2007). The life of the Chinese Gold farmer. *The New York Times Magazine.*

Jin, G. (2006). Chinese gold farmers in the game world. [Versão eletrônica.] *Consumers, Commodities & Consumption 7.* Baixado de https://netfiles.uiuc.edu/dtcook/www/CCCnewsletter/7-2/jin.htm.

Jin, G. (2008). *Gold farmers.* Baixado de http://chinesegoldfarmers.com/Index.html

[36] Akerman, D. S., & Gross, B. L. (2007). I can start that JME manuscript next week, can't I? The Task characteristics behind why faculty procrastinate. *Journal of Marketing Education, 29*(2), 97-110.

Sansone, C., & Harackiewicz, J. (2000). *Intrinsic and extrinsic motivation: The search for optimal motivation and performance.* San Diego, CA: Academic Press.

[37] Bordens, K., & Horowitz, I. (2001). *Social psychology.* Mahwah, NJ: Lawrence Erlbaum Associates.

Moreland, R. L., & Beach, S. R. (1992). Exposure effects in the classroom: The development of affinity among students. *Journal of Experimental Social Psychology, 28*(3), 255-276.

[38] Fouad, N. (2007). Work and vocational psychology: Theory, research, and applications. *Annual Review of Psychology, 58*, 543-564.

[39] Se você quiser saber o seu perfil, existem muitas versões gratuitas disponíveis na internet. Basta fazer uma busca utilizando o termo "RIASEC".

[40] Lubinski, D., & Benbow, C. P. (2000). States of excellence. *American Psychologist*, 55(1), 137-150.

[41] É possível selecionar um trabalho para você com muito mais precisão do que a que está atualmente disponível, direcionando-o para uma tarefa que você ama e na qual seja capaz de se destacar. Infelizmente, apesar de ele ter sido desenhado, testado, comprovado e até patenteado, o sistema ainda precisa ser montado. Peço desculpas, mas eu estava ocupado demais escrevendo este livro. O número da patente é US 20080027771. As partes interessadas devem entrar em contato com a University Technologies International (tech@uti.ca).

Scherbaum, C. A. (2005). Synthetic validity: Past, present, and future. *Personnel Psychology*, 58(2), 481-515.

Steel, P. D., Huffcut, A. I., & Kammeyer-Mueller, J. (2006). From the work one knows the worker: A systematic review of the challenges, solutions, and steps to creating synthetic validity. *International Journal of Selection and Assessment*, 14(1), 16-36.

Steel, P., & Kammeyer-Mueller, J. (2009). Using a meta-analytic perspective to enhance Job Component Validation. *Personnel Psychology*, 62(3), 533-552.

[42] Tullier, L. (2000). *The complete idiot's guide to overcoming procrastination*. Indianápolis, IN: Alpha Books.

Capítulo Nove

[1] Akerlof, G. A. (1991). Procrastination and obedience. *American Economic Review*, 81, 1-19.

Arneklev, B., Elis, L., & Medlicott, S. (2006). Testing the General Theory of Crime: Comparing the effects of "imprudent behavior" and an attitudinal indicator of "low self-control". *Western Criminology Review*, 7(3), 41-55.

Carver, C. S. (2005). Impulse and constraint: Perspectives from personality psychology, convergence with theory in other areas, and potential for integration. *Personality and Social Psychology Review*, 9(4), 312-333.

Glomb, T., Steel, P. & Arvey, R. (2002). Office sneers, snipes, and stab wounds: Antecedents, consequences, and implications of workplace violence and aggression. *In:* R. G. Lord, R. J. Klimoski & R. Kanfer (orgs.). *Emotions in the workplace: Understanding the structure and role of emotions in organizational behavior* (pp. 227-259). São Francisco, CA: Jossey-Bass.

Gottfredson, M. R., & Hirschi, T. (1990). *A General Theory of Crime.* Stanford, CA: Stanford University Press.

Hirschi, T. (2004). Self-control and crime. *In:* R. F. Baumeister & K. D. Vohs (orgs.). *Handbook of self-regulation: research, theory, and applications* (pp. 537-552). Nova York: Guilford Press.

Schimdt, C. (2003). Impulsivity. *In:* E. F. Coccaro (org.). *Aggression: Psychiatric assessment and treatment* (pp. 75-87). Nova York: Informa Health Care.

[2] Roberts, B. W., Walton, K. E., & Viechtbauer, W. (2006). Patterns of mean-level change in personality traits across the life course: A meta-analysis of longitudinal studies. *Psychological Bulletin, 132,* 1-25.

[3] Funder, D. C. (2001). Personality. *Annual Review of Psychology, 52,* 197-221.

[4] Ainslie, G. (1975). Specious reward: A behavioral theory of impulsiveness and impulse control. *Psychological Bulletin, 82*(4), 463-496.

[5] Ariely, D., & Wertenbroch, K. (2002). Procrastination, deadlines, and performance: Self-control by precommitment. *Psychological Science, 13*(3), 219-224.

Funk, I. K. (1895). The complete preacher: Sermons preached by some of the most prominent clergymen in this and other countries, and in the various denominations. Universidade de Michigan: Funk & Wagnalls.

Sally, D. (2000). I, too, sail past: Odysseus an the logic of self-control. *Kyklos, 53,* 173-200.

Stanford, W. (1954). The Ulysses theme: A study in the adaptability of a traditional hero. Ann Arbor, MI: University of Michigan Press.

Strotz, R. (1956). Myopia and inconsistency in dynamic utility maximization. *Review of Economic Studies, 23*(3), 165-180.

[6] Pré-compromisso é uma expressão inventada por Thomas Schelling, economista vencedor do Prêmio Nobel. Conhecido por sua influência em campos que vão da negociação estratégica até o aquecimento global, Schelling também era particularmente bom em bolar exemplos de pré-compromisso. Schelling, T. (1984). *Choice and consequence: Perspectives of an errant economist.* Cambridge, MA: Harvard University Press.

Schelling, T. C. (1992). Self-command: A new discipline. *In:* G. Loewenstein & J. Elster (orgs.). *Choice Over Time* (pp. 167-176). Nova York: Russell Sage Foundation.

[7] O'Donoghue, T., & Rabin, M. (2008). Procrastination on long-term projects. *Journal of Economic Behavior & Organization, 66,* 161-175.

[8] Essa falta de conscientização é chamada de "viés da projeção", através do qual nós projetamos nossos desejos futuros no nosso self futuro. Loewenstein, G., & Angner, E. (2003). Predicting and indulging changing preferences. *In:* R. F. Baumeister, G. Loewenstein & D. Read (orgs.). *Time and decision: Economic and psychological perspectives on intertemporal choice* (pp. 351-391). Nova York: Russell Sage Foundation.

[9] Que ele tenha queimado os barcos é um mito, provavelmente gerado por uma tradução incorreta ou alguma confusão com a história de Guilherme, o Conquistador. Mesmo assim continua servindo como um ótimo exemplo. Reynolds, W. (1959). The burning ships of Hernán Cortés. *Hispania, 42*(3), 317-324.

[10] Ibeji, M. (2001). *1066: BBC History.* Baixado de http://www.bbc.co.uk/history/british/normans/1066_01.shtml

[11] Trabalhando na minha sala na universidade eu não posso efetivamente utilizar essa técnica de ficar nu sem que as pessoas disparem uma saraivada de protestos e petições. No entanto, ela pode me fazer ficar confinado à minha casa, o que também é uma grande técnica. Em seu livro sobre pré-compromissos Thomas Schelling cita o Suplemento Literário do *Times* de 22 de janeiro de 1982 no qual George Steiner entrevista o radical húngaro Georg Lukacs: "Na primeira vez em que telefonei para ele, no inverno de 1957-1958, numa casa ainda com marcas de balas e estilhaços provocados por uma granada, fiquei sem palavras diante do seu arsenal de livros, que entupiam as prateleiras. Lukacs se aproveitou do meu espanto pueril e pulou de sua cadeira num movimento ao mesmo tempo divertido e vulnerável: "Quer saber como eu trabalho? É fácil. Prisão domiciliar, Steiner, prisão domicliar!" Schelling, T. (1984). *Choice and consequence: Perspectives of an errant economist.* Cambridge, MA: Harvard University Press.

Wallace, I. (1977). Self-control techniques of famous novelists. *Journal of Applied Behavior Analysis, 10*(3), 515-525.

[12] Weir, W. (12/01/2006). Wake up! You snooze, you lose – Multiple hits on the snooze alarm may be hazardous to your sleep and motivation. *Newsday.*
[13] Richtel, M. (14/06/2008). Lost in E-mail, tech firms face self-made beast. *New York Times.*

Williams, A. (19/10/2008). Drunk, and dangerous, at the keyboard. *New York Times.*

[14] Baseado no livro homônimo de Irwin Welsh, embora eu só tenha visto o filme.

[15] Para sublinhar a importância disso há inúmeras outras frases no mesmo diapasão. Por exemplo, George Eliot observa que "Nenhum homem é sábio de estômago vazio"; Albert Einstein pensava que "Um estômago vazio não faz um bom conselheiro político"; e William Cooper concluiu que "Nenhum homem pode ser patriota de estômago vazio". Mas o meu favorito é o nº 214 das regras de aquisição da Ferengi.*

[16] Contudo nem sempre. Como o próprio Maslow escreveu: "Até aqui, falamos como se essa ordem hierárquica fosse estática, mas na verdade ela está longe de ser tão rígida quanto imaginamos. É verdade que a maioria das pessoas com quem trabalhamos aparentemente tinha essas necessidades básicas mais ou menos na ordem em que elas aparecem. No entanto, houve uma boa quantidade de exceções..."

Maslow, A. H. (1954). *Motivation and personality.* Nova York: Harper.

[17] Cantor, N., & Blanton, H. (1996). Effortful pursuit of personal goals in daily life. *In:* P. M. Gollwitzer & J. A. Bargh (orgs.). *The psychology of action: linking cognition and motivation to behavior* (pp. 338-359). Nova York: Guilford Press.

Fiore, N. (1989). The now habit: A strategic program for overcoming procrastination and enjoying guilt-free play. Nova York: Penguin Putnam, Inc.

Schneider, F. W., & Green, J. E. (1977). The need for affiliation and sex as moderators of the relationship between need for achievement and academic performance. *Journal of School Psychology*, 15, 269-277.

---

* Alusão à série *Jornada nas Estrelas*. A regra nº 214 é "Nunca inicie uma negociação de estômago vazio". (*N. do T.*)

[18] Su, X. (2007). *A model of consumer inertia with applications to dynamic pricing*. Berkeley: University of California.

[19] Essa forma de pré-compromisso também é chamada de controle neutralizador, gerenciamento de contingências e apostas laterais.

Loewenstein, G., & Angner, E. (2003). Predicting and indulging changing preferences. *In:* R. F. Baumeister, G. Loewenstein & D. Read (orgs.). *Time and decision: Economic and psychological perspectives on intertemporal choice* (pp. 351-391). Nova York: Russell Sage Foundation.

Milkman, K. L., Rogers, T. & Bazerman, M. (2008). *Highbrow films gather dust: A study of dynamic inconsistency and online DVD rentals*. Boston: Harvard Business School.

Moeller, F., Barratt, E., Dougherty, D., Schmitz, J. & Swann, A. (2001). Psychiatric aspects of impulsivity. *American Journal of Psychiatry, 158*(11), 1783-1793.

Read, D., Loewenstein, G., & Kalyanaraman, S. (1999). Mixing virtue and vice: Combining the immediacy effect and the diversification heuristic. *Journal of Behavioral Decision Making* 12, 257-273.

Strotz, R. (1956). Myopia and inconsistency in dynamic utility maximization. *Review of Economic Studies, 23*(3), 165-180.

Trope, Y., & Fischbach, A. (2000). Counteractive self-control in overcoming temptation. *Journal of Personality and Social Psychology, 79*(4), 493-506.

[20] Surowiecki, J. (14/02/2006). Bitter money and Christmas Clubs. *Forbes*.

[21] Ashraf, N., Karlin, D., & Yin, W. (2008). *Female empowerment: Impact of a commitment savings product in the Philippines*. Boston: Jameel Poverty Action Lab. Baixado de http://www.povertyactionlab.com/papers/ashraf_karlan_yin_female_empowerment_0308.pdf

[22] Baixado de http://www.marginalrevolution.com/marginalrevolution/2008/09/markets-in-self.html

[23] Aqui vai mais um exemplo. Para evitar que os viciados tenham uma recaída, um centro de dependentes em cocaína de Denver incentiva uma espécie de chantagem autoimposta. Os pacientes escrevem uma carta incriminadora às autoridades, revelando seus delitos e clamando pela punição mais forte possível. Se esses pacientes, então, não conseguirem passar por uma bateria aleatória de verificações contra drogas, as cartas são entregues. Schelling, T. C. (1992).

Self-command: A new discipline. *In:* G. Loewenstein & J. Elster (orgs.). *Choice over Time* (pp. 167-176). Nova York: Russell Sage Foundation.

[24] Thaler, R., & Sunstein, C. (2008). *Nudge.* New Haven, CT: Yale University Press. [No Brasil, *Nudge – O empurrão para a escolha certa.* Rio de Janeiro: Campus.]

[25] Lane Olinghouse.

[26] Allen, K. (1996). Chronic nailbiting: A controlled comparison of competing response and mild aversions treatment. *Behavior Research and Therapy, 34*(3), 269-272.

[27] Como Seymour se gabava no início: "Você está olhando para um homem que bolou um sistema infalível para se manter fiel." Richler, M. (1980). *Joshua then and now.* Toronto, ON: McClelland & Stewart.

[28] Mischel, W., & Ayduk, O. (2004). Willpower in a cognitive-affective processing system. *In:* I. Baumeister & K. Vohs (orgs.). *Handbook of self-regulation: Research, theory, and applications* (pp. 99-129). Nova York: Guilford Press.

[29] Ver também: Caspi, A., Roberts, B. & Shiner, R. (2005). Personality development: Stability and change. *Annual Review of Psychology, 56,* 453-484.

Lee, P., Lan, W., Wang, C., & Chiu, H. (2008). Helping your children to delay gratification. *Early Childhood Education Journal, 35*(6), 557-564.

[30] A média é de mais de uma violação por minuto nas tentativas de supressão ativa. Se você conseguiu chegar à marca de um minuto, veja se consegue mais um. Fica muito mais difícil. Wenzlaff, R. & Wegner, D. (2000). Thought suppression. *Annual Reviews in Psychology, 51*(1), 59-91.

Wegner, D. (1994). *White bears and other unwanted thoughts: Suppression, obsession, and the psychology of mental control.* Nova York: The Guilford Press.

[31] Esse é um problema inerente e digno de nota em qualquer abordagem panglossiana que defende que você não pense em nada negativo. Esse tipo de conselho está fadado a fracassar, a começar pela própria maneira como ele é cunhado.

[32] De outra maneira, o crítico cultural do século XX Ernst Cassirer observou que "A realidade física parece retroceder na mesma proporção do avanço da atividade simbólica de uma pessoa". Mischel, W., & Baker, N. (1975). Cognitive appraisals and transformations in delay behavior. *Journal of Personality and Social Psychology, 31,* 254-261.

[33] Deacon, T. W. (1997). *The Symbolic Species*. Nova York: W. W. Norton & Company.

Gifford, A. (2002). Emotion and self-control. *Journal of Economic Behavior & Organization, 49,* 113-130.

Gifford, A. (2009). Rationality and intertemporal choice. *Journal of Bioeconomics, 11*(3), 223-248.

[34] Tversky, A., & Kahneman, D. (1974). Judgment under uncertainty: Heuristics and biases. *Science, 185,* 1124-1131.

[35] Kearney, A. (2006). A primer of covert sensitization. *Cognitive and Behavioral Practice, 13*(2), 167-175.

[36] Meu exemplo até que foi leve, se comparado aos que Joseph Cautela, um dos criadores da técnica, bolou. Veja como Joseph descreve seu uso ao evitar as sobremesas:

> Eu quero que você imagine que acabou de comer o prato principal e está pronto para comer a sobremesa, que é torta de maçã. Na hora em que vai esticar a mão para pegar o garfo, você sente uma sensção esquisita bem na boca do estômago. Você começa a se sentir tonto, nauseado, e isso toma conta de todo o seu corpo. Quando você toca no garfo, já pode sentir as partículas de comida subindo pela sua garganta. Você está prestes a vomitar. Quando põe o garfo na torta, a comida chega à sua boca. Você tenta manter a boca fechada porque tem medo de que vá cuspir a comida para todo lado. Você leva o pedaço de torta até a boca. Quando está prestes a abri-la, você cospe; você vomita em cima das próprias mãos, do garfo e da torta. O vômito cai na mesa inteira e em cima da comida dos outros. Seus olhos estão molhados. O muco e o vômito cobrem toda a sua boca e o nariz...

Cautela ainda vai em frente (e muito mais), porém creio que essa descrição é tudo o que eu e você somos capazes de aguentar. Eu não tenho motivo algum para odiar uma torta de maçã e prefiro continuar assim. Mas deu certo, não deu? Cautela, J. R. (1972). *Covert sensitization scenes: A compilation of typical scenes used in the application of covert sensitization to a variety of maladaptive behaviors.* Chestnut Hill, MA: Boston College.

[37] Lohr, S. (22/09/2009). A $1 Million Research Bargain for Netflix, and Maybe a Model for Others. *New York Times*, B1.

[38] É de se notar que a meditação consciente pode ser uma maneira relevante de aumentar o controle da atenção, mas isso ainda precisa ser provado. Como diz Jon Kabat-Zinn, um biólogo molecular que foi o pioneiro dessa prática no Ocidente, "meditar significa cultivar uma atitude livre de julgamentos em relação àquilo que surge na mente, [...] testemunhar o que aparece [...] e aceitar isso, sem condenar ou perseguir". Consequentemente, mesmo que surja o impulso de se correr atrás de uma tentação, a decisão de agir sobre esse impulso não é automática. Se, no entanto, uma meditação consciente realmente ajudar, eu continuo cético em relação a seu valor prático. Pode demorar muito tempo até alguém dominar essa técnica e, nesse meio-tempo, você pode achar que ela é muito, mas muito chata mesmo. Isso faz com que ela seja exatamente o tipo de prática que os proteladores que se aborrecem facilmente vão adiar. Colocando de outra maneira: se você tiver paciência para atingir esse nível de conscientização, provavelmente não precisa de uma dose extra de autocontrole". Brown, K., Ryan, R., & Creswell, J. (2007). Mindfulness: Theoretical foundations and evidence for its salutary effects. *Psychological Inquiry, 18*(4), 211-237.

Kabat-Zinn, J. (1994). *Wherever you go, there you are: Mindfulness meditation in everyday life.* Nova York: Hyperion.

Masicampo, E. J., & Baumeister, R. F. (2007). Relating mindfulness and self-regulatory processes. *Psychological Inquiry, 18*(4), 225-258.

[39] Kavanagh, D. J., Andrade, J., & May, J. (2005). Imaginary relish and exquisite torture: The elaborated intrusion theory of desire. *Psychological Review, 112*(2), 446-467.

Smallwood, J., & Schooler, J. (2006). The restless mind. *Psychological Bulletin, 132*(6), 946-958.

[40] Bargh, J. A., & Chartrand, T. L. (1999). The unbearable automacity of being. *American Psychologist, 54*(7), 462-479

Bargh, J. A., & Ferguson, M. J. (2000). Beyond behaviorism: On the automacity of higher mental processes. *Psychological Bulletin, 126*(6), 925-945.

[41] Bargh, J. (2006). What have we been priming all these years? On the development, mechanisms and ecology of nonconscious social behavior. *European Journal of Social Psychology, 36*(2), 147-168.

Carey, B. (31/07/2007). Who's minding the mind? *New York Times.*

[42] Wansink, B. (2004). Environmental factors that increase the food intake and consumption volume of unknowing consumers. *Annual Review of Nutrition, 24,* 455-479.

[43] Childress, A., Hole, A., Ehrman, R., Robbins, S., McLellan, A., & O'Brien, C. (1993). Cue reactivity and cue reactivity interventions in drug dependence. *In:* L. S. Onken, J. D. Blaine & J. J. Boren (orgs.). *Behavioral treatments for drug abuse and dependence* (pp. 73-96). Rockville, MD: National Institute on Drug Abuse.

[44] Lustig, C., Hasher, L., & Tonev, S. T. (2001). Inhibitory control over the present and the past. *European Journal of Cognitive Psychology, 13*(1), 107-122.

[45] Tullier, M. (2000). *The complete idiot's guide to overcoming procrastination.* Indianápolis, IN: Alpha Books.

[46] Ver especialmente a obra da psicóloga Fuschia Sirios, cujo trabalho sobre o comportamento de segurança na casa enfatiza a "redução dos bagulhos", como guardar "ferramentas perigosas depois de elas serem usadas" ou "manter as escadas e passagens livres de entulhos ou outras coisas em que alguém possa tropeçar". Sirois, F. M. (2007). "I'll look after my health, later": A replication and extension of the procrastination-health model with community-dwelling adults. *Personality and Individual Differences, 43*(1), 15-26.

[47] Lay, C. H., & Schouwenburg, H. C. (1993). Trait procrastination, time management and academic behavior. *Journal of Social Behavior & Personality, 8*(4), 647-662.

Neck, C., & Houghton, J. (2006). Two decades of self-leadership theory and research. *Journal of Managerial Psychology, 21*(4), 270-295.

[48] E, de novo, até pombos podem usar esse tipo de controle da atenção. Monterosso, J., & Ainslie, G. (1999). Beyond discounting: Possible experimental methods of impulse control. *Psychopharmacology, 146,* 339-347.

Wenzlaff, R. & Bates, D. (2000). The relative efficacy of concentration and suppression strategies of mental control. *Personality and Social Psychology Bulletin, 26*(10), 1200.

[49] Há muitos kits do tipo "faça você mesmo" que fornecem exatamente isso, como o *Control4,* o *Kill A Watt,* o *Wattson Energy Meter* e o *Owl* (também conhecido como *Electrisave*). Eles devem se pagar em questão de meses. E também a subcultura dos motoristas de grandes quilometragens já adota há

muito tempo esse insight. Com um arsenal de truques (alguns deles desaconselháveis para quem não tem estômago para isso), como andar na cola de uma jamanta ou a "curva da morte", eles conseguem melhorar muito o seu consumo de gasolina só pela maneira de dirigir. Mas o que os motoristas de grandes quilometragens mais celebram é um minicomputador chamado *Scan Gauge*, que pode ser acoplado a qualquer carro montado a partir de 1995. Exposto de maneira bem visível no painel do seu carro, ele proporciona um feedback instantâneo sobre uma série de resultados críticos como o custo por quilômetro e custo pela viagem, e não só quilômetros por litro (embora isso já seja um bom começo). E, de repente, pensar no bolso e no meio ambiente na hora de dirigir passa a ser uma espécie de segunda natureza, estampada bem à sua frente. Uma vez que a ideia abstrata da redução do consumo de gasolina, que apela ao nosso córtex pré-frontal, se torna mais imediata, tangível e vívida, a ponto de apelar para o sistema límbico, iremos simplesmente consumir menos gasolina. Por exemplo, já vi minha sogra gastadeira dirigir meia hora até uma loja de fábrica só para devolver um produto *absolutamente barato*. Se calcularmos os custos da gasolina, a viagem de ida e volta acabou saindo mais caro, mas mesmo assim ela foi. Os custos de uma viagem normalmente são pouco conhecidos, enquanto aquela compra estava bem ali nas mãos dela. Se o carro dela fosse diferente e calculasse os custos de viagem automaticamente, duvido que ela tivesse feito todo o trajeto. Esse tipo de tecnologia deve melhorar nossos custos por quilômetro em cerca de 25%, só reduzindo o tempo que o carro fica em ponto morto ou em acelerações desnecessárias. Se pudéssemos juntar também um "sistema automático de calibragem de pneus", indicando o quanto os seus pneus baixos estão lhe custando, a eficiência na hora de dirigir poderia aumentar em mais de 3%. Incorporar um "sistema de monitoramento de filtragem do ar" e de quilômetros por litro automaticamente implicaria em mais 10%. Uma vez que os automóveis são responsáveis por produzir o grosso dos gases que causam o efeito estufa, essa simples implementação poderia fazer com que alcançássemos facilmente as metas de redução previstas no Protocolo de Quioto, o tratado internacional pelo meio ambiente. Gaffney, D. (jan.-fev./2007). This guy can get 59 MPG in a plain old Accord. Beat that, punk. *Mother Jones.*

Grunwald, M. (ago./2008). The tire-gauge solution: No joke. *Time.*

Jones, T. Y. (jun./2008). Hypermilers: Breaking the 100-MPG barrier. *Edmunds Inside Line.*

[50] Thompson, C. (2007). Clive Thompson thinks: Desktop orb could reform energy hogs. *Wired, 15.08.*

[51] Lohr, S. (10/01/2008). Digital tools help users save energy, study funds. *New York Times.*

Minosi, A., Martinola, A., Mankan, S., Balzarini, F., Kostadinov, A., & Prevostini, A. (2003). *Intelligent, low-power and low-cost measurement system for energy consumption.* Paper apresentado no International Symposium on Virtual Environments, Human-Computer Interfaces, and Measurement Systems [Simpósio Internacional de Ambientes Virtuais, Interfaces entre os Computadores e os Seres Humanos e Sistemas de Medição], em Lugano, na Suíça.

[52] Aarts, H., Dijksterhuis, A., & Dick, G. (2008). Goal contagion: Inferring goals from others' actions – and what it leads to. *In:* J. Y. Shah & W. L. Gardner (orgs.). *Handbook of motivation* (p. 265-280). New York: Guilford Press.

Gollwitzer, P., & Bargh, J. (2005). Automaticity in goal pursuit. *In:* A. J. Elliot & C. S. Dweck (orgs.), *Handbook of competence and motivation* (pp. 624-646). Nova York: Guilford Press.

[53] Lopez, F., & Wambach, C. (1982). Effects of paradoxical and self-control directives in counseling. *Journal of Counseling Psychology, 29*(2), 115-124.

Mulry, G., Fleming, R., Gottschalk, A. C. (1994). Psychological reactance and brief treatment of academic procrastination. *Journal of College Student Psychotherapy, 9*(1), 41-56.

Ziesat, H. A., Rosenthal, T. L., & White, G. M. (1978). Behavioral self-control in treating procrastination of studying. *Psychological Reports, 42,* 59-69.

[54] Os economistas, na verdade, se referem a uma versão dos estímulos como deixas como se ela fosse uma espécie de contabilidade mental, que lida com a facilidade com que categorizamos o mundo em territórios específicos. Essa tendência também ajuda a explicar o sucesso dos Clubes de Natal. Thaler, R. (1999). Mental accounting matters. *Journal of Behavioral Decision Making, 12,* 183-206.

Surowiecki, J. (14/02/2006). Bitter Money and Christmas Clubs. *Forbes.*

[55] Ashforth, B. E., Kreiner, G. E. & Fugate, M. (2000). All in a day's work: Boundaries and micro role transitions. *The Academy of Management Review, 25*(3), 472-491.

[56] Locke, E., & Latham, G. (2002). Building a practically useful theory of goal setting and task motivation: A 35-year odyssey. *American Psychologist, 57*(9), 705-717.

[57] Por exemplo, como o grupo de treinamento de gerentes *RapidBi* documenta em seu site (http://www.rapidbi.com/created/WriteSMARTobjectives.html), o acrônimo SMART tem dezenas de variações. No entanto, as pessoas invariavelmente acrescentam um horizonte de tempo quando dão exemplos de metas específicas. Por exemplo, o *RapidBi* sugere que as pessoas deveriam indicar "Quando é que eu quero ter isso completado?" ao criarem suas metas específicas. De maneira semelhante, uma definição típica para metas alcançáveis é que elas sejam "realistas". Dê uma olhada em quase todos os livros ou exemplos sobre esse assunto. Tayntor, C. B. (2001). Incorporating six sigma concepts into systems analysis. *In:* P. Tinnirello (org.) *New directions in project management* (pp. 161-172). Boca Raton, FL: CRC Press LLC.

http://www.topachievement.com/smart.html

[58] Prendergast, C. (1999). The provision of incentives in firms. *Journal of Economic Literature, 37*, 7-63.

Schlinger, H. D., Derenne, A., & Baron, A. (2008). What 50 years of research tell us about pausing under ratio schedules of reinforcement. *The Behavior Analyst, 31*, 39-40.

[59] Hall, P. A., & Fong, G. T. (2003). The effects of a brief time perspective intervention for increasing physical activity among young aduts. *Psychology and Health, 18*(6), 685-706.

Miller, R. B. & Brickman, S. J. (2004). A model of future-oriented motivation and self-regulation. *Educational Psychology Review, 16*(1), 9-33.

[60] Engber, D. (15/05/2008). *The unfinished stories: All the stuff we never got around to including in the special issue.* Baixado de htp:///www.slate.com/id/2191420/

[61] Amabile, T. (2001). Beyond talent: John Irving and the passionate craft of creativity. *American Psychologist, 56*(4), 333-336.

Wallace, I. (1977). Self-control techniques of famous novelists. *Journal of Applied Behavior Analysis, 10*(3), 515-525.

[62] http://www.rescuetime.com/dashboard; http://manictime.com/

[63] Ouelette, J. A. & Wood, W. (1998). Habit and intention in everyday life: The multiple processes by which past behavior predicts future behavior. *Psychological Bulletin, 124*(1), 54-74.

[64] Baumeister, R. F., Muraven, M. & Tice, D. M. (2000). Ego depletion: A resource model of volition, self-regulation, and controlled processing. *Social Cognition, 18*(2), 130-150.

[65] Diefendorff, J. M., Richard, E. M., & Gosserand, R. H. (2006). Examination of situational and attitudinal moderators of the hesitation and performance relation. *Personnel Psychology, 59*, 365-393.

Gollwitzer, P. M. (1996). The volitional benefits from planning. *In:* P. M. Gollwitzer & J. A. Bargh (orgs.). *The psychology of action: Linking cognition and motivation to behavior* (pp. 287-312). Nova York: Guilford Press.

Silver, M. (1974). Procrastination. *Centerpoint, 1*(1), 49-54.

[66] Diefendorff, J. M., Richard, E. M., & Gosserand, R. H. (2006). Examination of situational and attitudinal moderators of the hesitation and performance relation. *Personnel Psychology, 59*, 365-393.

[67] McCrea, S., Liberman, N., Trope, Y., & Sherman, S. (2008). Construal level and procrastination. *Psychological Science, 19*(12), 1308-1314.

Wood, W., & Neal, D. T. (2007). A new look at habits and the habit-goal interface. *Psychological Review, 114*(4), 843-863.

[68] O psicólogo Peter Gollwitzer chama esse processo de *planejamento de ação* e os planos que dele resultam de *intenções de implementação.* Gallo, I. S., & Gollwitzer, P. M. (2007). Implementation intentions: A look back at fifteen years of progress. *Psichotema, 19*(1), 37-42.

Gollwitzer, P., & Sheeran, P. (2006). Implementation intentions and goal achievement: A meta-analysis of effects and processes. *Advances in Experimental Social Psychology, 38*, 69.

Gollwitzer, P. M. (1999). Implementation intentions: Strong effects of simple plans. *American Psychologist, 54*(7), 493-503.

Owens, S., Bowman, C., & Dill, C. (2008). Overcoming procrastination: The effect of implementation intentions. *Journal of Applied Social Psychology, 38*(2), 366-384.

[69] Oaten, M., & Cheng, K. (2006). Improved self-control: The benefits of a regular program of academic study. *Basic & Applied Social Psychology, 28*(1), 1-16.

Oaten, M., & Cheng, K. (2007). Improvements in self-control from financial monitoring. *Journal of Economic Psychology, 28*(4), 487-501.

E mais do que algumas poucas frases e provérbios:

"E eu lhe digo, meu amigo, que o hábito não é mais do que uma prática extensa, e no fim isso acaba se transformando na natureza humana." – Aristóteles; "O hábito, se não houver resistência, acaba virando uma necessidade." – Santo Agostinho; "A corrente do hábito normalmente é pequena demais para ser sentida, até se tornar forte demais para ser quebrada." – Samuel Johnson; "O hábito é um cabo; nós costuramos um fio a cada dia, e no fim não conseguimos mais rompê-lo." – Horace Mann; "O homem se torna um escravo dos atos que ele constantemente repete. O que no início ele escolhe mais tarde passa a mandar nele." – Orison Swett Marden; "No começo os hábitos são teias de aranha; depois, se tornam cabos." – provérbio chinês.

[70] Wood, W., Tam, L., & Witt, M. (2005). Changing circumstances, disrupting habits. *Journal of Personality and Social Psychology, 88*(6), 918.

[71] Grant, A. (2003). The impact of life coaching on goal attainment metacognition and mental health. *Social Behavior and Personality, 31*(3), 253-263.

[72] Matlin, E. (2004). *The procrastinator's guide to wills and estate planning.* Nova York: Penguin Group.

Capítulo Dez

[1] Frincke, J. (2008). *Job satisfaction.* Alexandria, VA: Society for Human Resource Management.

Kaiser, R., Hogan, R., & Craig, S. (2008). Leadership and the fate of organizations. *American Psychologist, 63*(2), 96.

Sousa-Poza, A., & Sousa-Poza, A. A. (2000). Well-being at work: A cross-national analysis of the levels and determinants of job satisfaction. *Journal of Socio-Economics, 29*(6), 517-538.

[2] Bass, B. M. (1998). *Transformational leadership: Industry, military, and educational impact.* Mahwah, NJ: Erlbaum.

Eagly, A., Johannesen-Schmidt, M., & van Egen, M. (2003). Transformational, transactional, and laissez-faire leadership styles: A meta-analysis comparing women and men. *Psychological Bulletin, 129*(4), 569-591.

Yukl, G. (2006). *Leadership in organizations.* (6ª ed.) Upper Saddle River, NJ: Prentice Hall.

[3] Baltes, B., Briggs, T., Huff, J., Wright, J. & Neuman, G. (1999). Flexible and compressed workweek schedules: A meta-analysis of their effects on work-related criteria. *Journal of Applied Psychology, 84*(4), 496-513.

[4] Tom foi realmente excepcional. Em uma pesquisa depois da outra, e estudo após estudo, cerca de 75% dos empregados disseram que o *pior* aspecto do seu trabalho era seu supervisor imediato, e cerca de dois terços dos supervisores deveriam ser considerados incompetentes por qualquer padrão objetivo. Hogan, R. & Kaiser, R. (2005). What we know about leadership. *Review of General Psychology, 9*(2), 169.

[5] Milgram, N. A. (1991). Procrastination. *In:* R. Dulbecco (org.). *Encyclopedia of human biology* (vol. 6, pp. 149-155). Nova York: Academic Press.

[6] Ainslie, G. (2001). *Breakdown of will.* Cambridge University Press.

Ryan, R. M., & Deci, E. L. (2006). Self-regulation and the problem of human autonomy: Does psychology need choice, self-determination, and will? *Journal of Personality & Social Psychology, 74*(6), 1557-1586.

Vohs, K. D., & Baumeister, R. F. (2007). Can satisfaction reinforce wanting? *In:* J. Y. Shah & W. L. Gardner (orgs.). *Handbook of motivation science* (pp. 373-389). Nova York: Guilford Press.

[7] Kivetz, R., & Keinan, A. (2006). Repenting hyperopia: An analysis of self-control regrets. *Journal of Consumer Research, 33*, 273-282.

[8] Tangney, J., Baumeister, R., & Boone, A. (2004). High self-control predicts good adjustment, less pathology, better grades, and interpersonal success. *Journal of Personality, 72*(2), 271-324.

Posfácio

[1] Carver, C. S. (2005). Impulse and constraint: Perspectives from personality psychology, convergence with theory in other areas, and potential for integration. *Personality and Social Psychology Review, 9*(4), 312-333.

Cervone, D., Shadel, W. G., Smith, R. E., & Fiori, M. (2006). Self-regulation: Reminders and suggestions from personality science. *Applied Psychology: An International Review, 55*(3), 333-385.

Mesoudi, A., Whiten, A., & Laland, K. (2006). Towards an unified science of cultural evolution. *Behavioral and Brain Sciences, 29*(4), 329-347.

Tooby, J., & Cosmides, L. (2007). Evolutionary psychology, ecological rationality, and the unification of the behavioral sciences. *Behavioral and Brain Sciences, 30*(01), 42-43.

[2] Green, C. D. (1992). Is unified positivism the answer to psychology's disunity? *American Psychologist, 47*, 1057-1058.

Staats, A. W. (1999). Unifying psychology requires new infrastructure, theory, method, and a research agenda. *Review of General Psychology, 3*(1), 3-13.

Stanovich, K. E. (2007). The psychology of decision making in an unified behavioral science. *Behavioral and Brain Sciences, 30*(01), 41-42.

[3] É por isso que um dos meus artigos mais importantes levou o título de *Integrating Theories of Motivation* [Integrando as teorias da motivação]. Steel, P. & König, C. J. (2006). Integrating theories of motivation. *Academy of Management Review, 31*, 889-913.

[4] Wilson, E. (1998). *Consilience: The unity of knowledge.* Nova York: Knopf. [No Brasil: *A unidade do conhecimento – Consiliência.* Rio de Janeiro: Campus.]

[5] Ginits, H. (2004). Towards the unity of the human behavioral sciences. *Politics, Philosophy & Economics, 3*(1), 37-57.

[6] Akerlof, G. A. (1991). Procrastination and obedience. *American Economic Review, 81*(2), 1-19.

Glimcher, P., & Rustichini, A. (2004). Neuroeconomics: The Consilience of Brain and Decision. *Science, 306*, 447-452.

[7] Kubey, R., & Csikszentmihalyi, M. (2002). Television addiction is no mere metaphor. *Scientific American, 286*(2), 62-68.

Young, K. (1998). Internet addiction: The emergence of a new clinical disorder. *Cyberpsychology and Behavior, 1*, 237-244.

[8] Hancox, R., & Poulton, R. (2006). Watching television is associated with childhood obesity: but is it clinically important? *International Journal of Obesity, 30*, 171-175.

Vandewater, E., Bickham, D., & Lee, J. (2006). Time well spent? Relating television use to children's free-time activities. *Pediatrics, 117*(2).

[9] Hall, L., Johansson, P. & Léon, D. d. (2002). *The future of self-control: distributed motivation and computer-mediated extrospection.* Lund: Universidade de Lund.

Este livro foi composto na tipologia Arno Pro,
em corpo 11,5/15,55, impresso em papel off-white,
no Sistema Digital Instant Duplex da
Divisão Gráfica da Distribuidora Record.